Friedrich Chillany

Die Urteile heidnischer und jüdischer Schriftsteller

der vier ersten christlichen Jahrhunderte über Jesus

Friedrich Chillany

Die Urteile heidnischer und jüdischer Schriftsteller
der vier ersten christlichen Jahrhunderte über Jesus

ISBN/EAN: 9783743656376

Hergestellt in Europa, USA, Kanada, Australien, Japan

Cover: Foto ©ninafisch / pixelio.de

Weitere Bücher finden Sie auf **www.hansebooks.com**

Die Urtheile

heidnischer und jüdischer Schriftsteller

der

vier ersten christlichen Jahrhunderte

über

Jesus und die ersten Christen.

Eine Zuschrift

an die gebildeten Deutschen zur weiteren Orientirung in der Frage
über die Gottheit Jesu

von

Richard von der Alm

(Verfasser der „Theologischen Briefe an die deutsche Nation").

Leipzig

Verlag von Otto Wigand.

1864.

Vorwort.

Das Christenthum trägt gewisse religiöse Grundwahrheiten in sich, die, so lange überhaupt eine Religion bestehen wird, auch die Grundlage der Religion gebildeter Menschen ausmachen werden; wir meinen den Glauben an einen geistigen, vollkommenen Gott, den Glauben an Unsterblichkeit, und als höchste moralische Verpflichtungen das Gebot der Nächstenliebe und das Streben nach Vervollkommnung. Es hat sich aber in diese Religion gleich anfangs ein unlauteres Element hereingedrängt: die Vergötterung des Stifters, und dieses vernunft= widrige Dogma ging nicht blos als ein untergeordneter Glau= bensartikel neben den wirklichen Wahrheiten her, sondern wurde zur Hauptsache gemacht und hat die ganze Religion in das Ge= biet des Aberglaubens hinübergeführt. Das ganze Heil der Menschheit sollte fortan von dem Glauben abhängen, daß dieser jüdische Lehrer der Sohn Gottes, Gott selbst gewesen sei; als höchstes Gebot und einziges Mittel, die Gnade Gottes und die ewige Seligkeit zu erlangen, wurde der Glaube an die Gott= heit Jesu dargestellt; durch das gewaltsame Ende, welches dieser

Mann gefunden hat, sollte die ganze Welt von den Sünden erlöst worden sein und selig nur Der werden können, welcher an die versöhnende Kraft seines Blutes, also an ein neues Menschenopfer, glaube. Auf diese Weise war die neue Religion auf den Standpunkt der Buddhisten herabgedrängt, welche schon vor der Entstehung des Christenthums lehrten, daß ihr Religionsstifter Buddha eine Verkörperung der zweiten Person in der göttlichen Dreieinigkeit, des Gottes Vischnu, gewesen sei, und man muß anerkennen, daß Muhamed klarer dachte, als die Christen, wenn er in der neunzehnten Sure des Korans bemerkt: „Die Christen sagen, der Barmherzige habe einen Sohn gezeugt. Das ist ja ein ungeheueres Vorgeben! Kein Wunder wäre es, wenn die Himmel zerrissen und die Erde sich öffnete und die Berge einstürzten über die Behauptung, daß Gott einen Sohn gezeugt haben soll. Es ist eine Unanständigkeit, von dem Erbarmer zu lehren, daß er einen Sohn zeuge: hinweg mit diesem Irrthum!"

Unsere Zeit fühlt das Bedürfniß immer dringender, daß dieser beschämende Aberglaube, die Vergötterung eines jüdischen Mannes, aus der öffentlichen Religionslehre beseitigt werde. In der That wird sich auch ein kommendes Jahrhundert verwundern, wie es nur möglich war, daß bei den Fortschritten in allen Wissenschaften, deren sich das Abendland seit drei Jahrhunderten erfreut, diese Menschenvergötterung und Anbetung selbst unter den gebildetsten Völkern sich nicht nur als ein Gegenstand der Religionslehre und des öffentlichen Cultus erhalten, sondern fortwährend sogar als der wichtigste Punkt der ganzen Religion behandelt werden konnte; denn, wie die Erfahrung lehrt, ist immer nur Christus und Christus und wieder Christus das Thema der geistlichen Reden, und Gott selbst wird in Predigten wie im Cultus völlig vernachlässigt. So sehr sich auch die Ueberzeugung der großen Mehrheit der Gebildeten vor einer Fortsetzung dieser Menschenanbetung sträubt; so besteht sie doch im öffentlichen Gottesdienst immer noch ungestört fort, aus dem einfachen Grunde, weil sie noch immer das vorgeschriebene Bekenntniß der Geistlichen ist, von dessen Anerkennung und Gutheißung ihre Pfründe, ihre Lebensversorgung abhängig gemacht wird. Der Glaube an die Gottheit Jesu ist unter den Geistlichen ebenso wankend und vor dem jetzigen Standpunkt der Wissenschaften für unhaltbar erkannt, als bei Nichtgeistlichen; allein sie sind in der schwierigen Lage, daß sie ihre Existenz daran gebunden sehen. Es ist daher nicht zu erwarten, daß die nöthige Verbesserung des öffentlichen Bekenntnisses von den Geistlichen ausgehe; nöthig aber ist eine solche Verbesserung, wenn die Religion nicht völlig zu Grunde gehen soll; denn welchen Halt könnte ein Bekenntniß in den Gemüthern haben, dessen der Jugend als Cardinalpunkt eingeprägte Vergötterung eines jüdischen Mannes sich vor dem heranreifenden Verstande alsobald als ein grober Aberglaube einer beschränkten Vergangenheit darstellt?

Es muß daher die Mahnung, eine zeitgemäße Läuterung des bisherigen Christenthums in's Werk zu setzen und in's Leben einzuführen, an Jene selbst ergehen, welche dieselbe ebenso allgemein als dringend wünschen, an jene große Zahl der Ge=

bildeten, welche den Gottesglauben und die Religion überhaupt nicht untergehen lassen wollen, aber sehr wohl empfinden, daß sie von dem Aberglauben alter Zeiten gereinigt werden müsse, wenn sie wieder aufleben soll, an jenen **gebildeten, von Besoldungen unabhängigen Bürgerstand,** der im Staatsleben eben durch seine Unabhängigkeit, durch seine Bildung und seinen Wohlstand und weil er der hauptsächlichste Träger der Staatslasten ist, am meisten in's Gewicht fällt und leisten kann. Versammlungen solcher Bürger müssen die Zusammenberufung unabhängiger Synoden verlangen, deren Mitglieder zum mindesten zu drei Viertheilen aus Nichtgeistlichen zu bestehen hätten, damit die Ueberzeugung der Gemeindeglieder sich Geltung verschaffen kann und das zünftige Zusammenhalten der Geistlichen nicht im Stande ist, ein Uebergewicht zu gewinnen und die Beschlüsse zu leiten. Es wird solchen Synoden nicht schwer werden, sich darüber zu einigen, **welche Dogmen aus dem alten Bekenntniß beseitigt werden müßten;** denn man ist sich darüber schon längst klar und die sogenannte rationalistische Richtung unter den Geistlichen hat schon seit einem Jahrhundert auf eine derartige Umgestaltung vorbereitet. Es sind keine anderen, als eben die, welche mit der Vergötterung Jesu zusammenhängen, nämlich diese Vergötterung selbst, die Lehre von der Erlösung durch Blut, von einem Fleisch- und Blutgenuß im Abendmahl, von der Rechtfertigung durch den Glauben, von einem Teufel und einer Erbsünde.

Der altgläubige Clerus wird sich natürlich gegen eine solche Neuerung sträuben und nach Kräften Widerstand leisten; er wird dabei nicht unwahrscheinlich einzelne Regierungen auf seiner Seite haben, die in der alten Orthodoxie eine Stütze des Absolutismus zu besitzen glauben. Es wird nicht ausreichen, wenn ihm der Bürger mit seinen Gründen des gesunden Menschenverstandes gegenübertritt, es wird nöthig sein, daß die freisinnigen weltlichen Mitglieder der Synoden die Zeit und die Verhältnisse genau kennen, aus welchen das Christenthum hervorging, daß sie auch mit **geschichtlichen** Gründen hervortreten, welche die Unhaltbarkeit der veralteten Dogmen nachweisen. Da ist es nun zunächst die Aufgabe von Gelehrten, welche ihr Studium der alten jüdischen und christlichen Geschichte zugewendet haben und mit den Anfängen und der Fortbildung des christlichen Wesens genau vertraut sind, ihnen die nöthige Waffenkammer zu liefern. Der Verfasser dieser Schrift glaubt, in seinem Werke: „**Theologische Briefe an die Gebildeten der deutschen Nation**" seinerseits dieser Verpflichtung nachgekommen zu sein. Er beginnt darin mit Adam und dem Sündenfall, behandelt alle biblischen Bücher und wichtigen biblischen Persönlichkeiten und endigt mit der neuesten Zeit. In vorliegender Broschüre gibt er einen neuen Beitrag zur Ausrüstung. Es ist natürlich keine gleichgültige und unbedeutende Frage: Was haben denn gleichzeitige heidnische und jüdische Schriftsteller über die Persönlichkeit Jesu und die ersten Christen gesagt? Die ersten Anhänger Jesu waren beschränkte, in den Messiaserwartungen schwärmenbe, in ihren jüdischen Zeitbegriffen befangene Leute aus der unteren Volksklasse, in welche man ganz und gar nicht das Vertrauen einer auf vorurtheilsfreier Kritik beruhenden Auffassung der Verhältnisse Jesu setzen kann: wie urtheilten gebildete H e i d e n und J u d e n über die Anfänge des Christenthums? — Die nachfolgenden Bogen werden diese Frage beantworten.

Der Verfasser.

Einleitung.

Unsere vorhandenen vier Evangelien geben von dem Leben Jesu nur ein kurzes Bruchstück. Sie beginnen ihre Erzählung, wenn man von der dem Matthäus und Lucas in zwei Kapiteln vorgesetzten Geschichte der Geburt absieht, die ursprünglich nicht zu diesen Evangelien gehörte, erst ungefähr mit dem dreißigsten Lebensjahre Jesu, mit dem Antritt seines Lehramts. Lucas sagt 3, 23, Jesus sei „ungefähr" dreißig Jahre alt gewesen, als er sein Lehramt antrat; die jüdische Bestimmung, daß kein Jude vor dem erreichten dreißigsten Lebensjahre als Rabbi öffentlich auftreten durfte, bestätigt auch diese Angabe des Lebensalters in so weit, daß Jesus vielleicht älter, keinesfalls aber jünger, als dreißig Jahre gewesen sein kann, als er, Johannes dem Täufer nachahmend, im Jordan zu taufen und als Volkslehrer öffentlich zu wirken anfing. Es wird also in den Evangelien der ganze wichtige Abschnitt des Lebens Jesu vom ersten bis zum dreißigsten Jahre, in welchem sein Geist und Charakter die in der Geschichte kundgegebene Ausbildung erhielt, mit völligem Stillschweigen übergangen. Nur eine einzige Notiz aus diesem Zeitraum bringt Lucas im zweiten Kapitel, eine Reise des zwölfjährigen Knaben mit seinen Aeltern nach Jerusalem, die aber wahrscheinlich ungeschichtlich ist*).

Aber auch die Nachrichten von diesem Beginn des öffentlichen Auftretens an bis zum Tode Jesu sind in den Evan-

---

*) Vergl. Alm, theologische Briefe an die deutsche Nation, Band II. S. 603.

gelien höchst unvollständig. Zunächst fällt es auf, daß alle vier
Evangelien im Ganzen nur Wenig geben und alle so ziemlich das
Nämliche; während man doch mit Recht voraussetzen muß, daß
noch viel anderes Bemerkenswerthes in dem Leben Jesu während
seiner Lehrthätigkeit vorgekommen sei. Dieser Umstand beweist mit
Sicherheit, daß die Verfasser der Evangelien keine Augenzeugen
des Lebens Jesu, keine Begleiter Jesu gewesen sind. Wären die
Verfasser dieser Evangelien wirklich die in den Ueberschriften ge=
nannten Apostel gewesen, so würden sie allerdings alle vier die
nämlichen Hauptdata aus dem Leben Jesu bringen, jeder aber wie=
der für sich nach seiner besonderen Beobachtung und Auffassung
viele ihm allein eigenthümliche Nebenumstände anführen. Dies
ist jedoch nicht der Fall, wenigstens nicht in einer Weise, welche die
einzelnen Evangelien als selbständige, aus eigener Beobachtung
hervorgegangene Arbeiten charakterisiren könnte. Alle vier Evan=
gelien beginnen, wie bemerkt, ihren Bericht erst mit dem dreißigsten
Lebensjahre Jesu. Schon dies ist ein Beweis, daß die Verfasser
mit Jesu nicht persönlich bekannt waren, sondern ihren Bericht aus
einer Urkunde schöpften, die mit diesem Abschnitt des Lebens Jesu
anfing. Weiter zurück hatten sie keine Nachrichten; sonst würden
sie solche beigebracht haben. Sie müssen also in einer Zeit geschrie=
ben haben, wo es auch nicht mehr möglich war, durch mündliche
Nachfragen ihr Materiale zu vervollständigen, und einen solchen
Zeitpunkt bestätigen auch die Resultate der theologischen Unter=
suchungen über den Ursprung unserer Evangelien, indem sie diesen
Ursprung in den Zeitraum zwischen 80 und 150 nach Christi Ge=
burt setzen. Der jüdische Staat hatte im Jahr 70 durch die Zer=
störung Jerusalems sein Ende gefunden, Jerusalem war ein Schutt=
haufen, die Juden waren in alle Welt zersprengt. Jesus und
die Apostel hatten schon bei ihrem Auftreten unter der damaligen
politischen Gährung in Palästina, unter den verschiedenen jüdischen
Secten und Persönlichkeiten, welche auf die Messiaswürde Anspruch
machten, nur eine sehr geringe Beachtung gefunden; mit der Zer=
störung des jüdischen Reichs war daher ihr Andenken aus diesem
Lande nur um so leichter völlig hinweggewischt. Nur in den von
dem Apostel Paulus außerhalb Palästina's, vornehmlich in Klein=

asien, gegründeten christlichen Gemeinden erhielt sich das Gedächtniß an Jesum und eine Geschichte seiner Lehrthätigkeit, die sich auf einen kurzen Abriß stützte, welcher vielleicht ursprünglich von einen Apostel in der jüdischen (syrochaldäischen oder aramäischen) Landessprache verfaßt war. Der Apostel Paulus selbst, der einzige sichere Zeuge, der uns aus dieser Zeit übrig geblieben ist, wußte aus dem Leben Jesu Nichts; er berührt wenigstens in seinen Briefen aus demselben ganz und gar nichts, als die Kreuzigung und Auferstehung. Er war erst einige Jahre nach dem Tode Jesu aus seiner Vaterstadt Tarsus in Kleinasien nach Jerusalem gekommen und hat Jesum persönlich gar nicht gekannt. Von den Aposteln in Jerusalem konnte er allerdings Nachrichten einholen; aber es war ihm und den Aposteln selbst um die Herstellung einer natürlichen Geschichte Jesu ganz und gar nicht zu thun, vielmehr ausschließlich darum, alles Menschliche in den Hintergrund zu drängen und allein den übermenschlichen Gottessohn aus seinem Leben hervorleuchten zu lassen. Auch fing Paulus die Verkündigung seines Evangeliums an, ohne mit den Aposteln vorher Rücksprache genommen zu haben, ja ohne auch nur bekannt mit ihnen zu sein; er zog die ganze Zeit seines Lebens von seiner Bekehrung an, die 38 nach Christo in Damascus vor sich ging, bis an sein Lebensende (muthmaßlich im Jahr 64 oder 67 n. Chr.) in Arabien, Syrien, Kleinasien und Griechenland als Verkündiger seines Evangeliums umher (welches mit dem der Apostel in Jerusalem durchaus nicht stimmte, da letztere den mosaischen Cultus mitmachten und aufrecht erhalten wollten, er selbst aber die Beschneidung und das ganze mosaische Ceremonialgesetz für aufgehoben erklärte), und kam in dieser langen Zeit nur vier Mal (in den Jahren 41, 45, 54 und 58) auf wenige Tage nach Jerusalem. Es ist also auch von diesem einzigen sicheren Gewährsmann (denn seine Schriften, wenigstens einige derselben, sind die einzigen im neuen Testament, von welchen sich der apostolische Ursprung nachweisen läßt) für die Lebensgeschichte Jesu äußerst Wenig zu erholen.

Die vier Evangelien theilen sich in zwei Gruppen. Auf der einen Seite stehen Matthäus, Marcus und Lucas (die man wegen ihrer Uebereinstimmung mit dem gemeinsamen Namen

Synoptiker bezeichnet), auf der anderen Seite Johannes. Die Synoptiker haben eine frühere Arbeit, wahrscheinlich einen kurzen, von einem Apostel oder Apostelschüler in der jüdisch-aramäischen Landessprache verfaßten Abriß des Lebens Jesu, zur Grundlage, der bereits ins Griechische übersetzt war, welchen griechischen Text sie sodann für ihre gleichfalls griechische Arbeit benützten. Sie befolgen alle drei in ihrer Erzählung denselben Gang, berichten die nämlichen Ereignisse und stimmen in ihrem griechischen Text oft wörtlich überein, woraus eben hervorgeht, daß sie nicht als Augenzeugen schreiben, sondern ein gemeinsames griechisches Original für ihre Geschichte benützen. Der angebliche Evangelist Johannes, ein unbekannter in Kleinasien wohnender Grieche, der zum Christenthum übergetreten war, nimmt einen ganz anderen Standpunkt ein. Sein Jesus ist von dem der Synoptiker sehr verschieden. Bei letzteren tritt Jesus in natürlicher Weise, wie ein Rabbi jener Zeit auf, indem er sich für seine öffentlichen Vorträge verschiedene Themata des Glaubens und der Moral zum Vorwurf nimmt und daneben durch heilige Worte und Sprüche Kranke zu heilen sucht, aus denen er vermeintlich Teufel austreibt, welche die Krankheit verursacht haben sollten. Bei Johannes aber besteht das fortwährende und einzige Thema Jesu in einer Abhandlung über sein göttliches Wesen, über seine Natur als ewiger Sohn Gottes; bei dem vierten Evangelisten hält Jesus einzig und allein Vorträge über den Logos der griechisch-jüdischen, vornehmlich in der ägyptischen Stadt Alexandrien heimischen Philosophie, nach welcher aus dem göttlichen Urwesen ein zweites Wesen, der Sohn, der Logos (Wort) ausgegangen sein sollte, von dem Jesus behauptete, daß er in ihm Wohnung genommen habe. Mit solchen Vorträgen hätte Jesus dem gemeinen jüdischen Mann, dem jüdischen Volke, vor dem er seine Reden hielt, ganz unverständlich sein müssen; zu geschweigen, daß er unter den Pharisäern und Sadducäern, überhaupt unter den gelehrten und gebildeten Juden mit einer solchen Ueberhebung seiner Persönlichkeit nicht öffentlich hätte hervortreten können, ohne sich sofort der Verhaftung und Strafe der Gotteslästerung auszusetzen. Von Gleichnissen und Teufelsaustreibungen weiß der vierte Evangelist Nichts. Die Vorträge und die Lehrweise Jesu sind also bei

Johannes ganz andere, als bei den Synoptikern. Wer hat Recht? Nur **eine** Partei kann den wahren Jesus geschildert haben! Wenn auch kein Zweifel darüber bestehen kann, daß die historische Wahrheit mehr auf Seite der Synoptifer sei, als auf der des angeblichen Johannes; so zeigt doch auch dieser Widerspruch zwischen den Evangelisten, daß man über die Persönlichkeit Jesu schon in der allerfrühesten christlichen Zeit in großer Unklarheit gewesen ist, daß es schon unseren sogenannten Evangelisten nicht mehr möglich war, sich außerhalb ihrer schriftlichen Quelle nähere und glaubwürdige Nachrichten zu verschaffen, und daß überhaupt, neben jenem kurzen Grundevangelium, sich unter die kleinasiatischen Christen, von denen unsere jetzigen Evangelien ausgingen, über die Zerstörung Jerusalems und Auflösung des jüdischen Staates hinaus nicht einmal eine sichere Tradition über das Leben Jesu gerettet hatte. Es ist aber ferner auch nicht jene **verschiedene Darstellung des Auftretens und der Persönlichkeit Jesu** allein, wodurch die Synoptifer und Johannes auseinandergehen: sie widersprechen sich auch in der **Oertlichkeit**, wo Jesus seinen Wirkungskreis aufgeschlagen habe, und in der **Zeitdauer** seiner messianischen Thätigkeit. Bei den Synoptikern lehrt und wirkt Jesus in **Galiläa**, in der Umgebung des Sees Genezareth, und kommt nur **einmal** nach Jerusalem, am Ende seines Lebens, wo er in der Hauptstadt den Tod erleidet. Man schließt hieraus, daß die Synoptifer nur **ein Jahr** beschrieben, daß Jesus nur **ein Jahr** gelehrt habe, weil die Juden die Verpflichtung hatten, alljährlich zum Passahfest nach Jerusalem zu reisen, und die Synoptifer also auch öfterer Reisen zu diesem Feste müßten erwähnt haben, wenn ihre Geschichte einen längeren Zeitraum, als den eines Jahres, umschlösse. Dagegen hält Jesus bei **Johannes** seine meisten Vorträge in und in der Umgebung von Jerusalem, befindet sich nur selten in Galiläa und ist bei **vier** Festen in Jerusalem anwesend, an einem Passahfest gleich am Anfang seines öffentlichen Auftretens (Joh. 2, 13), an einem anderen Feste, das nicht näher bezeichnet wird (Joh. 5, 1), an einem Laubhüttenfest (Joh. 7, 2), an einem Fest der Tempelweihe (Joh. 10, 22), und wieder an einem Passahfest (Joh. 11, 55 und 12, 1). Außerdem erwähnt Johannes Kap. 6, 5 noch eines

Paſſahfeſtes, das zwar Jeſus nicht beſuchte, das aber doch in die Zeit ſeines öffentlichen Auftretens fällt. Es werden alſo von Johannes beſtimmt drei Paſſahfeſte in der Zeit der Lehrthätigkeit Jeſu namhaft gemacht, was nothwendig einen Zeitraum von zwei Jahren vorausſetzt. Die Kirche hat auch jenes nicht näher bezeichnete Feſt für ein Paſſahfeſt erklärt, alſo vier Paſſahfeſte angenommen, und dieſen gemäß die Zeit der öffentlichen Wirkſamkeit Jeſu auf drei Jahre feſtgeſetzt, woraus ſodann auch folgte, daß Jeſus, da er im dreißigſten Jahre ſein Lehramt begonnen, im dreiunddreißigſten den Tod erlitten habe.

Wendet man ſich nun zu den älteſten chriſtlichen Schriftſtellern, zu den ſogenannten apoſtoliſchen und Kirchenvätern, in der Hoffnung, hier Nachrichten zu erhalten, welche den kurzen Bericht der Evangeliſten auf glaubwürdige Weiſe vervollſtändigen und die Widerſprüche zwiſchen Johannes und den Synoptikern heben; ſo findet man ſich ſehr bald enttäuſcht. Schon die älteſten Kirchenväter wiſſen über das Leben Jeſu durchaus weiter Nichts, als was in den Evangelien ſteht; ihre einzige Quelle ſind dieſe Evangelien. Märchen freilich, wie ſie die apokryphiſchen Evangelien erzählen, ſind genug entſtanden, um die empfundenen Lücken im Leben Jeſu auszufüllen; aber hiſtoriſch Beglaubigtes konnte Nichts beigebracht werden. Selbſt über die äußere Geſtalt Jeſu hatte man keine Nachricht. Der Gegner der Chriſten, Celſus, ſagt, Jeſus hätte ſich, wäre er Gottes Sohn geweſen, doch auch durch ein ſchönes und imponirendes Aeußeres auszeichnen ſollen; nun ſei er aber, wie man höre, von kleinem und unedlem Ausſehen geweſen. Darauf weiß Origenes (geb. 185 n. Chr. in Alexandrien), einer der gelehrteſten Kirchenväter, aus eigner Erfahrung Nichts zu antworten. Er ſagt (Origen. contr. Cels. VI), man könne nicht läugnen, daß dies in der Schrift von ihm ſtehe, doch finde man nicht, daß er mißgeſtaltet und klein geweſen ſei. Und damit bezieht ſich der Kirchenvater nicht etwa auf neuteſtamentliche Ausſprüche, deren es hierüber keine giebt, ſondern auf die meſſianiſche Weiſſagung Jeſaias 53, 2: „Nicht Geſtalt war ihm, noch Schönheit, daß wir auf ihn ſchaueten, und kein Anſehen, daß wir an ihm Gefallen hatten." „Uebrigens", fährt Origenes fort, „hat der Leib Jeſu darin alle anderen Leiber übertroffen, daß er sich einem Jeden in der Gestalt zeigen konnte, die seine Vorstellung und sein Bestes erforderte." Also so völlig war bereits im zweiten christlichen Jahrhundert das Andenken an die äußere Erscheinung Jesu erloschen, daß die Christen nicht einmal eine Tradition darüber hatten und der Kirchenvater Notizen über dieselbe aus alttestamentlichen Weissagungen zusammensucht. In gleicher Weise sind auch die Kirchenväter in Ungewißheit über das **Lebensalter und die Dauer der Lehrthätigkeit Jesu**; sie haben auch in dieser Beziehung keine andere Quelle, als die Evangelien, und da diese sich widersprechen, so theilen sie sich gleichfalls in zwei verschiedene Ansichten. Die einen, wie **Clemens Alexandrinus, Julius Africanus, Cyrillus Alexandrinus** u. s. w., folgen den Synoptikern und behaupten, Jesus habe nur **ein Jahr** gelehrt und sei im **dreißigsten Jahre** gestorben; die anderen, und zwar die Mehrzahl, deren Ansicht kirchliche Geltung erhalten hat, folgen dem Johannes, nehmen eine dreijährige Lehrthätigkeit an und setzen den Tod Jesu in sein dreiunddreißigstes Lebensjahr. **Irenäus**, einer der ältesten Kirchenväter (geb. 120 n. Chr., gest. 209), der sich rühmte, ein Schüler Polycarp's zu sein, welcher wieder ein Schüler des Apostels Johannes gewesen sein soll, thut über das Lebensalter Jesu advers. haeres. II, 39 folgende eigenthümliche Aeußerung: „Man wird zugeben, daß dreißig Jahre erst das Jünglingsalter sind; vom vierzigsten und fünfzigsten Jahre aber an geht es schon abwärts zum höheren Alter. In **diesem Alter** lehrte unser Herr, was das Evangelium Johannis und alle Presbyter bezeugen, die in Asien bei Johannes, dem Jünger des Herrn, sich sammelten, und was ihnen Johannes selbst so berichtet hat." „Man weiß aus mündlichen Berichten von den Aeltesten, die den Johannes noch gesehen haben, daß unser Herr nicht vor dem vierzigsten Jahr zu lehren angefangen habe. Aus Joh. 8, 57 erhellt, daß er, als er litt und starb, nicht mehr weit von fünfzig Jahren gewesen sein könne."

Bei dieser Unvollständigkeit der biblischen Nachrichten über das Leben Jesu fragt man billig: Hat es denn keine **römischen, griechischen und jüdischen Schriftsteller** in jener ersten christlichen Zeit gegeben, welche sich über die Persönlichkeit Jesu aussprachen? Welches ist ihr Urtheil? Die ersten Christen gehörten bekanntlich fast sämmtlich den ungebildeten Ständen an, sie waren zu einer unbefangenen Kritik nicht befähigt, ihr Urtheil über die Persönlichkeit Jesu war ein angelehrtes und vorgefaßtes; um so lebhafter tritt die Frage heran: wie haben denn Männer reiferen Urtheils jener Zeit, die außerhalb des Christenthums standen, wie haben römische, griechische und jüdische Autoren über die Persönlichkeit Jesu und die ersten Christen geurtheilt?

Es ist die Aufgabe dieses Schriftchens, diese Urtheile zusammenzustellen. Was wir daraus erfahren, ist Wenig, aber das Resultat immerhin ein bedeutendes. Es weiß nämlich keiner dieser Männer Etwas davon, daß irgend ein Römer, Grieche oder Jude, der sich zu Lebzeiten Jesu in Palästina aufhielt, von den großen Wundern, die von Jesu oder an seiner Person geschehen sein sollten, Etwas bemerkt hätte; sie erklären alle diese Dinge, die doch zum Theil, wie der Gesang der Engel am Himmel bei der Geburt Jesu, die Auferstehung der Todten bei der Kreuzigung, die Himmelfahrt 2c., von einer Art waren, daß sie das ganze Land hätten in Aufregung versetzen müssen, für Erfindungen einer beschränkten oder unlauteren Gesinnung der Christen, und sind einstimmig in dem Urtheile, daß die Vergötterung des galiläischen Rabbi ein grober Aberglaube eines Häufleins ungebildeter Schwärmer gewesen sei. Es gilt dies sowohl von heidnischen Schriftstellern als von jüdischen, die griechische Bildung hatten. Der Talmud freilich und die ihm nachschreibenden Rabbiner unterliegen den jüdischen Zeitbegriffen und glauben, man könne mit Hülfe böser Geister oder durch eine Kenntniß der Aussprache des Namens Gottes Wunder thun; sie lassen auch Jesum durch diese Mittel Wunder verrichten; aber die großen Wunder, welche an der Person Jesu geschehen sein sollen, die übernatürliche Erzeugung, Auferstehung und Himmelfahrt, erklären auch sie für unwahr.

Daß wir über die Lebensumstände Jesu von Heiden und Juden nichts Näheres erfahren, hat seinen einfachen Grund darin, daß die Persönlichkeit Jesu in Wahrheit die Glorie eben nicht hatte, mit welcher sie seine ersten Anhänger umgaben. Ein Rabbi, der, wie viele andere, im Lande lehrend und Kranke heilend umherwanderte, konnte die Aufmerksamkeit der Römer und Griechen, deren es damals viele Tausende in Palästina gab, nicht auf sich ziehen, seine Hinrichtung ebensowenig, denn Hinrichtungen jüdischer Sectirer, welche die Juden zum Aufstand gegen die Römer verleiten wollten, gab es damals in Jerusalem allwöchentlich. Wohl hätten freilich die großen Wunder auch die Römer, Griechen und Juden in Erstaunen setzen und der Person Jesu ihr Interesse in hohem Grade zuwenden müssen: allein eben in dem Umstand, daß dies **nicht geschah, liegt einer der stärksten Beweise, daß sich diese Wunder überhaupt gar nicht zugetragen haben.** Die Verbreitung der Christensecte griff im Stillen um sich; die Lehre, daß jetzt das Zeitalter der Ungelehrten, der Unangesehenen, der Armen und Unglücklichen angebrochen sei, daß die **Wiederkunft Jesu vom Himmel zur Gründung des tausendjährigen Reiches, in welches er Alle aufnehme, die an ihn glauben, täglich bevorstehe,** verschaffte der neuen Secte großen Zulauf. Als sie sich im zweiten und dritten Jahrhundert durch die immer bedeutender werdende Anzahl ihrer Anhänger politisch geltend zu machen anfing, begannen auch die heidnischen Schriftsteller diesen Neuerern, die einen galiläischen Lehrer vergötterten und von ihm den Umsturz des Römerreiches erwarteten, ihre Aufmerksamkeit zuzuwenden. Aber um Näheres aus dem Leben Jesu zu erkunden, dazu war es jetzt zu spät; die Zeitgenossen Jesu, die ihn persönlich gekannt, die seine Geschichte mit erlebt hatten, waren längst ausgestorben; der Ort, wo er gelitten, war eine Wüste, und als Kaiser **Hadrian im Jahr 136 n. Chr.** Jerusalem unter dem Namen **Aelia Capitolina** wieder aufbauen ließ, war es allen Juden bei Todesstrafe verboten, sich der Stadt auch nur zu nähern: die heidnischen Schriftsteller konnten also über **Jesum** auch nur wieder von den **Christen** Etwas erfahren, und diese, die keine eingeborenen Palästinenser, sondern meist übergetretene Griechen waren, wußten selbst Nichts weiter, als was in den Evangelien stand.

Römer und Griechen.

Die älteste Erwähnung der Christen bei römischen Schriftstellern findet sich bei Sueton. Er erzählt, daß der Kaiser Claudius im Jahr 51 die Juden wegen der Streitigkeiten, die sie über einen gewissen Chrestus hatten, aus Rom vertrieben habe. Im ersten christlichen Jahrhundert erwähnt ihrer noch Tacitus bei Gelegenheit des durch Nero veranlaßten Brandes in Rom (64 n. Chr.). Plinius der Jüngere, Statthalter in Bithynien, schrieb wegen der bithynischen Christen im Jahr 107 um Verhaltungsregeln an den Kaiser Trajan. Am Ende des zweiten Jahrhunderts tritt zuerst ein heidnischer Philosoph, Celsus, in einer besonderen Schrift gegen die Christen auf; sein Buch ist ungefähr 176 n. Chr. geschrieben. Um dieselbe Zeit macht auch Lucian in seinen Werken spöttische Bemerkungen über die neue Secte. Ein Jahrhundert später, um 270 n. Chr., verfaßt Porphyrius, der bedeutendste heidnische Gegner des Christenthums, eine Schrift gegen die Christen. Ihm folgen mit speciell gegen die Christen gerichteten Schriften 303 n. Chr. Hierokles, Präfect von Alexandrien, und 362 der Kaiser Julian.

Es ist bemerkenswerth, daß griechische und römische Schriftsteller, auch als sich die Christen schon weit verbreitet hatten, von der neuen Secte nur sehr selten Notiz nehmen; die Mehrzahl der heidnischen Autoren übergeht sie mit völligem Stillschweigen. Eine Berücksichtigung dieser sonderbaren, aus dem verachteten Judenthum hervorgegangenen Secte, die einen galiläischen Mann vergötterte, schien ihnen des Philosophen und Geschichtschreibers unwürdig; der Glaube, daß dieser Mann vom Himmel kommen werde, um das römische Reich zu zerstören, lächerlich. Nichtsdestoweniger machten sich ein paar Männer ernstlich daran, die christliche Lehre zu widerlegen; aber die Person Jesu lag ihnen schon zu ferne, sie konnten keine directen Nachrichten mehr beibringen, sondern mußten sich an die Geschichte in den Evangelien halten. So Celsus, Porphyrius, Hierokles und Julian. Für uns selbst ist unter diesen Gegnern Celsus der wichtigste, weil wir aus der Widerlegung des Origenes noch ansehnliche Bruchstücke aus seinem Werke haben. Der bedeutendste Gegner war, nach Aussage der Kirchenväter, Porphyrius, ein Phönizier, der das jüdische und christliche Wesen aus der Nähe und von Grund aus kannte. Seine Schriften sind vertilgt, wie die aller früheren Gegner des Christenthums, so weit sie sich nicht in Citaten und Widerlegungen der Kirchenväter erhalten haben. Als das Christenthum herrschend geworden war, befahlen die ersten christlichen Kaiser, alle gegen das Christenthum gerichteten Schriften zu verbrennen*).

Wir werden nun zuerst die römischen und griechischen Autoren aufführen, welche der Christen nur beiläufig erwähnen; diese sind: Sueton, Tacitus, Plinius der Jüngere, Epiktet, Lucian, Aristides, Galenus, Lampridius, Dio Cassius, Himerius, Libanius, Ammianus Marcellinus; sodann diejenigen, welche in speciellen Schriften gegen das Christenthum aufgetreten sind, nämlich den Celsus, Porphyrius, Hierokles und Julian.

Suetonius.

Das Geburtsjahr des Sueton läßt sich nicht genau angeben; er war gegen das Ende der Regierung des Kaisers Nero (54—68

---

*) Codex Theodosian. lib. I. tit. I, 1. 3: „Sancimus igitur, ut omnia quaecunque *Porphyrius* sua pulsus insania aut *quivis alius* contra religiosum Christianorum cultum conscripsit, apud quemcunque inventa fuerint, igni mancipentur. Omnia enim provocantia Deum ad iracundiam scripta et pias mentes offendentia ne ad aures quidem hominem venire volumus. Vergl. *Justinian.* Nov. 42, cap. 1.

n. Chr.) geboren, anfangs Lehrer der Redekunst in Rom, und stand in einem freundschaftlichen Verhältniß zu dem jüngeren Plinius, der ihn dem Kaiser Trajan empfahl, von welchem er zum Tribun gemacht wurde. Dem Kaiser Hadrian diente er als geheimer Secretär (magister epistolarum). Er starb nach dem Jahre 110, sein Todesjahr ist unbekannt. Sueton schrieb vitae duodecim imperatorum, worin er die Lebensgeschichte der ersten zwölf römischen Kaiser, von Julius Cäsar bis auf Domitian, sehr freimüthig, unter Benützung guter Quellen, schildert. Im Leben des Claudius (regierte von 41—54 n. Chr.) sagt er Kap. 25: „Er verbannte die Juden aus Rom, welche auf Antrieb des Chrestus beständig Unruhen erregten." (Judaeos impulsore Chresto assiduo tumultuantes Roma expulit.) Die Bezeichnung Chrestus statt Christus wird von den Heiden öfter gebraucht (*Tertull.* apolog. 3: Perperam Chrestianus pronunciatur a vobis; vergl. *Lactant.* instit. IV, 7). Es scheint also, daß schon im Jahr 51 n. Chr., wo diese Verbannung der Juden aus Rom stattfand, judenchristliche Apostel in Rom unter den Juden viele Anhänger fanden, welche mit den altgläubigen Juden in einen Streit geriethen, der in Tumulte ausartete. Im Leben des Nero Kap. 16 sagt er: „Die Christen wurden am Leben gestraft, eine Secte, die einem neuen und bösartigen Aberglauben huldigt." (Afflicti suppliciis Christiani, genus hominum superstitionis novae et maleficae; letzteres Wort könnte auch von magischen Künsten zu verstehen sein.) — Im Leben des Vespasian Kap. 4 bemerkt Sueton: „Von allen Zeiten her hatte sich im ganzen Orient die Meinung erhalten und weit verbreitet, es bestehe eine Prophezeihung, daß zu jener Zeit Leute, die von Judäa ausgezogen seien, sich der Weltherrschaft bemächtigen würden. Diese Prophezeihung, die, wie der Erfolg zeigte, auf einen römischen Kaiser (nämlich den Vespasian) ging, bezogen die Juden auf sich und empörten sich." (Percrebuerat Oriente toto vetus et constans opinio, esse in fatis, ut eo tempore Judaea profecti rerum potirentur. Id de imperatore Romano, quantum eventu postea praedictum paruit, Judaei ad se trahentes rebellarunt.)

Tacitus.

Tacitus war 61 n. Chr. am Anfang der Regierung des Kaisers Nero zu Terni in Umbrien geboren, bekleidete unter Vespasian und Titus verschiedene Staatsämter und war unter Nerva im Jahr 97 n. Chr. Consul. Das Jahr seines Todes ist unbekannt. Seine Hauptwerke sind historiarum libri V, eine römische Geschichte, die mit dem Kaiser Galba beginnt und mit dem Tode Domitian's endigt; ferner annalium libri XVI, vom Tode des Kaisers Augustus bis zum Tode des Nero. Tacitus ist als einer der vortrefflichsten Geschichtsschreiber anerkannt; er lebte in der Zeit selbst, die er beschrieb, und ist ein aufrichtiger, unparteiischer Freund der Wahrheit. Von den Christen spricht er annal. XV, 44 mit großem Abscheu. Er bezeichnet die Verbrechen nicht näher, deren er sie beschuldigt, vielleicht weil er die Kenntniß hiervon bei seinen Lesern voraussetzte, vielleicht auch, weil ihm eine solche Abschweifung zu seiner gedrängten Darstellung der Geschichte nicht zu passen schien; aber daß er die Beschuldigung nur vom Hörensagen nachgesprochen habe, läßt sich bei seiner Stellung und dem Ernst, mit welchem er seinen Gegenstand behandelt, kaum annehmen. Wahrscheinlich hat er die bei den Heiden allgemein verbreitete Beschuldigung im Sinne, daß die Christen von Menschenblut genössen und daß bei ihren nächtlichen Versammlungen eine allgemeine Geschlechtsgemeinschaft stattfinde. Er muß Beweise gehabt haben, daß dergleichen wirklich unter den Christen in Rom vorgefallen sei. Wahrscheinlich hat es in dieser Stadt, wo, wie Tacitus sagt, alles Abscheuliche aus der ganzen Welt zusammenströmte und Anhänger fand, Leute gegeben, welche Christenthum und Mithradienst vermischten, indem sie lehrten, daß der oberste oder Sonnenengel Mithra in dem Jesus von Nazareth erschienen sei. Tacitus spricht in dem genannten Kapitel von dem großen Brande in Rom, den der Kaiser Nero im Jahr 64 n. Chr. anlegen ließ. „Um nun die Gerüchte zu unterdrücken, die ihn dieser That beschuldigten", führt er fort, „schob Nero andere als die Schuldigen unter und belegte Leute, die wegen ihrer Schandthaten verhaßt waren und die das Volk mit dem Namen Christen bezeichnete, mit den ausgesuchtesten Strafen (et quaesitissimis poenis affecit, quos, per flagitia invisos, vulgus Christianos appellabat). Der Urheber dieses Namens ist Christus, welcher unter der Regierung des Tiberius von dem Procurator Pontius Pilatus mit dem Tode bestraft worden ist (per procuratorem Pontium Pilatum supplicio affectus erat). Nachdem dieser verderbliche Aberglaube für einige Zeit unterdrückt gewesen war, brach er nicht in Judäa allein, der Heimath dieses Uebels, sondern auch in Rom wieder hervor, wo von allen Seiten her alles Entsetzliche und Abscheuliche zusammenströmt und seine Anhänger findet. (Repressa in praesens exitiabilis superstitio rursus erumpebat non modo per Judaeam, originem ejus mali, sed per Urbem etiam, quo cuncta undique atrocia aut pudenda confluunt celebranturque.) Nachdem anfangs Einige festgenommen worden waren, welche bekannten, wurde sodann auf ihre Angabe hin eine große Menge aufgegriffen, die nicht sowohl des Verbrechens der Brandlegung, als des Hasses gegen das ganze Menschengeschlecht (odio humani generis) überwiesen waren. Ihre Hinrichtung wurde mit Spott verbunden, man hüllte sie in Felle wilder Thiere und ließ sie von Hunden zerfleischen, schlug sie an Kreuze, bestrich sie mit brennbaren Stoffen und zündete sie nach Sonnenuntergang wie Fackeln an. Nero gab zu diesem Schauspiel seine Gärten her und führte eine Vorstellung im Circus auf, wobei er in der Kleidung eines Wagenlenkers sich bald unter das Volk mischte, bald selbst einen Wagen führte. Obwohl diese Leute schuldbeladen waren und wegen ganz neuer Vorkommnisse Strafe verdient hatten, so fühlte man doch Mitleid mit ihnen, weil sie nicht aus Rücksicht auf das öffentliche Wohl, sondern nur um der Grausamkeit eines Einzelnen zu genügen aus dem Wege geräumt wurden." (Unde quamquam adversus sontes et novissima exempla meritos miseratio oriebatur, tanquam non utilitate publica, sed in saevitiam unius absumerentur.) — Ueber die Juden und die Eroberung Jerusalems durch Titus spricht Tacitus histor. V, 5—8.

Plinius Secundus.

Plinius Secundus, der Jüngere (zu unterscheiden von seinem Oheim Plinius Secundus, dem Aelteren, welcher historiae naturalis libros XXXVII schrieb) war zu Como unter Kaiser Nero im Jahr 62 n. Chr. geboren. Er war Kriegstribun, Quästor des Kaisers Trajan, dann Prätor und Consul, wurde von Trajan zum Proconsul der kleinasiatischen Provinz Bithynien gemacht und starb kurz vor Trajan († 117); sein Todesjahr läßt sich nicht genau angeben. Er hinterließ eine Lobrede auf den Kaiser Trajan und zehn Bücher Briefe. Das zehnte Buch des letzteren Werkes enthält einen Briefwechsel mit dem Kaiser Trajan; der 97. Brief handelt von den Christen in Bithynien. Plinius bittet den Kaiser in diesem im Jahr 107 verfaßten Schreiben um Verhaltungsmaßregeln. „Es ist meine Gewohnheit", sagt er, „alle Gegenstände, wobei ich Zweifel habe, an Dich zu bringen; denn wer kann besser meine Zweifel entscheiden und meiner Unwissenheit zu Hülfe kommen? Ich bin bei Untersuchungen gegen die Christen niemals zugegen gewesen, daher weiß ich nicht recht, was der Gegenstand der Strafe und Untersuchung zu sein pflegt. Auch war ich nicht wenig in Zweifel, ob nicht zwischen den verschiedenen Lebensaltern, zwischen der Jugend und den Erwachsenen ein Unterschied gemacht werden müsse, ob Reue nicht zur Verzeihung berechtige, ob es Dem, der einmal Christ war, nicht zum Vortheil gereichen solle, daß er es nicht mehr ist, obschon der Name, auch wenn der Angeklagte frei von Schandthaten ist, strafwürdig mache, oder ob nur schändliche Handlungen zu bestrafen seien (nomen ipsum, etiamsi flagitiis careat, an flagitia cohaerentia nomini puniantur)? Inzwischen habe ich mit Denen, welche mir als Christen vorgeführt wurden, folgendes Verfahren beobachtet. Ich habe sie gefragt, ob sie wirklich Christen seien. Wenn sie es zugestanden, so fragte ich sie zum zweiten und dritten Mal, indem ich sie mit dem Tode bedrohte. Bestanden sie auf ihrem Bekenntniß, so ließ ich sie zur Hinrichtung abführen. Ich war nämlich über die Wahrheit ihrer ersten Aus-

sage nicht in Zweifel, aber ihre Hartnäckigkeit und unbeugsame
Halsstarrigkeit verdiente Bestrafung. Andere, welche denselben
Wahnsinn zeigten, mußte ich, weil sie römische Bürger waren, zur
Abführung nach Rom vormerken. Bald verbreitete sich eben durch
die gerichtliche Behandlung, wie es bei solchen Dingen zu geschehen
pflegt, das Verbrechen weiter, und es wurden verschiedene Arten
von Leuten vor mich gebracht. Man legte mir ein Verzeichniß ohne
Unterschrift des Verfassers vor, welches viele Namen enthielt; diese
Leute stellten in Abrede, daß sie Christen seien oder je gewesen seien,
sie sprachen mir eine Anrufung der Götter nach, opferten vor Deinem Bildniß, das ich mit Bildsäulen der Götter hatte herbeibrin-
gen lassen, Wein und Weihrauch, und verwünschten noch außerdem
Christus: zu keiner dieser Anforderungen, sagt man, ließen sich
Diejenigen zwingen, welche wirklich Christen sind. Daher glaubte
ich, sie entlassen zu müssen. Andere, welche auf der Liste standen,
bekannten zwar, daß sie Christen seien, stellten es aber bald wieder
in Abrede; sie hätten zwar einmal dazu gehört, seien aber wieder
abgestanden, einige vor drei, andere vor mehreren, noch andere
sogar schon vor zwanzig Jahren. Alle erwiesen Deinem Bilde und
den Bildsäulen der Götter die verlangte Verehrung. Auch diese
sprachen Verwünschungen gegen Christus aus (Christo maledixe-
runt). Sie versicherten aber, die Summe ihrer Schuld oder ihres
Irrthums habe darin bestanden, daß sie an einem bestimmten Tage
vor Sonnenaufgang zusammengekommen seien und unter einander
einen Hymnus auf Christus, wie auf einen Gott, gesungen hätten
(affirmabant autem, hanc fuisse summam vel culpae suae vel erro-
ris, quod essent soliti, stato die ante lucem convenire carmenque
Christo, quasi deo, dicere secum invicem); darauf hätten sie sich
durch einen Eid verbunden, sich keinem Laster zu ergeben, keinen
Diebstahl, keinen Raub, keinen Ehebruch zu begehen, das gegebene
Wort zu halten, kein erhaltenes Pfand abzuleugnen. Nachdem
dies geschehen, sei es üblich gewesen, auseinander zu gehen; später
aber habe man sich wieder zu einem Mahle versammelt, das jedoch
aus gewöhnlichen und unschuldigen Speisen bestund (quibis per-
actis, morem sibi discedendi fuisse, rursusque coëundi ad capien-
dum cibum, promiscuum tamen et innoxium). Auch dieses hätten

sie jedoch auf mein Edict hin unterlassen, durch welches ich, Deinem
Befehle gemäß, die Hetärien verboten hatte. Auf dieses hin fand
ich es für nöthig, bei zwei weiblichen Dienstboten, welche Diako-
nissinnen genannt wurden, die Folter anzuwenden, um der Wahrheit auf den Grund zu kommen; aber ich fand nichts Anderes, als
einen armseligen und übergroßen Aberglauben. (Quo magis neces-
sarium credidi, ex duabus ancillis, quae ministrae dicebantur, quid
esset veri et per tormenta quaerere. Sed nihil aliud inveni, quam
superstitionem pravam et immodicam.) Ich habe daher vorläufig
die Untersuchungen eingestellt, um mich bei Dir Raths zu erholen.
Die Sache scheint mir nämlich reiflicher Erwägung zu bedürfen,
hauptsächlich wegen der großen Zahl derjenigen, welche in Gefahr
gerathen. Denn viele Personen jeden Alters und beiderlei Ge-
schlechtes sind in Gefahr und werden in Gefahr kommen, Strafe zu
leiden, da sich das Gift jenes Aberglaubens nicht blos über die
Städte, sondern auch in die Flecken und auf das Land verbreitet
hat. Es scheint mir, daß man dieser Sache Einhalt thun und sie
wieder gut machen könne. (Quae videtur sisti et corrigi posse.)
So viel ist gewiß, daß die Tempel, welche beinahe schon ganz verlassen waren, wieder anfangen besucht zu werden, und daß man die
heiligen Gebräuche, deren Uebung lange Zeit ganz unterlassen
wurde, wieder aufsucht. An verschiedenen Orten hält man auch
wieder Opferthiere feil, die bisher nur sehr selten einen Käufer gefunden hatten. Hieraus kann man leicht entnehmen, daß eine große
Zahl von Leuten bekehrt werden könne, wenn man ihnen Zeit zur
Reue läßt." — Auf dieses Schreiben antwortete der Kaiser Trajan (Plin. epist. X, 98): „Dein Verfahren gegen Diejenigen,
welche als Christen vor Dich geführt wurden, ist ganz das rechte.
Es kann keine allgemeine Regel über die Behandlung dieser Sache
aufgestellt werden. Man soll diese Leute nicht aufsuchen. Wenn
solche angezeigt und überwiesen werden, so soll man sie strafen, so
zwar, daß Derjenige, welcher leugnet, daß er ein Christ sei, und
das Gegentheil, indem er unsere Götter anruft, durch die That selbst
beweist, vermöge seiner Reue Verzeihung erhalte, so verdächtig er
auch vorher gewesen sein mag. Eine Anklage, die ohne Namensunterschrift vorgenommen wird, soll bei keiner Art von Beschuldi-

gung Berücksichtigung erhalten. Das wäre ein schlimmes Vornehmen und meiner Regierung unwürdig."

Epictetus.

Epictet, ein berühmter stoischer Philosoph, war zu Hierapolis in Phrygien geboren, in seiner Jugend Sclave des Epaphroditus zu Rom, der ihm die Freiheit schenkte und ihn in der Philosophie unterrichten ließ. Sein Geburtsjahr ist unbekannt; er lebte als angesehener Lehrer der Philosophie anfangs in Rom in freiwilliger Armuth, dann, als Domitian um 98 n. Chr. die Philosophen aus Rom vertrieb, zu Nikopolis in Epirus und starb ungefähr 117 n. Chr. Der Kern seiner Philosophie ist uns in seinem „Handbuch (Ἐγχειρίδιον)" hinterlassen, das sein Schüler Arrian aus seinen Vorträgen aufzeichnete. Außerdem hat derselbe Arrian auch philosophische Unterhandlungen (Dissertationen, διατριβαί) seines Lehrers aufgezeichnet, in welchen ein paar Stellen vorkommen, worin Epictet auf die Juden und die Christen Bezug nimmt. Im zweiten Buche, Kap. 9 der letzteren Schrift nämlich, wo er von Solchen spricht, welche sich angeblich zur stoischen Philosophie bekennen, aber nicht darnach leben und handeln, äußert er: „Warum nennst du dich einen Stoiker, warum betrügst du die Leute? Warum willst du behaupten, ein Grieche zu sein, da du doch ein Jude bist?" Man vermuthet, in der Christenverfolgung unter Domitian hätten sich viele zum Judenthum oder Christenthum übergetretene Heiden und auch Judenchristen für Anhänger der stoischen Philosophie ausgegeben, um der Verfolgung zu entgehen, und Epictet beziehe sich hierauf. Im vierten Buch, Kap. 7, wo er von der Furchtlosigkeit, den weltlichen Tyrannen gegenüber, spricht, bemerkt er: „Ist es möglich, daß Leute zu dieser Gemüthsverfassung der Furchtlosigkeit aus Wahnsinn (ὑπὸ μανίας) oder aus Gewohnheit (ὑπὸ ἔθους) gelangen, wie die Galiläer: warum sollte man nicht auch aus Vernunftgründen die Ueberzeugung gewinnen, daß alle Dinge von Gott kommen?" Unter den Galiläern versteht Epictet hier die Christen; auch der Kaiser Julian gebraucht in seinen Schriften niemals den Namen Christen, sondern immer Galiläer. Dies war die Bezeichnung der christlichen Secte bei den Juden (Apostelg. 1, 11; 2, 7). Auch der Sectenstifter Mani (im dritten christl. Jahrh.) nennt die der allgemeinen Kirche angehörigen Christen Galiläer (Fabr. bibl. Graec. tom. V. p. 285). Suidas sagt in seinem Lexikon unter dem Artikel *Ναζηραῖος*: „Zu Zeiten des Kaisers Claudius (regierte 41 bis 54 n. Chr.) erhielten diejenigen, welche vorher Nazaräer oder Galiläer genannt wurden, zu Antiochien den neuen Namen Christen." Vgl. Apostelg. 11, 26.

Lucian.

Der Satyriker Lucian war zu Samosata in Syrien geboren; sein Geburtsjahr ist unbekannt; er wurde sehr alt; seine Lebenszeit fällt zwischen die Jahre 120—200 n. Chr. Anfangs war er Sachwalter, dann Lehrer der Redekunst, in seinem höheren Alter wurde er Sekretär des Präfecten von Aegypten. Seine Blüthe fällt um das Jahr 175 n. Chr. In seinen Schriften züchtigt er die Thorheiten seiner Zeit, mancherlei Vorurtheile, die falsche Philosophie, den Aberglauben. Er spottet über die heidnische Vielgötterei ebensowohl, als über das Christenthum. Seine vorzüglichsten Schriften sind: „Göttergespräche" (worin er die griechischen Gottheiten lächerlich macht), „Todtengespräche", „Charon oder die Weltbeschauer", „Wie muß man Geschichte schreiben?" „Von den Sitten eines Philosophen", „Ueber das Ende des cynischen Philosophen Peregrinus", „Timon oder der Misanthrop", „Alexander oder der Lügenprophet". Einzelne Anspielungen auf das Christenthum, welches Lucian für eine Zeitthorheit ansah, so weit es die Vergötterung Jesu und den Welthaß der Christen betraf, findet man in den meisten Schriften Lucian's (do vera hist. I, 12. 30; II, 4. 11. 12; Alexand. c. 25. 38). Die Hauptstelle ist in dem Leben des Peregrinus. Dieser Peregrinus war aus Parium in Mysien gebürtig, wo ihm eine Statue errichtet wurde. Nach der Erzählung Lucian's wanderte dieser Mann, der auch Proteus genannt wurde, von Land zu Land und kam von einer Secte zu der andern. In seinen jüngern

Jahren war er auch einmal Christ. Im Alter bekannte er sich zur cynischen Philosophie und verbrannte sich zuletzt (im Jahr 165 oder 169 n. Chr.), seines Lebens müde, zu Olympia vor den zu den olympischen Spielen versammelten Griechen auf einem Scheiterhaufen, den er selbst errichtet hatte. Dieses Ende des Peregrinus wird auch von Ammianus Marcellinus XXIX, 1 erwähnt: Cum mundo digredi statuisset, Olympiae quinquennali certamine, sub Graeciae conspectu totius, adscenso rogo, quem ipse construxit, flammis absumtus est, auch von anderen alten Schriftstellern (vergl. Philostr. de vita Sophist. II, 1; Tertull. ad martyr. c. 4). Bald nach diesem freiwilligen Tode des Peregrinus, der großes Aufsehen machte, schrieb Lucian die Lebensgeschichte desselben. Darin erzählt er unter Anderem: Auf seinen Wanderungen habe Peregrinus in der Nähe Paläſtina's, wo er mit chriſtlichen Prieſtern und Schriftgelehrten verkehrt habe, auch die bewundernswürdige Weisheit ($\vartheta\alpha\nu\mu\alpha\sigma\iota\dot{\eta}\nu\ \sigma o\varphi i\alpha\nu$) der Chriſten kennen gelernt und ſei zu ihnen übergetreten. In kurzer Zeit habe er ihnen gezeigt, daß ſie gegen ihn nur Kinder wären, ſei zu dem größten Anſehen unter ihnen gelangt, ihr Synagogenvorſtand, ihr Hoherprieſter, ihr Alles geworden. Er habe ihre Schriften ausgelegt und ſelbſt chriſtliche Schriften verfaßt; ſie hätten ihn für ihren Geſeßgeber anerkannt und wie von einem Gotte von ihm geſprochen ($\dot{\omega}\varsigma\ \vartheta\epsilon\grave{o}\nu\ \alpha\dot{\nu}\tau\grave{o}\nu\ \dot{\epsilon}\kappa\epsilon\tilde{\iota}\nu o\iota\ \dot{\epsilon}\delta\iota\eta\gamma o\tilde{\upsilon}\nu\tau o$). Jenen großen Mann ($\tau\grave{o}\nu\ \mu\acute{\epsilon}\gamma\alpha\nu\ \dot{\epsilon}\kappa\epsilon\tilde{\iota}\nu o\nu\ \ddot{\alpha}\nu\vartheta\rho\omega\pi o\nu$), welcher in Paläſtina gekreuzigt worden, weil er dieſe neue Religion in die Welt eingeführt, beteten die Chriſten noch an. Auch Proteus ſei wegen dieſes Dienſtes gefangen geſetzt worden; dies habe ihn aber bei den Chriſten erſt recht zu Anſehen gebracht und ſei überhaupt von nicht geringem Vortheil für ihn geworden. Die Chriſten ſeien äußerſt rührig geweſen, ihm die Freiheit zu verſchaffen, und hätten ihm auch alles mögliche Angenehme im Gefängniß erwieſen. Schon am früheſten Morgen habe man alte Weiber, einige Wittwen und verwaiſte kleine Kinder vor ſeinem Gefängniß ſtehen ſehen; die Vorſtände der Chriſten aber hätten die Gefängnißwärter beſtochen, um Zutritt zu ihm zu erhalten, und bei einem guten Abendeſſen die Nacht unter ſalbungsvollen Geſprächen mit ihm zugebracht. Weit und breit ſeien Abgeordnete der Chriſten-

gemeinden herbeigekommen, um ihn zu ermutigen und zu stärken.
Diese armseligen Menschen zweifelten nicht, daß sie unsterblich seien,
daher verachteten sie den Tod und viele überlieferten sich selbst der
Hinrichtung. Sie schätzten irdische Güter gering, betrachteten sie
als gemeinsam und theilten sie einander ohne besondere Sicher-
stellung mit; daher könne ein schlauer Kopf diese beschränkten Leute
leicht betrügen und unter ihnen reich werden. Nachdem der Präfect
von Syrien die Narrheit des Peregrinus erfahren, nämlich daß
er sterben wolle, um sich einen Namen zu machen, habe er ihn frei-
gelassen. Peregrinus habe zwar jetzt die Gegend verlassen müssen,
aber fortan ein prächtiges Leben geführt, denn die Christen hätten
ihn überall reichlich mit Geld versehen. Später jedoch habe er sich
mit ihnen entzweit und sich von der Secte getrennt. — Im zweiten
Buche seiner Schrift: „Wie muß man Geschichte schreiben?" spottet Lucian über die Träume der Christen von den
Herrlichkeiten des messianischen Reiches. Er kennt ihre Vorstellungen hiervon ziemlich genau, wie sie in der Offenbarung Johannis Kap. 21 und 22 dargelegt werden. Auf einer weiten
Reise, erzählt er, sei er mit seinem Freunde auf die Insel der Seligen
gekommen. Man habe sie in die Stadt der Seligen geführt, dieselbe sei von purem Gold, die Mauern aber von Smaragd (Offenb.
Joh. 21, 18). Es herrsche hier weder Nacht, noch Sonnenschein,
sondern ewige Morgendämmerung (Offenbar. Joh. 22, 5), um die
Stadt fließe ein breiter Strom des feinsten Oels, alle Früchte wüch-
sen in Ueberfluß, die Weinstöcke trügen zwölf Mal des Jahres
(Offenb. Joh. 22, 2), die Halme des Getreides hätten keine Körner,
sondern bereits fertig bereitete Brotlaibe; es blühe ein ewiger Früh-
ling; die Stadt habe 365 Springbrunnen von Wasser (Offenb.
Joh. 22, 1), ebensoviele von Honig, einen Strom von Milch u. s. w.
— Man weiß aus den Schriften der Rabbinen, daß die Vorstellung
vom neuen Jerusalem und dem messianischen Reiche,
welche die Offenbarung Johannis gibt, nicht einzelnen christlichen
Schwärmern zugehörte, sondern eben die jüdische war. Da sie nun
auch dem Lucian bekannt ist, so ist dies ein Beweis mehr, daß
solche von den gegenwärtigen Theologen als sinnlich bezeichnete
Vorstellungen vom Messiasreiche nicht blos von einzelnen christlichen

Schwärmern, zu denen etwa der Verfasser der Offenbarung Johannis gehört hätte, sondern von den ersten Christen im allgemeinen getheilt und gepflegt wurden. — Die Schrift Lucian's, betitelt „Alexander oder der Lügenprophet ($\psi\varepsilon\nu\delta\acute{o}\mu\alpha\nu\tau\iota\varsigma$)", ist ein an den Philosophen Celsus (Gegner des Christenthums) nach dem Jahre 180 n. Chr. geschriebener Brief, welcher die Geschichte eines Alexander erzählt, der unter der Regierung des Marcus Aurelius (reg. 160—180 n. Chr.) in Paphlagonien als Prophet und Wunderthäter auftrat und weit und breit großes Ansehen genoß. Lucian sagt, als endlich einige der Verständigeren aus ihrer Betäubung erwachten und seine geheimen Künste an verschiedenen Orten als Betrügereien erkannt wurden, habe er das Volk gegen diese aufgewiegelt, indem er schrie, Pontus sei voll von Atheisten und Christen, welche Lügen über ihn verbreiteten, das Volk möge sie mit Steinwürfen aus dem Lande treiben, wenn es die Gunst des Aesculap nicht verlieren wolle. Auch habe er Mysterien eingerichtet, ähnlich denen zu Athen und ein Einweihungsfest von drei Tagen angeordnet, wobei er am ersten Tage ausrufen ließ, wie dies auch in Athen geschah: Wenn sich ein Atheist oder Christ oder Epicureer eingefunden haben sollte als ein Spion dieser Mysterien, der entferne sich schleunig. Glückliche Weihe für Die, welche an Gott glauben! Dann hätten sie die Leute weggetrieben, indem er vorausging und rief: Hinweg mit den Christen, das Volk aber nachschrie: Hinweg mit den Epicureern! — Gewöhnlich wird dem Lucian auch der Dialog zugeschrieben, welcher Philopatris betitelt ist; dieses Schriftchen ist aber wohl nicht von Lucian, sondern erst später, um das Jahr 300, unter der Regierung Diocletian's verfaßt. In diesem Dialog wird die christliche Lehre von der Dreieinigkeit für eine unverständliche Sache, die Christen selbst aber werden für Leute erklärt, die aller bürgerlichen Obrigkeit abgeneigt und der bürgerlichen Gesellschaft höchst gefährlich seien. Das Gespräch findet zwischen zwei Griechen, Kritias und Tryphon, statt, von denen der letztere unter die Christen gerathen ist. Tryphon sucht auch den Kritias für das Christenthum zu gewinnen und erzählt, als der glatzköpfige, langnasige Galiläer, welcher durch die Lüfte in den dritten Himmel gefahren, und dort außerordentliche Dinge kennen gelernt habe, zu ihm gekommen, sei er durch Wasser wiedergeboren, aus dem Reiche der Verdammniß in das Reich der Seligen hinübergeführt und in die Geheimnisse Gottes und der Schöpfung eingeweiht worden. Wenn Kritias ewig zu leben wünsche, so möge er auch christlicher Katechumene werden und den Unterricht des Tryphon anhören, dann werde er gleichfalls in das Buch des Lebens eingeschrieben werden. Kritias entgegnet, wenn alle die, welche sich zum Christenthum wenden, im Himmel in ein Buch des Lebens eingeschrieben würden, dann müsse es im Himmel viele Schreiber geben. Nun setzt ihm Tryphon auseinander, was er in der Versammlung der Christen, an der er Theil genommen, gehört habe, und fordert ihn auf, sich zu erklären, der heil. Geist werde ihm eingeben, was er sagen solle. Kritias antwortet, Tryphon sei in eine Gesellschaft armseliger, bedrängter Menschen gefallen, welche der Regierung feindlich gesinnt seien, öffentliches Unglück herbeiwünschten, immer schlimme Neuigkeiten in Bereitschaft hätten, Leute, welche den Tag über angeblich fasteten, Nachts aber sängen sie Hymnen. Beide beschließen zuletzt: Wollen wir den unbekannten Gott zu Athen zu erkennen suchen, nach ihm unsere Hände ausstrecken, ihm Dank und Lob darbringen, daß er uns gewürdigt hat, unter einer so mächtigen Regierung zu leben, und die Anderen ihren Albernheiten überlassen, so lange es ihnen gefällt. — Auch diese Stelle sagt sehr deutlich, daß die Heiden gerne geneigt gewesen wären, die christliche Lehre von einem einigen, geistigen Gott anzuerkennen, daß sie aber die Vergötterung Jesu dem Christenthum abgeneigt machte. (In Athen war ein Altar „dem unbekannten Gott" geweiht.)

Aristides.

Aristides, aus Mysien in Kleinasien, war ein Priester des Jupiter und angesehener Redner; sein Geburts- und Todesjahr sind unbekannt; er erreichte ein hohes Alter und starb um 185 n. Chr. Unter seinen Reden, wovon Photius in seiner Bibliothek Auszüge hinterlassen hat, spricht er orat. Plat. II. tadelnd von gewissen Sophisten, wobei er die christlichen Cleriker im Sinn hat, ohne sie freilich namentlich zu bezeichnen. „Sie sind auf einer Art von Weisheit angekommen", sagt er, „welche vorgibt, Geld zu verachten, aber doch Nichts zurückweist, was irgend Geld werth ist. Sie haben eine neue Art von Edelmuth erfunden, nicht viel zu geben, aber wenig zu nehmen. Diese Menschen sind weder servile Schmeichler, noch freie Männer; bald gewinnen sie durch Schmeichelei, bald treten sie tadelnd auf, wie Vorgesetzte; sie verbinden zwei einander entgegengesetzte Uebel: Erniedrigung und Anmaßung. In ihrem Benehmen sind sie dem gottlosen Volk in Palästina (den Juden) nicht unähnlich; denn sie erkennen die Götter nicht an. Sie unterscheiden sich von den Griechen und allen ordentlichen Leuten. Dagegen sind sie geschickt, Häuser zu untergraben und Familien in Verwirrung zu bringen, indem sie ein Familienglied gegen das andere hetzen und sich der Leitung der häuslichen Angelegenheiten bemächtigen. Niemals brachten sie ein gutes Wort hervor und führten es aus, niemals haben sie zu den öffentlichen Festen Etwas beigetragen oder die Götter geehrt oder die Wohlfahrt der Bürgerschaft gefördert oder Unglückliche getröstet oder Uneinige versöhnt oder die Jugend unterrichtet oder die Sprache verschönert: aber in Winkeln versteckt da kramen sie ihre bewundernswürdige Weisheit aus."

Galenus.

Galenus, der berühmte Arzt, geboren zu Pergamus in Kleinasien 131 n. Chr., gestorben 200, tadelt in seiner Abhandlung de differentia pulsuum lib. II. den Achipenes, daß er keine Gründe für seine Behauptungen angebe, so daß man glaube, in der Schule des Moses oder Christus zu sein, wo man Gesetze annehmen müsse ohne Vernunftgründe zu erhalten, und zwar in einer Sache, wo solche Gründe am wenigsten übergangen werden dürften. Im dritten Buche derselben Schrift sagt er, es sei leichter, einen Anhänger des Moses und Christus eines Besseren zu belehren (μεταδιδάξειν), als Aerzte und Philosophen, die eine Partei ergriffen haben.

Lampridius.

Aelius Lampridius, Freund und Feigelassener des Kaisers Diocletian, lebte am Ende des dritten und Anfang des vierten christl. Jahrhunderts und ist einer der sex scriptorum historiae Augustanae, welche in 34 Biographieen das Leben der römischen Kaiser von Hadrian bis zum Tode des Carus (von 117 n. Chr. bis 282 n. Chr.) beschrieben haben. In seiner Lebensbeschreibung des Kaisers Alexander Severus (reg. von 222—235 n. Chr.) sagt Lampridius Kap. 22: „Die Privilegien der Juden hielt Alexander Severus aufrecht und die Christen duldete er." Weiter bemerkt er Kap. 29 von demselben Kaiser: „Seine Lebensweise war folgende. In früher Morgenstunde, wenn es geschehen konnte, d. h. wenn er seiner Frau nicht beigewohnt hatte, betete er in seiner Kapelle, in welcher er die Bilder der vergötterten Kaiser, aber nur der besten und ausgewählten, ebenso die Bilder heiliger Männer (animas sanctiores), darunter den Apollonius, und wie ein Geschichtschreiber seiner Zeit sagt, den Christus, Abraham und Orpheus, auch die Bilder seiner Vorfahren aufgestellt hatte." Kap. 43: „Er (nämlich derselbe Kaiser Alexander Severus) hatte die Absicht, dem Christus einen Tempel zu bauen und ihn unter die Götter aufzunehmen (Christo templum facere voluit cumque inter deos recipere). Man sagt, auch Hadrian, der in allen Städten Tempel ohne Götterbilder bauen ließ, habe dies beabsichtigt; deshalb bezeichnet man heut zu Tage alle Tempel, die keine Götterbilder haben, als dem Hadrian zugehörig. Er wurde jedoch an der Ausführung dieses Plans durch Leute verhindert, welche die Orakel befragt und die Antwort erhalten hatten, falls man dies in's Werk setze, würden alle Menschen Christen und die übrigen Tempel völlig verlassen werden." Dies Letztere ist unrichtig. Wenn der Kaiser Hadrian (reg. von 117—138 n. Chr.) die Absicht gehabt hätte, christliche Tempel zu bauen, so würden gleichzeitige und überhaupt die älteren Kirchenväter, wie Justin der Märtyrer, Athenagoras, Tertullian, Cyprian, sich auf diese Gunst des Kaisers öfters zu ihren Schriften beziehen. Vielmehr bestimmte Hadrian diese

Tempel für sich selbst; Spartian sagt im Leben des Hadrian Kap. 13, Hadrian habe, während er in Asien reiste, sich selbst Tempel gebaut (per Asiam iter faciens templa sui nominis consecravit). Hadrian's Bildsäulen sollten diese Tempel wohl erst später erhalten, da der Kaiser aber von dem Tode überrascht wurde, so unterblieb dies, und das Volk erklärte sich nun diese bildlosen Tempel dahin, daß sie von Hadrian für die Christen bestimmt gewesen seien. Im 49. Kapitel berichtet Lampridius von dem Kaiser Septimius Severus weiter: „Wenn die Christen von einem öffentlichen Grundstück (zum Bau einer Kirche) Besitz ergriffen hatten, die Victualienhändler aber behaupteten, der Platz gehöre ihnen zu; so verfügte er, es sei besser, daß auf dem Platz Gott in irgend einer Weise verehrt, als daß er den Victualienhändlern übergeben werde."
„Fuhr Jemand aus der Straße auf das Grundstück eines Anderen," erzählt Lampridius im 51. Kap., „so ließ ihn der Kaiser strafen und fragte ihn: Willst du, daß man mit deinem Grundstück so verfahre?" „Oft rief er aus, was er von einigen Juden oder Christen gehört und behalten hatte, und befahl auch dem Herold, diesen Spruch auszurufen, wenn er Jemand gestraft hatte: Was du nicht willst, daß man dir thue, das füge auch keinem Anderen zu! Diesen Spruch hielt er so werth, daß er ihn an seinem Palaste und an öffentlichen Gebäuden anschreiben ließ." (Clamabatque saepius quod a quibusdam sive Judaeis sive Christianis audierat et tenebat, idque per praeconem, quum aliquem emendaret, dici jubebat: Quod tibi fieri non vis, alteri non feceris. Quam sententiam usque adeo dilexit, ut in palatio et in publicis operibus praescribi juberet.)

Dio Cassius.

Dio Cassius war 155 n. Chr. zu Nicäa in Bithynien geboren, unter Trajan und Hadrian Präfect von Cilicien, war zweimal Consul, starb nach 229 n. Chr., das Jahr ist unbekannt. Er sammelte und schrieb 22 Jahre lang an seiner römischen Geschichte; sie ist nicht mehr vollständig vorhanden, von einigen der verloren gegangenen Bücher existiren aber Auszüge des Xiphilinus, eines

Mönchs in Constantinopel, der im elften Jahrhundert lebte. Den **jüdischen Krieg** unter Vespasian beschreibt er ausführlich im 76. Buch. Der Christen erwähnt er vorübergehend an ein paar Stellen. Im 67. Buch berichtet er: „In demselben Jahr (95 n. Chr.) ließ **Domitian** neben vielen Anderen den Consul **Flavius Clemens** hinrichten, obgleich er sein Vetter war und die Flavia Domitilla zur Frau hatte, die gleichfalls mit ihm verwandt war. Beide waren der Gottlosigkeit ($ἀθεότητος$) angeklagt, weshalb auch viele Andere, welche sich zu den jüdischen Gebräuchen verirrt hatten ($ἐς\ τὰ\ τῶν\ Ἰουδαίων\ ἤδη\ ἐξοκέλλοντες$), verurtheilt wurden; Einige wurden hingerichtet, Andere mit Confiscation ihres Vermögens bestraft. Domitilla wurde nur nach Pandateria verbannt. **Glabrio**, welcher mit Trajan (91 n. Chr.) Consul gewesen und neben andern Vergehungen auch dieses Verbrechens (der Gottlosigkeit) angeklagt war, und daß er mit wilden Thieren gekämpft habe, wurde gleichfalls hingerichtet." Dio Cassius sagt nicht, ob er unter der Gottlosigkeit, deren diese Personen angeklagt waren, das **Judenthum** oder das **Christenthum** verstehe; wahrscheinlich meint er aber das Christenthum, das als jüdische Secte von den heidnischen Schriftstellern mit dem Judenthum identificirt wurde. Glabrio, der ein Vergnügen daran fand, mit wilden Thieren zu kämpfen, kann aber kein Christ gewesen sein; er wurde fälschlich des Christenthums beschuldigt, da ihn Domitian aus dem Wege räumen wollte. Der Kaiser selbst hatte ihn kurz vorher aufgefordert, an dem Feste der Juvenalien mit einem großen Löwen zu kämpfen, in der Erwartung, Glabrio werde dabei umkommen, letzterer aber erlegte den Löwen. — Von dem Nachfolger Hadrian's, **Nerva** (96 n. Chr.), sagt Dio Cassius im 68. Buche: „Er erließ ein Begnadigungsedict für die, welche wegen Gottlosigkeit ($ἐπ'\ ἀσεβείᾳ$) verurtheilt waren und rief die Verbannten zurück;" ferner: „Außerdem verbot er, Leute wegen **Gottlosigkeit** und **Judaismus** anzuklagen" ($τοῖς\ δὲ\ δὴ\ ἄλλοις\ οὔτ'\ ἀσεβείας\ οὔτ'\ Ἰουδαϊκοῦ\ βίου\ καταιτιᾶσθαί\ τινας\ συνεχώρησεν$). Gottlosigkeit ($ἀσέβεια$, $ἀθεότης$, impietas) ist die gewöhnliche Bezeichnung heidnischer Schriftsteller für das Christenthum.

Himerius.

Himerius, ein berühmter Redner und Lehrer der Philosophie zu Athen, war um 315 n. Chr. zu Prusa in Bithynien geboren, blühte unter den Kaisern Constantius und Julianus, wurde von Julian an den kaiserlichen Hof gerufen und ausgezeichnet, starb um 390 n. Chr. Von seinen vielen „Declamationen", die in einem schwülstigen Style abgefaßt sind, wie er damals für ausgezeichnet galt, sind die meisten untergegangen; viele müssen sehr heftige Ausfälle gegen die Christen enthalten haben. Der christliche Photius, Patriarch von Constantinopel († 890), sagt in seiner Bibliothek Cod. 165 von Himerius: „Wiewohl er ein ausgezeichneter Schriftsteller war, so verhielt er sich doch, wie bekannt, gegen das Christenthum völlig ungläubig; er ist einem bissigen Hunde zu vergleichen der gegen uns bellt." (Ἀλλὰ τοιοῦτος ὢν ἐν τοῖς λόγοις, ἀσεβὴς (ὡς δῆλόν ἐστι) τὴν θρησκείαν. εἰ καὶ τοὺς λαθραίους μιμεῖται τῶν κυνῶν, καθ' ἡμῶν ὑλακτῶν.)

Libanius.

Libanius, ein berühmter Redner und Lehrer der Philosophie, war 324 n. Chr. zu Antiochien in Syrien geboren, blühte unter den Kaisern Constantius, Julian (dessen Lehrer er war) bis auf Theodosius d. Gr., und starb 395 n. Chr. Es sind sehr viele Reden und Briefe von ihm vorhanden, Briefe im Ganzen 1920. Libanius war ein Gegner, aber kein Feind des Christenthums. Nach Kaiser Julian's Tod († 363), der das Heidenthum auch nur für die $1\frac{1}{2}$ Jahre seiner Regierung wieder zur Herrschaft gebracht hatte, waren alle Kaiser wieder entschiedene Anhänger des Christenthums. Die heidnischen Philosophen mußten bei ihrer Bestreitung der neuen Religion in ihrer Haltung Rücksichten auf dieses Verhältniß nehmen; Libanius scheint jedoch auch aufrichtig duldsam gegen die Christen gewesen zu sein. In seinem 730. Briefe sagt er von einem gewissen

Orion, der sich zum Christenthum bekannte: „Er war mein Freund, als er in glücklichen Umständen lebte; jetzt, wo er im Unglück ist, habe ich dieselbe Gesinnung für ihn. Wenn er in Bezug auf die Gottheit verschieden von uns denkt, so schadet er sich selbst, weil er sich betrügen ließ; aber seine Freunde sollten ihn deshalb nicht als einen Feind betrachten." In seiner Lobrede auf den Kaiser Julian, die er am Anfang des Jahres 363 n. Chr. hielt, bemerkt er: „Indem sich der Kaiser der Philosophie als Führerin zur Wahrheit bediente, wischte er alsbald den Schmutzfleck (des Christenthums) an sich ab, und erkannte, anstatt Dessen, von dem man es nur meint (Christus), die wirklichen Götter als Gottheiten an. **Diesen Tag nenne ich den Anfang der Freiheit der Welt.**" (Εὐθὺς τὴν κηλῖδα διέῤῥιψε, καὶ τοὺς ὄντας ἀντὶ τοῦ δοκοῦντος ἐπέγνω, πρὸς τὴν ἀλήθειαν ἡγεμόνι φιλοσοφίᾳ χρησάμενος. Ἐκείνην ἐγὼ τὴν ἡμέραν ἀρχὴν ἐλευθερίας τῇ γῇ καλῶ.) In der auf den Kaiser Julian gehaltenen Leichenrede äußert Libanius unter Anderem: „Eine falsche Vorstellung von den Göttern läßt sich nicht mit Feuer und Schwert ausrotten; während die Hand zur Darbringung des Opfers gezwungen wird, tadelt der Geist die Hand, verdammt die Schwäche des Leibes und behält die vorige Ueberzeugung. Es findet dabei nur eine scheinbare, keine wirkliche Sinnesänderung statt. Ueberdies wird denjenigen, welche sich (der Zumuthung des Opfers) fügen, nachher (von den Christen) verziehen, die aber, welche lieber sterben, werden (von den Christen) wie Gottheiten verehrt. Julian, der diese Umstände bedachte und erkannte, daß die Sache der Christen durch blutige Verfolgung nur gewachsen sei, that nicht mehr gegen sie, als daß er selbst dem christlichen Bekenntniß entsagte, das er nicht für wahr anerkennen konnte. Auf diese Weise brachte er Alle zur Wahrheit zurück, die sich überzeugen ließen, zwang dagegen aber Keinen, der bei dem falschen Glauben beharren wollte. Er hörte jedoch nicht auf, sie aufzufordern, indem er ihnen zurief: Wohin lauft ihr? Schämt ihr euch nicht, die Finsterniß für heller zu halten, als das Licht? Diejenigen, welche gleicher Gesinnung mit ihm waren, liebte er mehr, als seine Verwandten; wer ein Freund Jupiter's war, den schätzte er als Freund, ein Feind des Jupiter war auch der seinige, oder vielmehr, er achtete Den als seinen Freund, der ein Freund Jupiter's, aber nicht Jeden für seinen Feind, der ein Feind Jupiter's war. Solche, von denen er hoffte, daß sie ihre Gesinnung noch ändern würden, stieß er nicht zurück, sondern gewann sie durch freundliche Behandlung, und obgleich sie sich anfangs weigerten, so brachte er sie doch in der Folge dahin, daß sie um die Altäre tanzten." — Besonders beachtenswerth für die Zustände jener Zeit ist die Rede „ὑπὲρ τῶν ἱερῶν", „für die Erhaltung der heidnischen Tempel", welche Libanius an den Kaiser Theodosius den Großen richtete. Er will darin den Kaiser bestimmen, der Zerstörung der heidnischen Tempel durch Mönche und andere Rotten von Christen, wobei zugleich das Landvolk ausgeplündert wurde, Einhalt zu thun. Das Jahr, in welchem diese Rede verfaßt wurde, läßt sich nicht genau bestimmen; sie fällt zwischen die Jahre 384 und 391 n. Chr., wahrscheinlich ist sie im Jahr 390 n. Chr. geschrieben, wo Theodosius d. Gr. noch nicht Alleinherrscher war, sondern mit Valentinian gemeinsam regierte, und auch das strenge Gesetz wegen des Besuches heidnischer Tempel (Jahr 391) noch nicht erlassen war*). Wir heben aus dieser Rede einige Stellen aus: „Nach dem Tode des Kaisers Julian in Persien erhielt sich die Freiheit zu opfern einige Zeit; aber auf Andringen einiger Neuerer wurde unter den zwei Brüdern (Valentinian und Valens) das Opfern wieder verboten. Diesen Stand der Dinge hat dein Gesetz aufrecht erhalten; so daß wir nicht mehr Ursache haben, unzufrieden zu sein über Das, was uns verweigert wird, als dankbar für das, was uns zugestanden wurde. Du hast nicht befohlen, die Tempel zu schließen, oder verboten, sie zu besuchen und Weihrauch anzuzünden. Aber dieses schwarzgekleidete Volk (die Mönche), diese Leute, die mehr fressen, als die Elephanten, die große Quantitäten geistiger

---

*) Theodosius verbot in diesem Jahre den Besuch heidnischer Tempel bei schwerer Strafe. Als er im Jahr 392 Alleinherrscher geworden war, verbot er das Opfern bei Todesstrafe. Codex Theodos. lib. XVI, tit. 10, l. 12: „Quodsi quispiam immolare hostiam sacrificaturus audebit aut spirantia exta consulere, ad exemplum majestatis reus, licita cunctis accusatione, delatus excipiat sententiam competentem, etiamsi nihil contra salutem principum aut de salute quaesiorit."

Getränke verlangen, welche ihnen die Bevölkerung reichen muß, die
ihre Schlemmerei hinter einer künstlichen Blässe der Gesichtsfarbe
verbergen, diese Menschen, o Kaiser, rennen, während dein Gesetz
noch in Kraft ist, zu den Tempeln, bringen Holz, Steine und Eisen
mit, und wenn dies nicht, Hände und Füße. Dann folgt eine
mystische Räuberei*): die Dächer werden abgedeckt, die Mauern
niedergerissen, die Bilder davon gefahren, die Altäre umge-
stürzt, und den Priestern droht man mit dem Tode, wenn sie dies
nicht schweigend würden geschehen lassen. Wenn ein Tempel zerstört ist, laufen sie zu einem anderen, zu einem dritten, und es werden Trophäen über Trophäen errichtet. Dies ist die Praxis in den
Städten, ganz besonders aber auf dem Lande. Sie berauben bei
dieser Gelegenheit auch den Landmann seiner Habe, indem sie die
Früchte, die er zu seinem Lebensbedarf aufgespeichert hat, wie Er-
oberer, mit fortnehmen. Und damit sind sie noch nicht einmal zufrieden; sie nehmen ihm auch seine Feldgründe, indem sie behaupten,
dieselben seien Tempeleigenthum gewesen; viele Leute sind durch
dieses falsche Vorgeben ihres väterlichen Erbtheils beraubt worden.
So schwelgen diese Menschen, welche sagen, sie dieneten Gott mit
Fasten, von den Gütern Anderer. Wenn die, welche auf solche
Weise beeinträchtigt sind, zu dem Pastor (d. i. Bischof) in die Stadt
gehen (so nennen sie einen Mann, der auch nicht zu den Sanft-
müthigen gehört) und beklagen sich über das Unrecht, das ihnen geschehen, so belobt dieser eine solche ungerechte Handlungsweise und
fertigt sie mit der Drohung ab, sie sollten zufrieden sein, daß ihnen
nicht noch Schlimmeres widerfahren sei. Aber, o Kaiser, die so
Bedrängten sind a u ch deine Unterthanen, und nützlichere, als die,
welche ihnen Schaden zufügen; denn sie sind arbeitsame Leute, jene
aber sind Faullenzer; sie sind die Bienen, jene aber die Drohnen.
Wenn diese Menschen von einer Gegend hören, wo es noch Etwas
zu plündern gibt, dann rufen sie: Dort wird geopfert! dort treibt
man Götzendienst, dorthin muß man einen Zug unternehmen! Und

---

*) Man sagte von den Mysiern, daß sie sich während der Abwesenheit
ihres Königs Telephus ohne Widerstand von ihren Nachbarn hätten ausplündern
lassen.

alsbald sind die Verbesserer (σωφρονισταί) da; denn mit diesem
Namen beschönigen sie ihre Räubereien. Einige von ihnen bemühen sich,
ungekannt zu bleiben und leugnen ihre Handlungen; wenn man sie
Räuber nennt, beleidigt man sie; Andere aber rühmen sich damit
und sagen, sie seien in dürftigeren Verhältnissen, als die Landleute.
Wozu nun ein solcher Krieg gegen das Landvolk mitten im Frieden?
Wie kommt es, daß ein Theil deiner Unterthanen einen anderen
Theil ungestört beunruhigen und verhindern kann, an der Wohlthat
eines geordneten Staatsregiments theilzunehmen? Sie werden
sagen, wir haben nur Die gezüchtigt, welche opfern und das Gesetz
übertreten, welches die Opfer verbietet. Wenn sie das sagen, o
Kaiser, so lügen sie. Man entgegnet, es werden andere gottes-
dienstliche Gebäude statt der zerstörten errichtet werden, aber keine
Tempel. Jammern wir denn aber nicht, wenn Erdbeben Gebäude
zerstören: und doch wollen wir uns selbst ein solches Unglück zufügen? Sind die Tempel nicht ebensowohl ein Besitzthum der
Kaiser, als andere Dinge? Mit welchem vernünftigen Grund
will man denn Gebäude zerstören, deren Benützung geändert werden
kann?" 2c. Die Rede schließt: „Wenn du diese Dinge billigst, o
Kaiser, so wollen wir sie ertragen, nicht ohne Kummer, aber wir
wollen zeigen, daß wir gelernt haben, zu gehorchen. Aber wenn
du keine Erlaubniß dazu gibst und sie kommen doch und greifen das
Wenige an, was uns noch übrig geblieben ist, dann wisse, daß die
Landbesitzer sich vertheidigen werden." Von dem Kaiser Konstantin d. Gr. († 337 n. Chr.), welcher das Christenthum im römischen
Reiche zur Staatsreligion erhob, bemerkt Libanius in dieser
Rede: „Wen hat je eine schwerere Strafe getroffen, als den Kaiser
Konstantin für seine Tempelräubereien? Sein ganzes Geschlecht
hat sich gegenseitig umgebracht, bis gar Niemand mehr übrig war.
Wäre es nicht besser für ihn gewesen, er hätte die Tempel geschont
und seine Familie stände noch in Blüthe?" Konstantin d. Gr.
selbst nämlich hat seinen Schwiegervater Maximinian, seinen
Schwager Licinius, seinen Neffen Licinianus, seinen hoff-
nungsvollen Sohn Crispus, endlich seine eigene Gemahlin
Fausta hinrichten lassen. Nach Konstantin's Tod ließ dessen Sohn
Konstantins, trotz seines gegebenen Eides, zwei Oheime und

sieben Vettern nebst mehreren entfernteren Anverwandten und viele
ihrer Anhänger und Freunde um's Leben bringen, nur Gallus und
Julian wurden verschont, aber auch den Gallus ließ er später durch
einen Henker umbringen.

Ammianus Marcellinus.

Ammianus Marcellinus war zu Antiochien in Syrien
geboren, sein Geburtsjahr ist unbekannt. Er trat in römische Kriegsdienste; vom Jahre 350 bis zum Jahr 359 n. Chr. befand er sich
mit der Kohorte des Ursicinus, Befehlshabers der Garde des Kaisers
Konstantius, in Germanien und Gallien und wurde Offizier in der
kaiserlichen Garde. Unter Kaiser Julian machte er im Jahre 363
n. Chr. den Feldzug gegen die Perser mit. Seine letzten Lebensjahre brachte er außer Dienst in Rom zu, wo er nach dem Jahre 390
starb. Ammianus Marcellinus war und blieb Heide; er ist
in seinen Aeußerungen gegen die Christen jedoch gemäßigt und vor-
sichtig, da sich außer Julian, den er sehr verehrt, alle Kaiser, unter
denen er diente, zum Christenthum bekannten. Er schrieb rerum
gestarum libros XXXI, eine römische Geschichte von Kaiser Nerva
(96 n. Chr.) bis auf den Tod des Kaisers Valens (378 n. Chr.);
die ersten 13 Bücher dieses Werkes sind verloren. Vollendet hat
er dasselbe nicht vor dem Jahre 390 n. Chr. Er schreibt unparteiisch,
wahrheitsgetreu, hat einen großen Theil der Zeit, die er schildert,
selbst mit durchlebt. Von dem Kaiser Konstantius († 361 n.
Chr.) sagt er lib. XXI. cap. 16: „Die christliche Religion, welche
in sich abgeschlossen und einfach ist, vermischte er mit weibischem
Aberglauben (Christianam religionem absolutam et simplicem anili
superstitione confundens etc.), und indem er sie, anstatt sie nüchtern
anzuschauen, durch Grübeleien verwirrte, rief er sehr viele Spaltungen hervor, denen er sodann durch Wortstreitigkeiten reichlich Nah-
rung gab; so daß durch die Haufen von Priestern, welche von allen
Seiten her zu den Versammlungen, den sogenannten Synoden,
eilten, um die Uebereinstimmung herzustellen, das öffentliche Fuhr-
werk völlig abgenützt wurde.* Ammianus bezieht sich hier auf

die arianischen Streitigkeiten, wo es sich darum handelte, ob Christus, der Sohn Gottes, mit dem Vater gleichen Wesens oder demselben untergeordnet sei. Konstantius ließ zur Entscheidung dieses Streites mehrere Synoden (zu Sardica 344, zu Arelate 353, zu Mailand 355) halten. Ammianus erkennt das Wesen des Christenthums in dem Glauben an die Einheit Gottes und erklärt den Streit über das Verhältniß einer göttlichen oder menschlichen Natur in Jesu für eine unnütze Grübelei. Im 15. Buch, Kap. 8 erzählt er, als Julian, von Konstantius zum Cäsar ernannt, nach Vienna in Gallien gekommen sei (355 u. Chr.), habe ihn die dortige Bevölkerung jeden Alters und Standes sehr freudig empfangen und eine alte, blinde Frau, welche man auf ihr Befragen benachrichtigt, daß Julian seinen Einzug halte, sei freudig in den Ausruf ausgebrochen: Dieser wird die Tempel wiederherstellen! Julian habe jedoch, bemerkt er lib. XXI, 2 weiter, in dieser Zeit noch keine Aenderungen vorgenommen, und, um die Zuneigung Aller zu gewinnen, sich den Schein gegeben, er sei noch Christ, obgleich er von dieser Religion schon längere Zeit vorher im Geheimen abgefallen gewesen sei und mit wenigen Vertrauten an den Mysterien, Haruspicien und Augurien und den übrigen Dingen Theil genommen habe, welche die Verehrer der Götter zu üben pflegen. (Utque omnes, nullo impediente, ad sui favorem illiceret, adhaerere cultui Christiano fingebat, a quo jam pridem occulte desciverat, arcanorum participibus paucis, haruspicinae auguriisque intentus, et caeteris, quae Deorum semper fecere cultores.) Lib. XXI. cap. 5: „Obgleich Julian von früher Jugend an zur Verehrung der Götter geneigt war (inclinator erat erga numinum cultum) und diese Neigung in seinen Jünglingsjahren sehr zunahm; so machte er doch aus Furcht nur in der größten Verborgenheit einige Gebräuche mit. Als aber die Ursachen seiner Furcht weggefallen waren und er erkannte, daß jetzt die Zeit gekommen sei, wo er thun könne, wie er wolle, machte er seine verborgene Gesinnung offenbar und befahl in klaren und entschiedenen Edicten, daß die Tempel geöffnet und zur Verehrung der Götter Thiere auf den Altären geopfert würden. Um seine Absicht desto besser zu erreichen, ließ er die sectirerischen Bischöfe der Christen zugleich mit Gliedern ihrer Gemeinden in seinen Palast rufen (dissidentes Christianorum antistites cum plebe discissa in palatium intromissos) und erklärte ihnen, es sollten alle bürgerlichen Zwiste aufhören, es möge jeder ungehindert und ohne Furcht seine religiösen Gebräuche üben (quisque nullo vetante religioni suae serviret intrepidus). Dies that er mit Vorbedacht in der Erwartung, die Freiheit des Bekenntnisses werde die Spaltungen unter den Christen vermehren, und er brauche nachher ein einmüthiges Zusammenhalten derselben nicht zu fürchten, da er die Erfahrung gemacht hatte, daß reißende Thiere nicht grimmiger gegen Menschen seien, als die meisten Christen gegen einander selbst" (nullas infestas hominibus bestias, ut sunt sibi ferales plerique Christianorum, expertus). — Im dritten Kapitel des 27 Buches erzählt Ammianus Marcellinus den Kampf, der unter der Regierung der Kaiser Valentinian und Valens im Jahr 367 in Rom nach dem Tode des Bischofs Liberius stattfand, wo sich zwei Candidaten, Damasus und Ursinus, um den bischöflichen Stuhl stritten. Der Tumult beider Parteien wurde so groß und heftig, daß der Präfect von Rom Juventius nicht mehr im Stande war, die Ruhe herzustellen, und sich in die Vorstadt zurückzog. Die Partei des Damasus siegte. „Es ist bekannt," sagt Marcellinus, „daß in der Basilica des Sicinninus, wo die Christen ihre gottesdienstlichen Versammlungen halten, an einem Tage 137 Leichen Erschlagener gefunden wurden und daß der wüthende Pöbel noch lange nachher nur mit Mühe zur Ruhe gebracht werden konnte." (Constat, in basilica Sicinnini, ubi ritus Christiani est conventiculum, uno die centum triginta septem reperta cadavera peremtorum, efferatamque diu plebem aegre postea delenitam.) „Und ich leugne nicht, wenn ich den Reichthum und Glanz betrachte, den Rom zur Schau trägt, daß diejenigen, welche nach dergleichen Dingen trachten, Ursache haben, alle Kräfte ihres Anhanges aufzubieten, um das zu erlangen, wornach sie streben. Denn wenn sie ihren Wunsch (die bischöfliche Würde nämlich) erreicht haben, so ist ihre fernere Existenz so reichlich gesichert, daß sie von den Damen mit Geschenken überhäuft werden, in Karossen einherfahren, sich prächtig kleiden und verschwenderische Gelage halten, so daß ihre Gastungen die Tafeln der Könige übertreffen." (Neque ego abnuo, ostentationem rerum considerans Urbanarum, hujus rei cupidos ob impetrandum quod appetunt, omni contentione laterum jurgari debere: cum id adepti, futuri sint ita securi, ut ditentur ablationibus matronarum, procedantque vehiculis insidentes, circumspecte vestiti, epulas curantes profusas, adeo ut eorum convivia regales superent mensas.) Es wäre besser, meint Marcellinus, wenn diese römischen Bischöfe die Einfachheit einiger Bischöfe der Provinz nachahmten, welche sich durch Frugalität in Essen und Trinken, dürftige Kleidung und demüthige Haltung sowohl der ewigen Gottheit als den aufrichtigen Verehren derselben als reine und wahrhafte Diener empföhlen (quos tenuitas edendi potandique parcissime, vilitas etiam indumentorum et supercilia humum spectantia perpetuo numini verisque ejus cultoribus ut puros commendant et verecundos). — Man sieht, Ammianus Marcellinus hat sich seine eigene Religion gemacht; den einen geistigen Gott der Christen erkennt er an, auch das Verlangen christlicher Einfachheit und Demuth; aber die Vergötterung des Stifters legt er bei Seite.

Eunapius.

Eunapius, Lehrer der Philosophie, war um das Jahr 348 n. Chr. zu Sardes in Lydien geboren, starb nach 404. Er schrieb eine römische Geschichte, die von Kaiser Claudius II. 268 n. Chr. bis zum Jahr 404 (Regierung des Arkadius und Honorius) reichte. Photius sagt in seiner Bibliothek von diesem Geschichtswerk, daß Eunapius darin die christliche Religion herabsetze, das Griechenthum erhebe, den Kaiser Julian mit Lob überhäufe, dagegen die christlichen Kaiser, namentlich den Kaiser Konstantin, übel behandle. Diese Geschichte des Eunapius ist verloren gegangen. Dagegen haben wir noch sein zweites Werk: „Lebensbeschreibungen von Philosophen und Sophisten." Es beginnt mit dem Leben des Plotinus, dann folgen Porphyrius, Jamblichus u. s. w., im Ganzen 23 Biographien. Auch in diesem Werke kommen einzelne Angriffe gegen das Christenthum vor. Im Leben des Philosophen Antoninus, der sich in der ägyptischen Stadt Canobus an einer Nil-

mündung niedergelassen hatte, kommt Eunapius auf die Zerstörung
der heidnischen Tempel in Aegypten zu sprechen. „Die Tempel in
Canobus," sagt er, „hatten dasselbe Schicksal, wie die in Alexandrien.
Es regierte damals (389 n. Chr.) der Kaiser Theodosius;
Theophilus (Bischof von Alexandrien) leitete die Sache; Euetius
war Civilgouverneur und Romanus Commandant der
Truppen. Diese Leute, die den Krieg nur vom Hörensagen kannten,
kühlten ihren Muth an Steinen und Statuen, rissen den Tempel
des Serapis bis auf den Grund nieder, und gewannen, indem
sie die heiligen Weihgeschenke raubten, einen vollständigen, unbestrittenen
und unblutigen Sieg." (Vorher war es allerdings beim
Einreißen eines Tempels des Bacchus in Alexandrien, auf dessen
Stelle eine christliche Kirche gebaut werden sollte, zu blutigen Auftritten
im Tempel des Serapis gekommen, wohin sich die Heiden,
wie in eine Burg, gezogen hatten; nachdem aber die Behörden
hierüber an Theodosius d. Gr. berichtet hatten, befahl dieser die
Demolirung des Serapistempels und der heidnischen Tempel in
Aegypten überhaupt, und trug die Leitung dieser Zerstörung dem
Bischof Theophilus auf, der sie mit Hülfe der Soldaten und der
christlichen Einwohner auch ohne Widerstand von Seiten der heidnischen
Bevölkerung ausführte.) „Denn diese Leute fochten," fährt
Eunapius fort, „so tapfer mit Statuen und heiligen Weihgeschenken,
daß sie dieselben nicht nur überwältigten, sondern auch
raubten und wegschleppten. Es war ein Theil ihrer Ordre, daß
sie Alles, was sie stahlen, verborgen halten sollten. Nur die Grundsteine
des Tempels ließen sie liegen, weil dieselben zum Wegschleppen
zu schwer waren. Alsdann schrieen diese kriegerischen und tapfern
Helden, die Alles in Verwirrung und Unordnung gebracht hatten,
indem sie die Hände zum Himmel emporstreckten, allerdings nicht
mit Blut befleckt, aber von Habsucht abscheulich besudelt, sie hätten
die Götter besiegt, und rühmten sich ihrer Tempelräubereien und
Gottlosigkeit. Sie führten gegen die heiligen Gebäude eine Art
Volk, welches sie Mönche nennen, Leute, die äußerlich die Gestalt
von Menschen haben, ihrer Lebensweise nach aber Schweine sind,
da sie ganz öffentlich tausend lasterhafte und abscheuliche Dinge ertragen
und ausführen. Diesen Menschen erschien es als ein Act

der Frömmigkeit, die Ehrfurcht vor den heiligen Gebäuden mit Füßen zu treten. Jedermann, der eine schwarze Kutte trug und sich nicht schämte, im Publikum eine schmutzige Figur zu spielen, hatte das Recht, eine tyrannische Autorität auszuüben. Einen solchen Ruf der Tugend hatten sich diese Leute erworben; doch darüber habe ich schon in meinem Geschichtswerke gesprochen. Solche Mönche also setzten sich in Canobus fest, Menschen, welche die Leute zwingen, anstatt der Gottheiten, die wir uns in unserem Geiste denken, Sklaven anzubeten, und Personen, die noch schlechter sind, als Sklaven; denn sie suchen Gebeine und Schädel von Missethätern zusammen, welche von der Obrigkeit hingerichtet wurden, führen dieselben in den Ortschaften umher und zeigen sie für Götter, knieen vor denselben nieder und liegen, mit Schmutz und Staub bedeckt, vor ihre Gräber hingestreckt. Viele von ihnen, die Märtyrer, Diakonen und Vermittler der Bitten bei den Göttern genannt werden, waren Sklaven, die ihren Dienst schlecht verrichteten, deshalb mit Peitschenhieben gezüchtigt wurden und die Narben davon noch an ihrem Leibe tragen. Noch heute bringt die Erde solche Götter, wie diese (d. i. göttlich verehrte Reliquien) hervor. — Den prophetischen Ruhm des Philosophen Antoninus haben diese Zustände sehr erhöht; denn er hatte es Jedermann vorausgesagt, daß die Tempel in Grabmäler würden verwandelt werden." (Die Christen rissen nämlich die Tempel nieder, erbauten aber über den Gräbern der Märtyrer Kirchen und Kapellen.)

Nachdem wir bisher die wichtigeren derjenigen griechischen und römischen Schriftsteller aufgezählt haben, welche der Christen beiläufig an einigen Stellen ihrer Werke erwähnen, kommen wir nun zu jenen, die in besonderen Schriften gegen die Christen aufgetreten sind, nämlich zu dem Celsus, Porphyrius, Hierocles und Julian. Die Schriften, welche diese Männer gegen das Christenthum verfaßten, sind alle verloren gegangen, was nicht zu wundern ist, da die ersten christlichen Kaiser die Vertilgung derselben befahlen und die Christen es auch für eine

Sünde gehalten hätten, sie durch Abschriften zu vervielfältigen. Man kennt dieselben nur noch aus den Widerlegungen der Kirchenväter; der bedeutendste dieser Gegner war Porphyrius, gegen den Methodius, Eusebius und Apollinarius Widerlegungen schrieben; seine Angriffe auf das Christenthum scheinen so bedenklich gewesen zu sein, daß man auch nicht einmal die Widerlegungsschriften auf die christliche Nachwelt kommen lassen wollte; auch sie sind verloren, und man erfährt nur noch Weniges aus vereinzelten Bemerkungen in anderen Schriften des Eusebius und bei Hieronymus. Der früheste dieser vier Gegner ist Celsus. Er ist für uns insofern der wichtigste, weil von seiner Schrift aus der Widerlegung des Kirchenvaters Origenes noch ansehnliche Bruchstücke auf uns gekommen sind.

Celsus.

Ueber die Person des Celsus weiß man Nichts; auch das Jahr, in welchem er seine Schrift gegen die Christen verfaßte, läßt sich nicht genau angeben. Die Schrift selbst ist verloren, aber wir kennen, wie bemerkt, ihren Inhalt ausführlicher und genauer, als den anderer heidnischer Streitschriften gegen die Christen, weil die Widerlegung des Celsus, welche der Kirchenvater Origenes in acht Büchern verfaßt hat, vollständig auf uns gekommen ist. Man findet diese Entgegnung des Origenes in den Werken des Origenes überhaupt, theils besonders abgedruckt; z. B. *Spenceri* Origenis contra Celsum libri VIII, graece et latine, Cantabrig. 1684. 4. Eine deutsche Uebersetzung hat geliefert: Mosheim, Origenes Bücher von der Wahrheit der christlichen Religion wider den Weltweisen Celsus. Hamb. 1745. 4. Origenes, Vorsteher der christlichen Schule in Alexandrien, der berühmteste christliche Gelehrte seiner Zeit (geb. 185 n. Chr. zu Alexandrien, gest. um 255), schrieb seine Entgegnung im Jahr 246 oder 249 n. Chr. Sie ist sein bestes Werk.

Ueber die Person des Celsus ist Origenes selbst nicht im Klaren. Er will ihn zu einem Epikureer machen, da diese Schule

auch bei den Heiden verhaßt war, weil sie die Existenz Gottes, die
Vorsehung und die Unsterblichkeit leugnete, und sagt im ersten
Buche, er habe gehört, daß es zwei Epikureer gegeben habe, welche
den Namen Celsus geführt, der eine habe unter Kaiser Nero
(† 68 n. Chr.), der andere unter Kaiser Hadrian († 138 n. Chr.)
gelebt; der letztere sei es, mit dem er es zu thun habe. Allein man
erkennt aus Aeußerungen des Celsus, die Origenes in seiner
Gegenschrift anführt, daß dieser Mann ganz und gar kein Epikureer war, sondern jenen Eklektikern zugehörte, die sich in den Haupt-
punkten zu der Lehre des Plato bekannten, daneben aber auch
Lehrmeinungen aus anderen Schulen annahmen. . Origenes
selbst muß an verschiedenen Orten seines Werkes anerkennen, daß
die Ansichten des Celsus nicht epikureische, sondern platonische seien,
will aber behaupten, Celsus verstelle sich nur, weil er als Epikureer
bei Christen und Heiden schon von vorne herein in Mißcredit gekommen wäre. Zu einer solchen Verstellung hatte Celsus jedoch
durchaus keinen Grund; es war eine Ehrensache der alten Philosophen, auch der Epikureer und Cyniker, ihr System offen zu bekennen; er würde auch vom epikureischen Standpunkt dem Christenthum scharf genug haben zu Leibe gehen können und auch wohl
eher den ganzen Angriff auf die Christen unterlassen haben, als
daß er sein System verleugnet hätte. Da der Name Celsus,
d. i. der Erhabene, bei Römern und Griechen in jener Zeit sehr
gewöhnlich war, so ist wahrscheinlich ein anderer Celsus Verfasser
der Schrift gewesen, als derjenige unter Hadrian, welchen Origenes
im Sinn hat. Wir kennen also weder das Geburtsjahr, noch den
Wohnort des Celsus, sondern wissen blos, daß er sich zur platonischen Philosophie bekannte und später gelebt haben muß, als
unter Hadrian, da er in seiner Schrift (Origen. contr. Cels. lib. V.)
einiger christlichen Secten erwähnt, wie der Marcioniten, die
erst um 142 n. Chr. entstanden sind, und der Marcellianer,
welche von einer Frau Marcellina so genannt werden, die, nach dem
Zeugniß des Irenäus (adv. haeres. I, 24), erst unter dem Bischof
Anicetus nach dem Jahre 157 nach Rom gekommen ist. Da Celsus an ein paar Stellen seiner Schrift bemerkt, daß die Christen
ihre Lehre heimlich verbreiteten, weil ihre Versammlungen verboten

seien und sie zum Tode geführt würden, so scheint es, daß er sein Buch, welches er λόγος ἀληϑής, wahres Wort, betitelt, unter der Regierung des Kaisers Marcus Aurelius (regierte von 161 bis 180), wo die Christen verfolgt wurden, etwa im Jahre 176 geschrieben habe. Er ist wohl derselbe Celsus, welchem der gleichzeitige Lucian seine Schrift „Alexander, der Lügenprophet," zugeeignet hat. Ueber seine eigenen religiösen Ansichten spricht sich Celsus an verschiedenen Stellen seines Buches aus. Wir theilen einige derselben mit. „Wenn die Christen nur einen **einzigen Gott** verehrten, und sonst Niemanden," sagt er (*Origen*. contr. Cels. im achten Buche), „so wären die Gründe, womit sie Andere bestreiten, vielleicht so schwach nicht; allein sie erweisen einem Menschen, der erst vor Kurzem aufgetreten ist, eine ganz übermäßige Ehre und sind dabei der Meinung, daß sie gar keine Sünde gegen die Gottheit begingen, während sie doch einem seiner Diener dieselbe Ehrfurcht erzeigen, wie ihm selbst." — Celsus erkennt, wie die Platoniker, einen **einigen, ewigen, geistigen Gott** an, der sich aber mit der unreinen Materie, der Welt, nicht in Berührung setze; die weltlichen Angelegenheiten, das Irdische, sagt er, habe Gott untergeordnetern Geistern überlassen, und dies seien die heidnischen Gottheiten, die eben ihrer Verbindung mit der Materie wegen manches Sinnliche an sich hätten. Das leibliche Wohl der Menschen stehe in der Macht dieser Geister, und daher thäten die Menschen gut, ihnen eine mäßige Art von Verehrung zu erweisen; dagegen müsse sich die menschliche Seele von der Materie losreißen, nur der Heiligkeit nachstreben und sich allein mit dem einen, heiligen Gott beschäftigen. „Gott," sagt er (*Orig*. contr. Cels. lib. VI.), „hat den Menschen nicht, wie die Christen behaupten, nach seinem Bilde geschaffen; denn Gott hat weder das Ansehen eines Menschen, noch das irgend einer anderen sichtbaren Gestalt." „Gott kann nicht einmal mit einem entsprechenden Namen genannt werden." Im **vierten Buche** bemerkt er gegen die christliche Lehre von der Menschwerdung Gottes: „Ich will mich nur auf Das berufen, was zu allen Zeiten für wahr gehalten worden ist: Gott ist gut, schön, glückselig, er hat alle vortrefflichen Eigenschaften an sich. Käme er nun zu den Menschen herab, so mußte er sein Wesen verändern, müßte aus einem guten Gott ein böser, aus einem schönen ein häßlicher, aus einem glückseligen ein unglücklicher, überhaupt aus einem vollkommenen Wesen ein unvollkommenes werden. Wer möchte aber eine solche Veränderung erleiden? Nur die vergänglichen Dinge können ihre Gestalt verändern, das Unvergängliche aber bleibt stets wie es ist, und daher konnte sich auch Gott nicht auf solche Weise verwandeln." „Gott bedarf gar nicht zu seiner Glückseligkeit, daß er von den Menschen gekannt und verehrt werde. Er will nur, daß die Menschen durch seine Erkenntniß gebessert werden und zur Seligkeit gelangen, und daß die Bösen, indem sie ihre Bosheit durch die Verwerfung seiner Erkenntniß offenbaren, zur Strafe gezogen werden." Im achten Buche äußert er: „Man muß sich nie und unter keinen Umständen von Gott trennen, weder des Tages, noch des Nachts, weder öffentlich, noch heimlich, weder in Worten, noch in Werken." „Ein Frommer, den man nöthigen will, etwas Gottloses zu thun oder etwas Schändliches zu reden, darf sich nicht dazu zwingen lassen. Man soll lieber alle Strafen und den Tod erdulden, als Etwas sagen oder auch nur denken, was den höchsten Gott beleidigt." — Ueber die **heidnischen Gottheiten** sagt Celsus *Orig.* contr. Cels. lib. VIII: „Was kann es denn schaden, wenn man Diejenigen, welche über diese Welt herrschen, günstig gegen sich zu stimmen sucht, sie mögen nun höhere Geister oder weltliche Regenten sein, die ihre Gewalt doch auch von ersteren haben?" „Man muß aber darüber nicht höhere Dinge vergessen; denn jene Weisen möchten wohl Recht haben, welche behaupten, daß die meisten dieser irdischen Geister sinnliche Neigungen an sich tragen und Blut, Opferdampf, Räucherwerk, Musik und ähnliche Dinge außerordentlich lieben. Sie haben ja doch nur über Dinge Gewalt, die zu diesem vergänglichen Leben gehören, und können den Menschen keine höheren Wohlthaten erweisen, als daß sie ihre Leiber gesund machen und Einzelnen wie ganzen Städten die Zukunft vorhersagen."

„Man muß entweder gar nicht leben, mit der materiellen Welt in gar keine Berührung kommen wollen, oder man muß den Geistern, welche über die irdischen Dinge gesetzt sind, so lange man lebt, seinen Dank und die Erstlingsgaben darbringen, damit sie Einem gnädig bleiben: denn unter diesen Bedingungen ist man in die Welt gekommen." Celsus mißbilligt also, wie die Pythagoreer und Platoniker, die **blutigen Opfer**. „Man muß auch," sagt er an einer anderen Stelle des achten Buches, „diese Geister nur verehren und anbeten, so weit es nützlich ist; sie in allen Fällen anzurufen, verbietet die Vernunft." „Diejenigen" (bemerkt er im ersten Buche), „welche eine reine und gesunde Seele haben, richten alle ihre Bestrebungen auf Denjenigen, dem sie der Seele nach gleichen, auf **Gott**; ihr größtes Vergnügen besteht darin, an Gott zu denken und etwas von ihm zu hören." Wenn die Christen erklärten, sagt er im **ersten Buch**, es sei Unrecht, Götterbilder zu verehren, die oft von ganz gottlosen Künstlern gemacht seien, so sei dies eine Behauptung, welche die griechischen Weisen schon lange vorher ausgesprochen hätten: Heraklitus z. B. sage, wer leblose Dinge als Götter anbete, handle eben so albern, als wenn er sich mit einer Wand unterreden wollte. Auch die Perser hätten nach Herodot schon vor alten Zeiten diese Ansicht gehabt. Herodot sagt nämlich I, 31: „Die Perser halten es für unstatthaft, Götterbilder, Altäre und Tempel zu errichten oder zu weihen, und nennen Diejenigen Thoren, die Solches thun, wahrscheinlich weil sie nicht, wie die Griechen, glauben, daß die Götter Menschengestalt hätten." Origenes gesteht zu, daß allerdings der gesunde Menschenverstand zu dieser Ueberzeugung führen müsse, und fügt einen Ausspruch des Zeno, Stifters der Stoiker an, der in seiner Schrift über die beste Staatseinrichtung sage: „Es ist nicht nöthig, Tempel zu bauen; denn man darf sich nicht einbilden, daß in den Dingen, welche Zimmerleute und andere Handwerker herstellen, etwas Göttliches, Verehrungswürdiges und Heiliges sei."

Wir führen nun hier die Hauptstellen des Celsus, welche Origenes in seiner Entgegnung vorbringt, nach Materien geordnet ein. Es ist bemerkenswerth, daß Celsus, der in der Mitte des zweiten christlichen Jahrhunderts lebte und sich bei älteren Juden erkundigen konnte, die noch in das erste christliche Jahrhundert hinüberreichten, über Jesum und seine Schüler, einige wenige Notizen der jüdischen Sage ausgenommen, durchaus Nichts weiß, als was in den Evangelien steht. Dasselbe gilt von Origenes. Auch der Vertheidiger des Christenthums weiß von Jesu und den Aposteln Nichts weiter, als was das neue Testament sagt. Es ist dies ein Beweis, daß man über Jesum gar keine Nachrichten hatte, daß seiner Persönlichkeit von den gleichzeitigen Juden und Heiden durchaus keine Wichtigkeit beigelegt worden ist, und daher die Erinnerung an seine Verhältnisse mit der Zerstörung Jerusalems und der Zerstreuung der Juden unter seinen Landsleuten völlig erlosch; so daß Nichts mehr beizubringen war, als das Wenige, was seine ersten Anhänger in ihrem Evangelium von ihm aufgezeichnet hatten. Was Origenes gegen Celsus einwendet, will im Allgemeinen Wenig bedeuten; es ist so ziemlich das Nämliche, was ein heutiger orthodoxer Geistlicher auch sagen würde und was Jeder von Kanzeln und im Privatgespräch schon oft gehört hat; daher nehmen wir hier von seinen Entgegnungen nur wenig Notiz. Origenes weiß, wie bemerkt, über die Persönlichkeit Jesu nicht mehr, als wir heut zu Tage aus den Evangelien auch wissen, und bekämpft den Celsus von dem gewöhnlichen orthodox-christlichen Standpunkt, nach welchem Jesus der im alten Testamente verheißene Sohn Gottes war, sich den menschlichen Schwächen und dem Tod nur unterzog, um die Menschen von der Sünde und aus der Gewalt des Teufels zu erlösen, und demnächst zur Gründung des Himmelreichs wieder kommen wird. Er unterscheidet sich nur in so fern von unseren heutigen Orthodoxen, daß er das alte Testament nicht wörtlich auslegt, sondern den anstößigen Stellen einen geheimen Sinn unterschiebt, sie allegorisch deutet, und außerdem verschiedenen Zeitvorstellungen der damaligen Christen unterliegt, wie daß in den heidnischen Götterbildern böse Engel ihre Wohnung aufgeschlagen hätten, um göttliche Verehrung und den Dunst der Opfer zu genießen, daß mit ihrer Hülfe auch heidnische Priester Wunder thun und die Zukunft vorhersagen könnten, daß man durch Beschwörungsformeln Teufel austreiben könne u. dergl. Seine Aussagen hierüber verbreiten viel Licht über die in dieser Beziehung zu Jesu Zeiten unter den Juden gleichfalls herrschenden Vorstellungen und bieten ein wichtiges Moment für die Erklärung der neutestamentlichen Geschichte. Wir werden daher einige solche Aussprüche an ihrem Orte anführen. Wie bemerkt, ist die Schrift des Celsus selbst untergegangen und wir kennen sie nur noch nach einzelnen Stellen, die der Kirchenvater Origenes in seiner Gegenschrift aufführt. Diese Gegenschrift besteht aus acht Büchern. Im ersten Buche redet ein Jude, den Celsus auftreten läßt, Jesum selbst an; im zweiten Buche spricht der Jude zu seinen jüdischen Landsleuten, welche zum Christenthum übergetreten sind; in den übrigen sechs Büchern spricht Celsus selbst. Origenes gibt aus der Schrift des Celsus nur kurze Stellen, die er sodann weitläufig, vornehmlich durch Citate aus dem alten und neuen Testament, zu widerlegen sucht.

Vernunft und Glaube. „Celsus ermahnt uns, daß wir keine Lehren annehmen sollen, bevor wir sie nach der Vernunft geprüft und für wahr erkannt hätten. Denn wer ohne Prüfung glaube, der könne sich leicht betrügen und Irrthümer ergreifen. Er vergleicht Diejenigen, welche ohne Prüfung Alles glauben, was man ihnen vorsagt, mit Denen, welche sich durch herumziehende Taschenspieler und Betrüger, die sich für Priester des Mithras, des Bacchus, der Cybele ausgeben, täuschen und verführen lassen. Wie diese gottlosen Landstreicher die Leichtgläubigkeit des einfältigen Volkes ausbeuten und mit demselben gewöhnlich Alles machen, was sie wollen: so verhalte es sich auch bei den Christen. Viele von ihnen wüßten keine Gründe von ihrem Glauben anzugeben und wollten die Einwendungen Anderer gar nicht hören. Ihre gewöhnliche Rede sei: Was braucht es eines langen Forschens und Fragens! Glaubet nur, der Glaube macht euch selig! Sie gingen noch von einem anderen Grundsatz aus, auf dem sie fußten; sie behaupteten nämlich, die Weisheit dieser Welt sei schädlich und böse, die Thorheit dagegen gut und heilig." (*Origen.* contr. Cels. lib. I.; dasselbe sagt Celsus *Origen.* contr. Cels. lib. VI.)

Judenthum. „Celsus sagt, die Juden seien nichts Anderes, als entlaufene Knechte, die aus Aegypten geflohen seien, sie hätten nie etwas Großes und Denkwürdiges ausgeführt und in der Welt nie einiges Ansehen genossen." (*Orig.* contr. Cels. lib. IV.)

„Später fährt er fort, sie hätten sich in einem Winkel des Landes Palästina niedergelassen und daselbst in der größten Unwissenheit gelebt. Da sie nie gehört, was Hesiod und andere gottbegeisterte

Männer von der Schöpfung der Welt gesagt, so hätten sie darüber ganz alberne und läppische Fabeln ersonnen, wie daß Gott den Menschen mit eigenen Händen aus Erde gebildet, daß er eine Seele in ihn hineingeblasen, daß er aus einer seiner Rippen ein Weib gemacht, daß er diesen beiden Menschen Gesetze gegeben, daß sich die Schlange diesen Geboten widersetzt und dieselben umgestoßen habe. Läppische und zugleich gottlose Fabeln, die Gott gleich von Anfang an so ohnmächtig darstellen, daß er nicht einmal einen einzigen Menschen, den er doch selbst gemacht hatte, zum Gehorsam hätte bestimmen können" (lib. IV). „Kann Etwas lächerlicher sein, als die Schöpfung der Welt in viele Tage einzutheilen, da es doch damals noch keine Tage gegeben hat? Denn wie können Tage gewesen sein zu einer Zeit, wo Himmel und Erde noch nicht erschaffen waren und die Sonne ihren Lauf noch nicht begonnen hatte? Wie will es sich für den höchsten Gott schicken, daß er befiehlt: Es werde Dieses, es werde Jenes, und daß er doch am ersten Tage nur ein Stück zu Wege bringt, am anderen Tage wieder ein anderes Stück, und so am dritten, vierten, fünften, bis zum sechsten Tage in seiner Arbeit fortfährt (lib. VI)?" — „Sie faseln Vieles von einer Sündfluth und von einem gewissen lächerlichen Kasten, worin alle Thiere versammelt worden seien, ebenso von einem Raben und einer Taube, die man als Abgesandte gebraucht habe. Dies ist nichts Anderes, als eine Verstümmelung der Geschichte Deukalion's. Wahrscheinlich haben sie solche alberne Fabeln nur den Kindern erzählt und nicht gedacht, daß sie der Welt weiter bekannt werden würden (lib. IV)." „Die Bescheidensten und Verständigsten unter ihnen (den Juden und Christen) verwandeln dergleichen Geschichten in Sinn- und Lehrgedichte (d. h. denken sie allegorisch); weil sie sich derselben schämen müssen, nehmen sie ihre Zuflucht zu so weit hergeholten Deutungen (lib. IV)." — „Wenn sich die Juden (sagt Celsus) an ihre alten Gesetze halten, so können wir ihnen deshalb keinen Vorwurf machen; wogegen allerdings Diejenigen Strafe verdienen, welche ihre eigenen Gesetze verlassen und statt derselben die jüdischen annehmen. Allein da die Juden stolz sind und sich klüger dünken, als die übrigen Völker, da sie mit anderen Menschen nicht umgehen wollen, wie wenn sie dadurch ver=

unreinigt würden; so haben wir ihnen schon gesagt, daß ihre Lehre vom Himmel, so wenig wie andere ihrer Lehren, ihnen allein angehöre, sondern bei den Persern, nach Herodot's Zeugniß, schon vor alten Zeiten gegolten habe. Die Perser, sagt dieser Geschichtsschreiber, pflegen dem Jupiter auf den höchsten Bergen zu opfern und den ganzen Himmelskreis, der uns umgibt, Jupiter zu nennen. Meiner Meinung nach ist auch sehr wenig daran gelegen, welche Namen man gebrauchen will, ob man Jupiter sagt, oder der Allerhöchste, oder Zen oder Adonai oder Sabaoth, oder Ammon, wie die Aegypter, oder Papeus, wie die Scythen. Auch dürfen sich die Juden nicht einbilden, daß sie heiliger seien als andere Völker, weil sie sich beschneiden lassen; denn die Aegypter und Kolchier hatten die Beschneidung schon früher; oder daß sie deshalb besser seien, weil sie kein Schweinefleisch essen; denn die Aegypter (nämlich die ägyptischen Priester) enthalten sich nicht nur des Fleisches von Schweinen, sondern auch von Ziegen, Schafen, Kühen und Fischen; Pythagoras und seine Schüler essen weder Bohnen noch irgend eine Fleischspeise. Auch dürfen sie nicht glauben, daß sie Gott angenehmer seien, als die übrigen Völker, daß er nur zu ihnen seine Engel und Boten absende, daß man nur in ihrem Lande glücklich leben könne. Wie gnädig er ihrem Lande sei und welche Vorzüge er demselben habe angedeihen lassen, das beweist ja die Erfahrung (lib. V)." — "Heraklitus sagt irgendwo: Die Menschen beten Bilder und Säulen an; das ist eben so vernünftig, als wenn sie mit den Wänden reden wollten; denn sie wissen weder, was ein Gott, noch was ein Halbgott ist. Können die Juden etwas Vernünftigeres lehren, als was hier Heraklitus ausspricht? Er gibt nicht undeutlich zu verstehen, daß Diejenigen Thoren sind, welche Bilder und Säulen anbeten, wo sie nicht wissen, was ein Gott und was ein Halbgott ist. So denkt Heraklitus. Allein sie (die Juden und Christen) verwerfen und beschimpfen alle Bilder ohne Ausnahme. Thun sie dieses deshalb, weil weder Stein, noch Holz, noch Erz, noch Gold, das ein Künstler bearbeitet hat, ein Gott sein kann; so ist ihre Weisheit lächerlich. Denn welcher Mensch, der nicht blödsinnig ist, hält diese Gegenstände für Götter? Man weiß, daß es nur Geschenke sind, die man den Göttern geweiht hat, und sinnliche Bilder von den Göttern. Sind sie aber der Meinung, daß Gott gar nicht abgebildet werden dürfe, weil er ganz anders gestaltet sei, wie die Perser glauben; so stehen sie mit sich selbst im Widerspruch. Denn sie lehren ja gerade, daß Gott den Menschen nach seinem Bilde geschaffen und ihm eine Gestalt wie die seinige gegeben habe." — „Aber ich weiß schon, was sie zuletzt erwiedern: es seien diese Bilder zu Ehren gewisser Wesen gemacht worden, sie mögen ihnen gleichen oder nicht, diese Wesen aber, denen man sie geheiligt habe, seien keine Götter, sondern Dämonen (böse Geister), und Demjenigen, der dem wahren Gott dient, sei es nicht erlaubt, sie zu verehren und anzubeten (lib. VIII)." — „Weder Gott, ihr Juden und Christen, noch ein Sohn Gottes wird jemals zu uns hernieder kommen (lib. V)!"

Christenthum. „Der ganze Streit, den die Juden und Christen über den Messias führen, ist von der Art, daß man mit vollem Rechte das Sprichwort von dem Streit über den Schatten des Esels darauf beziehen kann; denn er geht nur auf eine Kleinigkeit hinaus. Beide Theile gestehen zu, daß der Geist Gottes einst prophezeit habe, es werde einmal ein gewisser Heiland und Erlöser zu den Menschen herabkommen; aber sie können nicht darüber einig werden, ob dieser Heiland bereits gekommen sei oder erst kommen werde (lib. III)." — „Die Juden sagen, daß einmal ein Gott oder ein Sohn Gottes auf die Welt herabkommen werde, um die Menschen gerecht zu machen, die Christen behaupten, er sei schon da gewesen: ein armseliger Streit, der nicht verdient, daß man sich viel damit bemühe (lib. IV)."

„Unser Gegner Celsus" (sagt Origenes lib. IV) „vergleicht Juden und Christen bald mit einem Haufen Fledermäuse, bald mit einem Haufen Ameisen, die aus ihren Löchern hervorkriechen, bald mit einer Menge Frösche, die sich um einen Sumpf gelagert haben, bald mit einer Menge von Regenwürmern, die sich an der Seite eines Misthaufens versammelt haben, um da zu streiten, wer unter ihnen am meisten gesündigt habe. Dabei sprechen sie: Wir sind Diejenigen, denen Gott Alles, was er thun will, vorher offenbart, wir sind allein Diejenigen, denen Gott seine Aufmerksamkeit widmet. Um die ganze übrige Welt bekümmert er sich wenig; er läßt den Himmel laufen, wie er will, und die große, weite Erde stehen, nur um alle seine Gedanken und Sorgen auf uns zu richten. An uns allein schickt er seine Gesandten und wird nicht müde, solche zu schicken, um es endlich dahin zu bringen, daß wir ewig mit ihm vereinigt werden. Es ist zwar ein Gott, aber die nächste Stelle nach Gott nehmen wir ein, weil er sich uns in allen Stücken gleich gemacht hat. Alles ist uns unterworfen, Erde, Wasser, Luft, Gestirne. Alles ist für uns geschaffen und muß zu unseren Diensten stehen. Weil sich unter uns Einige finden, welche gesündigt haben, so wird Gott entweder selbst kommen oder seinen Sohn schicken, damit die Gottlosen durch Feuer verzehrt werden, wir übrigen aber in das ewige Leben eingehen. Wenn Würmer oder Frösche über diese Dinge streiten würden, so wäre es erträglicher, als der Streit zwischen Juden und Christen." — „Haben die Propheten des Gottes der Juden geweissagt, daß Jesus sein Sohn sein werde: wie hat denn derselbe Gott den Juden durch Moses befehlen können, sich irdische Güter zu sammeln, zu herrschen, mit ihrer Zahl die Erde zu füllen, ihre Feinde auszurotten und sogar der Unmündigen nicht zu schonen, wie er ihrer, nach dem Zeugnisse des Moses, selbst nicht geschont hat? Wie hat er drohen können, daß er mit ihnen eben so, wie mit ihren Feinden verfahren werde, wenn sie ihm hierin nicht gehorchen wollten? Sein Sohn, jener Mann von Nazareth, gab ja Gesetze, die das gerade Gegentheil vorschreiben! Nach seiner Lehre ist allen Reichen, Allen, die nach Macht, Ehre, Weisheit und Ruhm streben, der Weg zum Vater verschlossen. Der Mensch soll sich ebensowenig, wie die Raben, um Speise und Vorräthe bekümmern: er soll für seine Kleidung ebensowenig Sorge tragen, wie die Lilien; er soll sich Dem, der ihm einen Schlag gegeben hat, freiwillig zu weiteren Schlägen darbieten: wer hat Recht, Moses oder Jesus? Hatte etwa der Vater, als er Jesum sandte, Das vergessen, was er früher durch Moses befohlen hatte, oder hat er vielleicht seine Ansichten geändert, seine eigenen alten Gesetze verworfen und diesen neuen Gesandten abgehen lassen, um den Menschen ganz andere Befehle zu ertheilen (lib. VII)? — „Wie? ist es denn Gott erst nach so vielen tausend

Jahren eingefallen, die Menschen gerecht und tugendhaft zu machen, hat er denn vorher gar nicht daran gedacht (lib. IV)?" — „Hätte Gott wirklich, nachdem er aus einem langen Schlafe, wie Jupiter auf der Schaubühne, erwacht wäre, sich vorgenommen, das menschliche Geschlecht von seinen Uebeln zu erlösen: warum hätte er denn dann den Geist, von dem ihr redet, nur in einen einzigen Winkel der Welt herabgesandt? Wäre es nicht besser gewesen, wenn er ihn in v i e l e Leiber auf die gleiche Weise eingeblasen und in der ganzen Welt vertheilt hätte (lib. VI)?" — „Ich weiß es wohl, daß einige unter den Christen gerne zugeben, ihr Gott sei kein anderer, als derjenige, den die Juden verehren; andere aber leugnen dies und behaupten, der Gott, der seinen Sohn in die Welt gesandt habe, sei ganz anders gesinnt, als der Gott der Juden (lib. V)." — „Wenn dich die Juden drängen und dir zusetzen, dann sagst du, du betest a u c h keinen anderen Gott an, als den jüdischen; allein wenn dein Meister J e s u s mit dem M o s e s der Juden nicht übereinstimmt, dann siehst du dich nach einem anderen Gott um, der von dem Vater verschieden ist (lib. VI)."

Uebernatürlicher Ursprung Jesu. „Celsus wirft den Christen weiter vor, daß sie durch falsche Schlüsse die Welt zu bereden suchten, der S o h n G o t t e s und der L o g o s oder das Wort Gottes seien Eines und Dasselbe, und glaubt dieser Beschuldigung ein großes Gewicht zu geben, wenn er beifügt, daß wir statt dieses reinen und heiligen Wortes, welches wir für den Sohn Gottes ausgeben, einen armseligen und verächtlichen Menschen verehrten, der gegeißelt und ans Kreuz geschlagen worden sei (lib. II)." — „Der Leib eines Gottes," sagt Celsus, „kann nicht so beschaffen sein, wie es der Leib Jesu gewesen ist." „Der Leib eines Gottes würde nicht so empfangen und gebildet worden sein, wie der Leib Jesu. Der Leib eines Gottes würde auch nicht auf solche Art ernährt und erhalten worden sein. Kann Celsus denn aber aus der evangelischen Geschichte beweisen, daß Jesus w i r k l i c h g e g e s s e n h a b e? Kennt er die Speisen, die er zu sich genommen? Er wird entgegnen, Jesus habe das Osterlamm mit seinen Jüngern gegessen, er habe nicht nur (Luc. 22, 16) gesagt: Mich hat herzlich verlangt, das Osterlamm mit euch zu essen, sondern habe es auch w i r k l i c h gegessen. Zugestanden! und auch das, daß er bei dem Jacobsbrunnen durstig gewesen sei und getrunken habe (Joh. 4, 6); aber was schadet dieses unserer Lehre vom Leibe Jesu? Es steht ausdrücklich in der Schrift, daß er nach seiner Auferstehung von einem Fische gegessen habe, und wir lehren auch nicht anders, als daß sein Leib von der Art gewesen, wie sie von Weibern geboren werden (lib. I)." — "Der Jude (den Celsus auftreten läßt) redet Jesum an und findet Vieles an ihm zu tadeln. Zuerst wirft er ihm vor, daß er sich fälschlich für den Sohn einer Jungfrau ausgegeben habe, hernach, daß er in einem armseligen jüdischen Flecken geboren worden, daß seine Mutter eine arme Frauensperson vom Lande gewesen sei, die sich mit Spinnen und Nähen ernähren mußte, daß sie des Ehebruchs überwiesen und daher von ihrem Verlobten, einem Zimmermann, davon gejagt worden sei, daß sie, nachdem sie von ihrem Mann verstoßen worden, in Schande und Elend herumgegangen, bis sie heimlich mit Jesu niedergekommen sei; Jesus selbst habe sich aus Mangel und Armuth in Aegypten als Knecht verdingen müssen, habe dort einige von den geheimen Künsten erlernt, die bei den Aegyptern in so großen Ehren stünden, und sodann in diese Künste das kecke Zutrauen gesetzt, daß er sich als er in sein Vaterland zurückgekehrt war, einen Gott genannt habe." Origenes entgegnet hierauf: "Der Zimmermann, erklärt der Jude bei Celsus, welcher mit der Maria verlobt war, habe die Mutter Jesu davon gejagt, nachdem er erfahren hatte, daß sie die eheliche Treue gebrochen, und von einem Soldaten Namens Panthera schwanger sei. Wollen wir doch untersuchen, ob Diejenigen nicht blind und unbedacht gehandelt haben, welche, in der Absicht, die Geschichte von der wunderbaren Empfängniß Jesu durch den heiligen Geist zu nichte zu machen, die Lüge ersonnen haben, daß die Maria in einem unreinen Verkehr mit einem gewissen Panthera gestanden und deshalb von dem Zimmermann verstoßen worden sei*). Meiner Meinung nach hätte man diese wun-

---

*) Man wird aus dieser Entgegnung des Origenes entnehmen, daß er Geschichtliches gegen diese Behauptung der Juden gar Nichts vorzubringen weiß.

derbare Geschichte auf eine ganz andere Art verfälschen und verdächtig machen können, ohne sich zu der Behauptung gezwungen zu sehen, daß Jesus nicht aus einer ordentlichen Ehe, wie andere Menschen, entsprungen sei. Eine Unwahrheit mußte man freilich erdichten, wenn man die Absicht hatte, den übernatürlichen Ursprung Jesu in Abrede zu stellen; allein eine Unwahrheit ausdenken, die nichts Wahrscheinliches an sich hat, und, wenn sie auch geglaubt wird, doch so Viel stehen läßt, daß die Maria Jesum nicht mit dem Joseph erzeugt habe, das heißt, den Klugen, die einen Betrug leicht merken, die Augen öffnen und seine Bosheit selbst verrathen. Wie kann man glauben, daß ein Mann, der zum Heile der Menschheit so außerordentliche Dinge verrichtet hat, der keine Mühe gescheut hat, Griechen und Barbaren zu bewegen, aus Furcht vor dem künftigen göttlichen Strafgericht allen Lastern zu entsagen und ein gottgefälliges Leben zu führen, nicht nur auf keine wunderbare und ungewöhnliche Weise, sondern sogar auf die schimpflichste und verächtlichste Art in die Welt getreten sei?" „Ist es wahr, daß die Leiber der Menschen mit den Neigungen der Seelen übereinstimmen: wie kann man dann glauben, daß eine Seele, welche auf Erden in einer besonderen und außerordentlichen Weise leben und große und vortreffliche Dinge ausführen sollte, mit einem Leibe vereinigt worden wäre, der, wie Celsus meint, aus dem Ehebruche eines Soldaten mit einer gemeinen Frauensperson entsprungen wäre? Würde aus einer solchen unreinen Verbindung nicht eher ein dummer und beschränkter Mensch, ein Schandfleck unseres Geschlechts, ein Lehrer der Ungerechtigkeit, der Unzucht und vieler anderer Laster, als ein Freund der Gerechtigkeit, der Keuschheit und aller übrigen Tugenden, hervorgegangen sein (lib. I)?" „Es gibt unter den Thieren Weibchen, die sich nie mit Männchen begatten," sagt Origenes später, „wie Diejenigen, welche die Geschichte der Thiere beschrieben haben, insbesondere von den Geiern melden. Diese pflanzen ihre Gattung ohne Zuthun eines Männchens fort. Ist es denn so unerhört und unglaublich, daß Gott, als er einen göttlichen Lehrer an die Menschen senden wollte, beschlossen habe, daß der Messias auf andere Weise, als gewöhnliche Menschen, die von Mann und Frau erzeugt werden, zur Welt komme? Die Griechen gestehen ja selbst, daß nicht alle Menschen aus der Begattung zwischen Mann und Weib entstanden sind. Einige Geschichtsschreiber, nicht solche, welche die Mythen der ersten und ältesten Zeit, sondern solche, welche die neuesten Begebenheiten beschrieben haben, nahmen keinen Anstand zu berichten, daß Plato von der Amphiktyone (vielmehr Periktyone) geboren und daß seinem Vater Ariston verboten worden sei, sein Weib zu berühren, bevor sie mit diesem Sohne niedergekommen, den sie mit dem Apollo erzeugt hätte." „Die übrigen Lästerungen, womit der Jude, den Celsus in einem Gespräche mit Jesus einführt, die Geburt Jesu von einer Jungfrau besudelt, die er für erdichtet hält und mit den Erzählungen der Griechen von der Danae (die von Jupiter), von der Melanippe (die von Neptun), von der Auge (die von Herkules) und von der Antinoe (die von Jupiter schwanger wurde) in Vergleich setzt, sind elende Spöttereien, die einem Possenreißer besser anstünden, als einem Mann, der ernsthaft und vernünftig schreibt (lib. I)." „Ich glaube, daß es nicht der Mühe werth sei, auf ein Geschwätz zu antworten, das keinen bestimmten Zielpunkt hat und nur Lachen erregen soll, wie folgendes: War die Mutter Jesu schön, hat sie Gott, ob er gleich seiner Natur nach von keiner menschlichen Gestalt eingenommen werden kann, ihrer Schönheit wegen seiner Beiwohnung gewürdigt? Aber es schickt sich ja doch für einen Gott nicht, eine Frauensperson zu lieben, die weder wohlhabend noch angesehen, auch nicht aus königlichem Geblüte entsprossen, vielmehr so unbekannt war, daß sie nicht einmal ihre Nachbarn kannten. Und doch, fährt der Spötter fort, konnte sie weder die Macht Gottes noch ihre einnehmende Beredsamkeit vor der Verstoßung schützen, nachdem der Zimmermann einmal einen Haß auf sie geworfen hatte. Da sehe ich Nichts, woran ich das Reich Gottes erkennen könnte (lib. I)." „Hat Gott wirklich, sagt Celsus, seinen Geist auf die Erde senden wollen, warum mußte er ihn denn in den Leib eines Frauenzimmers senken? Er kannte ja die Kunst schon, Menschen zu bilden, und hätte also seinem Geiste selbst einen Leib bereiten können, ohne daß es nöthig gewesen wäre, ihn in einen so unsauberen Ort zu schicken. Wäre sein Geist unmittelbar vom Himmel in menschlicher Gestalt herabgestiegen, so hätte kein Unglaube unter den Menschen entstehen können (lib VI)."

Davidische Abstammung Jesu. „Celsus gedenkt weder der Anstände, die selbst die Christen bezüglich des Geschlechtsregisters Jesu haben, noch der Einwürfe, welche Einige, die uns in die Enge treiben wollen, aus der Verschiedenheit der beiden Geschlechtsregister hernehmen. Der hochgebildete Celsus, welcher behauptet, daß er alle unsere Geheimnisse kenne, weiß die Dinge nicht einmal aus der Schrift zu sammeln, die man einigermaßen anfechten könnte. Er sagt nur, daß es Diejenigen, welche das Geschlechtsregister Jesu verfaßt, ein wenig gar zu arg und grob gemacht haben, indem sie seine Abkunft auf den menschlichen Stammvater und auf die alten jüdischen Könige zurückführen wollten. Er bildet sich ein, etwas Sinnreiches zu sagen, wenn er hinzufügt: Wäre die Frau des Zimmermanns aus einem so vornehmen Geschlecht entsprossen gewesen, so würde sie es wohl selbst gewußt haben (lib. II)."

Leben Jesu. „Celsus erzählt aus dem Evangelium Matthäi die Flucht Christi nach Aegypten; er läugnet aber alles Wunderbare und Uebernatürliche an derselben, insbesondere Das, daß dem Joseph ein Engel erschienen sei und ihn zur Flucht aufgefordert habe. Anstatt daß er hätte untersuchen sollen, ob nicht durch das Weggehen Jesu aus dem jüdischen Lande und durch seinen Aufenthalt in Aegypten etwas Geistiges habe vorgebildet werden sollen, erdichtet er Etwas. Er gesteht gewissermaßen zu, daß Jesus die Wunder wirklich verrichtet habe, wodurch er eine so große Menge Volkes bestimmte, ihm als den Messias nachzufolgen; allein er setzt dieselben zugleich herab, indem er behauptet, daß sie nicht durch eine göttliche Kraft, sondern durch Zauberkünste ausgeführt worden seien. Jesus, sagt er, hatte eine schlechte Erziehung; später ist er in Aegypten als Knecht in Dienst getreten und lernte daselbst einige Wunderkünste. Als er hierauf in sein Vaterland zurückkam, gab er sich dieser Künste wegen für einen Gott aus. Ich begreife nicht, wie ein Zauberer sich hätte so viele Mühe geben sollen, die Menschen zu bereden, daß sie sich bei all ihrem Thun erinnern müßten, es stehe ein Tag bevor, an welchem Gott einen

Jeden nach seinen Werken richten werde (lib. I)." „Der Jude, den Celsus einführt, fährt fort, unseren Heiland anzureden wie folgt: Wozu war es denn nöthig, daß man dich als kleines Kind nach Aegypten brachte, damit du nicht getödtet würdest? Ein Gott kennt keine Furcht vor dem Tode. Da kommt ein Engel vom Himmel herunter und fordert dich und die Deinigen zur Flucht auf, damit man euch nicht ergreife und ums Leben bringe. Hat denn aber der große Gott, der deinetwegen schon zwei Engel vom Himmel gesandt hatte, seinen eigenen Sohn nicht auch zu Hause (in Palästina) schützen können (lib. I)?" — „Der Jude, den Celsus auftreten läßt, will hierauf von den Weisen aus dem Morgenlande reden, derer im Evangelium erwähnt wird, sagt aber, Jesus habe nur vorgegeben, daß einige Chaldäer, nachdem sie seine Geburt in Erfahrung gebracht, sich zu ihm auf den Weg gemacht hätten, um ihn in seiner frühesten Kindheit als Gott anzubeten (lib. I)." — „Sodann ergreift Celsus aus dem Matthäus und vielleicht auch aus den übrigen Evangelisten die Geschichte von der Taube, die auf unseren Heiland bei der Taufe durch Johannes herabgekommen ist, und behauptet, alles dies sei ein bloßes Mährchen." „Der Jude, den er einführt, spricht zu Jesus, den wir für unseren Herrn und Heiland erkennen: Du gibst vor, daß eine Erscheinung in Gestalt eines Vogels, als du von Johannes getauft wurdest, aus der Luft auf dich herabgekommen sei. Was kannst du denn aber für einen glaubwürdigen Zeugen für diese Erscheinung aufstellen? Wer hat außer dir, und wenn man dir glauben darf, noch einem Anderen (nämlich dem Täufer), der eben so wie du hingerichtet worden ist, die Stimme gehört, wodurch dich Gott für seinen Sohn erklärt hat?" Origenes entgegnet hierauf, Celsus schlage einen ganz verkehrten Weg ein, wenn er seinen Juden in solcher Weise reden lasse; ein Jude könne dergleichen Einwendungen gegen das Taufwunder nicht machen, denn man würde ihm entgegnen: Guter Freund, womit willst denn du uns beweisen, daß der Herr, dein Gott, zu Adam, zu Eva, zu Cain, Abraham, Isaak, Jakob alle Dinge wirklich gesprochen habe, welche die heilige Schrift erzählt (lib. I)? — „Wir wollen den Celsus weiter hören. Hätte der Geist Gottes in dem Leibe Jesu gewohnt, sagt er, so müßte derselbe wenigstens andere Menschen an Größe, Schönheit, Stärke, äußerem Adel, an Stimme und Beredsamkeit übertroffen haben. Denn wie wäre es möglich, daß Einer, der etwas Göttliches in sich hat, das anderen Menschen fehlt, nicht auch einen Vorzug vor Anderen haben sollte? Allein Jesus hatte vor anderen Menschen Nichts voraus. Ja, wie man sagt, war er sogar klein von Person, von Gestalt häßlich und eines niederen Ansehens. Hier beweist nun Celsus abermals, das er sich jener Stellen der heiligen Schrift, welche ihm geeignet scheinen, Jesum zu lästern und zu verdächtigen, in einer Weise zu bedienen wisse, wie wenn er an ihrer Wahrheit nicht zweifelte. Bemerkt er aber, daß sich in der Schrift Etwas findet, was den Stellen zu widersprechen scheint, die er für seine bösen Absichten benützt, so thut er, als wenn er von denselben nie Etwas gehört hätte. Wir können es nicht in Abrede stellen, daß die Schrift von Jesu melde, er sei von Gestalt häßlich gewesen, allein daß er ein niedriges Aussehen gehabt habe, wie Celsus hinzufügt, findet sich nirgends. Ebensowenig liest man irgendwo, daß er klein von Person gewesen sei. Ich will die Stelle des Propheten Jesaias (Kap. 53, 1—3) hersetzen, worin geweissagt wird, daß Jesus mit keiner besonderen Schönheit und imponirenden Gestalt in der Welt erscheinen werde (lib. VI).“ — „Was hat Jesus denn Großes und Vortreffliches ausgeführt,“ sagt Celsus, „woraus man abnehmen könnte, daß er Gott gewesen sei? Hat er auf seine Feinde mit Verachtung herabgesehen, hat er ihre Anschläge gegen ihn verlacht und zu nichte gemacht (lib. II)?“ — „Wie haben wir, bemerkt der Jude, einen Menschen für einen Gott halten können, der, wie man öffentlich sagte, Nichts von Dem ausgeführt hat, was er versprochen hatte, der, nachdem er von uns für strafwürdig erklärt worden war, sich schimpflich zu verbergen gesucht hat, von einem Ort zum andern geflohen ist und, als er ausfindig gemacht wurde, selbst von Denen, die er seine Jünger nannte, verrathen worden ist? Geziemt es sich denn für einen Gott, sich zu flüchten? Kann sich ein Gott gebunden wegführen lassen? Und, was das Stärkste ist, kann denn ein Gott selbst von Denen verrathen werden, mit denen er ganz vertraut gelebt, denen er alle seine Geheimnisse geoffenbart hat, die ihn als Meister und Lehrer angenommen, ja die ihn Heiland, Sohn und Gesandten des höchsten Gottes genannt hatten (lib. II)?" „Ich könnte noch viele Dinge von Jesu erzählen, fährt der Jude des Celsus fort, die alle wahr sind, jedoch ganz anders lauten, als Das, was seine Jünger von ihm berichten; allein ich will dieselben absichtlich jetzt nicht anführen. Und was sind denn das für wahrhaftige Dinge, entgegnet Origenes, die mit den Schriften der Evangelisten nicht übereinstimmen und die der Jude absichtlich zurückhält? Ohne Zweifel bringt er hier ein rhetorisches Kunststück an, er stellt sich, als ob er noch Vieles in Vorrath hätte, womit er Jesum und seine Lehre angreifen könnte, und in der That hat er doch Nichts, was die Zuhörer mit einem Schein von Wahrheit blenden könnte, als was er in den Evangelien gefunden hat (lib. II)." — „Unser Gegner wirft unserem Jesus durch seinen Juden vor, daß er sich nicht von allem Bösen frei und rein erhalten habe. Was versteht er denn aber unter dem Bösen, dem er unterlegen sei?" „Celsus wiederholt es, daß Jesus nicht ohne Fehler und Tadel gewesen; nun, so sage er doch, welcher unter seinen Jüngern Etwas von Jesus aufgezeichnet habe, das man mit Recht tadeln und bestrafen könnte (lib. II)." — „Wann ist je, fragt der Jude des Celsus, unter den Menschen ein Gott aufgetreten, der nicht Glauben gefunden hätte, besonders, wenn er unter einem Volke erschienen ist, das schon lange auf seine Ankunft gewartet hatte? Wie war es möglich, daß man Denjenigen nicht gekannt hat, der schon seit so langer Zeit und so sehnlich war herbeigewünscht und erwartet worden (lib. II)?" — „Hat man je eine größere Unwahrheit gehört, als diejenige ist, welche der Jude des Celsus ausstößt, wenn er sagt, Jesus habe während seiner Lebenszeit keinen Menschen, ja nicht einmal das Herz seiner Jünger gewinnen können und eben deshalb ein so trauriges Ende gefunden (lib. II)?" — „Jesus, sagt der Jude, war immer bereit zu verwünschen und zu drohen, er führte stets das „Wehe euch" oder „Wahrlich ich sage euch" im Munde. Dadurch gesteht er offenbar selbst, daß er zu schwach gewesen sei, die Menschen zu überzeugen. An einem solchen Benehmen kann man nicht einmal einen weisen und vernünftigen Mann, geschweige einen Gott erkennen (lib. II)." — „Celsus bringt allerlei Dinge, namentlich aus Plato vor, um zu beweisen, daß auch diejenigen Stücke der heiligen Schrift, die selbst auf den Klügsten und Scharfsinnigsten Eindruck machen, in gleicher Weise auch in anderen Büchern stünden; ja er behauptet sogar, daß alle diese Dinge von den Griechen viel feiner und geschickter, ohne so viele Verheißungen und Drohungen Gottes und seines Sohnes, vorgetragen worden seien (lib. VI)."

Weissagungen. „Celsus verspricht, daß er uns sagen wolle, in welcher Weise man in Phönizien und Palästina zu weissagen pflege, und redet hiervon wie von einer Sache, die er vollkommen verstehe und aus eigener Erfahrung kenne. Wir wollen auch Das, was er über diesen Gegenstand meldet, in Betrachtung ziehen. Zuerst bemerkt er, daß es verschiedene Arten von Weissagung gebe; allein er zählt die Arten nicht auf, und hat sie auch nicht aufzählen können; nur aus Prahlerei spricht er so. Doch wollen wir sehen, welche Art von Weissagung bei diesen Völkern er für die beste halte. Es gibt, sagt er, Viele, die, obgleich sie keinen großen Ruf haben, doch mit ungemeiner Fertigkeit bei jeder Gelegenheit bald in bald außer den Tempeln prophezeihen. Einige gehen in die Städte, Andere suchen die Kriegsheere auf, rufen die Menge zusammen und geberden sich, als wenn sie von Gott begeistert wären. Jeder dieser Propheten pflegt zu sagen: Ich bin Gott! Ich bin der Sohn Gottes! Ich bin der Geist Gottes! Ich bin gekommen, weil die Welt bald untergehen wird! Und ihr, o Menschen, werdet wegen eurer Sünden und Missethaten mit der Welt untergehen. Allein ich will euch retten; ihr sollt mich mit göttlicher Kraft wieder zu euch kommen sehen. Selig sind Diejenigen, die mich jetzt aufnehmen und an mich glauben; die Uebrigen werde ich alle mit ihren Städten und Ländern in ein ewiges Feuer werfen. Alsdann werden Die, welche an die bevorstehenden Strafen nicht gedacht haben, heulen und sich vergeblich bemühen, Buße zu thun; Die hingegen, welche mir treu geblieben sind, sollen ewig von mir erhalten werden. Auf diese prächtigen Warnungen und Verheißungen folgen gewöhnlich allerlei fremde, unbekannte, wunderlich lautende Redensarten, die so dunkel und unverständlich sind, daß kein Vernünftiger einen klaren Sinn herausbringen, dagegen jeder

Träumer und Betrüger sie auf allerlei Dinge nach seinem Gefallen beziehen und deuten kann." — Origenes entgegnet: Man muß dem Celsus keinen Glauben schenken, wenn er sagt, daß er solche Leute selbst habe weissagen hören; denn zu der Zeit, in welcher er gelebt hat, sind keine solchen Propheten mehr in der Welt gewesen, wie die alten waren. (Allein Celsus spricht nicht von den alttestamentlichen Propheten, sondern von Leuten wie Simon Magus, Elxai u. dgl., welche sich in Palästina und Phönizien für höhere Kräfte oder Engel, die in menschlichen Körpern erschienen wären, ausgaben.) „Was Celsus weiter hinzufügt," fährt Origenes fort, „er habe einige dieser Propheten, die er selbst weissagen hörte, so in die Enge getrieben, daß sie ihm selbst ihre Schwächen und Mängel zugestanden und bekannt hätten, daß ihre vieldeutigen Worte nichts als Betrug wären: so ist dies eine handgreifliche Unwahrheit. Er hätte die Namen dieser Propheten nennen sollen, damit Diejenigen, welche fähig sind, in dieser Sache zu urtheilen, hätten untersuchen können, ob er die Wahrheit gesagt oder gelogen habe (lib. VII)." — „Die Christen, sagt Celsus weiter, verachten alle Aussprüche der Götter von Delphi und Dodona, alle Antworten des clarischen Apollo, der Branchiden, des Jupiter Ammon und sehr viele andere, die doch Veranlassung wurden, daß Colonisten in alle Theile der Welt gewandert sind; allein was im jüdischen Lande in dieser Gattung geredet wurde oder geredet worden sein soll, dergleichen die Leute in Phönizien und Palästina noch reden: das sollen lauter Wunderdinge und ewige Wahrheiten sein (lib. VII)." — „Der Jude des Celsus fragt unsern Heiland: Wie beweisest du denn, daß die Weissagungen mehr auf dich, als auf tausend Andere gehen, die nach denselben auf die Welt gekommen sind? Es hat nicht nur Träumer und Phantasten, sondern auch Betrüger genug in der Welt gegeben, die sich in gleicher Weise für den Sohn Gottes, welcher vom Himmel gekommen sei, ausgerufen haben (lib. I)." — „Die Welt ist voll von Leuten, sagt der Jude, welche Jesum der Vermessenheit beschuldigen und behaupten, sie seien Diejenigen, auf welche die Weissagungen gingen, die er auf sich deutet (lib. I)." — Origenes entgegnet: „Ich weiß nicht, ob dem Celsus Leute bekannt gewesen sind, die während ihres Lebens Dasselbe auszuführen versucht haben, was Jesus gethan hat, und sich so wie er den Sohn oder die Kraft Gottes haben nennen lassen; allein wir wollen gerne gestehen, daß sich vor der Geburt Jesu ein gewisser Theudas unter den Juden aufgethan habe, welcher vorgegeben, daß er etwas Großes wäre. Doch kaum war dieser Mensch gestorben, so wurden Diejenigen, die er betrogen hatte, zerstreut. Nicht lange hernach in den Tagen der Schätzung, in welchen, wenn ich nicht irre, Jesus geboren wurde, trat ein Galiläer Namens Judas auf und zog theils durch seine vorgegebene Weisheit, theils durch die ungewöhnlichen Dinge, die er unternahm, eine große Menge Juden an sich. Aber kaum hatte er den Lohn seiner Uebelthaten empfangen, so war es auch mit seiner Lehre zu Ende, wenigstens hielten sich nur noch einige schlechte und unbekannte Leute dazu. Nach den Zeiten Jesu unterstand sich ein Samaritaner, der Dositheus hieß, seinen Landsleuten weiß zu machen, daß er der von Moses verheißene Messias sei; einige ließen sich, wie es scheint, wirklich von ihm überreden. Um zu beweisen, daß alle diese Leute die Verheißungen Gottes mit Unrecht auf sich bezogen haben, und weder Gottes Söhne noch seine Kräfte gewesen, daß hingegen Jesus wirklich der Sohn Gottes sei, darf man sich nur des klugen Ausspruchs Gamaliel's bedienen: Ist das Werk aus Menschen, so wird es untergehen. Alle Werke und Pläne dieser Leute sind wirklich mit ihnen gestorben und untergegangen. Simon, ein Zauberer aus der Stadt Samaria, suchte sich, so wie jene, durch seine Zauberkünste Anhänger zu verschaffen, und es ließen sich eine Zeit lang in der That auch Viele von ihm verführen. Allein jetzt sind kaum dreißig Simonianer in der Welt mehr übrig und vielleicht sind ihrer nicht einmal mehr so viele. In Palästina gibt es hie und da noch einige wenige, in der ganzen übrigen Welt ist sein Name, den er doch unsterblich machen wollte, unbekannt; da, wo er bekannt ist, kennt man ihn nur aus der Apostelgeschichte (lib. I)." — „Die Propheten," sagt der Jude des Celsus, „bezeichnen Den, der da kommen soll, als einen mächtigen König, als einen gewaltigen Helden, der sich alle Völker, die ganze Welt unterwerfen soll; aber von einer so schädlichen Pest (wie Jesus und das Christenthum) haben sie Nichts gemeldet. Celsus fügt hinzu:

Kein Mensch wird aus dergleichen dunklen Bildern, aus solchen gezwungenen und verkehrten Auslegungen, aus so schlechten und verächtlichen Kennzeichen schließen können, daß Jemand Gott oder Gottes Sohn sei. Der Sohn Gottes, sagt er, hätte es so wie die Sonne machen müssen, die, indem sie alle Dinge erleuchtet, sich selbst zuerst bekannt macht und offenbart (lib. I)." — „Gott hat niemals, wie Celsus meint, etwas Erniedrigendes gethan oder gelitten, sich auch niemals dem Bösen geneigt erwiesen. Wenn von Gott erzählt wird, daß Gott Lammfleisch gegessen, daß er Essig mit Galle getrunken habe: Ist das nicht ebensoviel, als wenn man sagt, Gott ernähre sich mit unsauberen Dingen? Gesetzt, daß die Propheten geweissagt hätten, Gott werde ein Knecht werden oder in eine Krankheit fallen oder gar sterben, um nichts Aergeres zu sagen: müßte denn der höchste Gott deßhalb auch nothwendig ein Knecht werden oder erkranken, weil es von ihm vorher verkündigt worden ist? müßte er nothwendig deßhalb sterben, um durch seinen Tod zu beweisen, daß er Gott sei? Allein solche Dinge sind zu böse und zu gottlos, als daß sie die Propheten von Gott hätten weissagen können. Man muß also nicht darauf sehen, ob eine Sache vorher verkündigt worden sei oder nicht, sondern darauf, ob sie gut und Gott anständig sei. Etwas Böses und Garstiges muß nie von Gott geglaubt werden, wenn auch alle Menschen in der ganzen Welt in einer wahnwitzigen Entzückung sie geweissagt hätten. Sind denn die Dinge, welche Christo begegnet sind, so gut und heilig, daß man sie einem Gotte beimessen könnte (lib. VII)?" —

Wunder. „Celsus spricht auch von der Freudigkeit Derer, die bis auf den Tod kämpfen, damit sie das Christenthum nicht verleugnen dürfen, und nachdem er Einiges hierüber vorgebracht hat, vergleicht er unsere Lehre mit Dem, was die Ausleger der Religion und die Vorsteher der Mysterien bei den Heiden sagen. So wie du, mein guter Mann, spricht er, ewige Strafen glaubst, so glauben sie die Ausleger der Religion und der heiligen Gebräuche und die Vorsteher der Mysterien auch. Du drohest ihnen ewige Strafen, und sie drohen sie dir wieder. Beide Theile versichern auf's Kräftigste, daß Alles wahr sei, was sie sagen. Man muß also untersuchen, auf welcher Seite mehr Wahrheit und Gründlichkeit sei.

Wenn es nun dahin kommt, so stellen uns die Priester der Götter keine geringe Zahl der stärksten Gründe dar, die sie theils für die Wunderwerke einiger Götter haben, theils für die Antworten, welche die Götter den Fragenden ertheilten (lib. VIII)." — Ueber die Wunder der Heiden erklärt sich Origenes im ersten Buche folgendermaßen: „Die Zauberer, welche mit den bösen Geistern eine Gemeinschaft unterhalten und sie, so oft sie wollen, durch gewisse Regeln ihrer Kunst zu Hülfe rufen, können auf diese Weise Alles ausführen, was ihnen beliebt, so lange nicht Etwas dazwischen tritt oder gesprochen wird, das göttlicher und mächtiger ist, als die Dämonen oder die Worte, womit sie beschworen werden. Läßt sich jedoch eine solche göttliche Kraft entweder sehen oder hören, so verlieren die Dämonen alle ihre Macht, weil sie den Glanz der Gottheit nicht ertragen können. Zu der Zeit, wo Jesus geboren wurde, erschien, wie Lucas berichtet und was auch ohnedem sehr glaublich ist, eine große Menge der himmlischen Heerschaaren, die Gott lobte und sprach: Ehre sei Gott in der Höhe, Friede auf Erden und dem Menschen ein Wohlgefallen. Es ist daher sehr glaublich, daß diese Erscheinung den Dämonen alle ihre Gewalt und Stärke genommen, ihre Künste zu Schanden gemacht und alle ihre List zernichtet habe." — „Celsus beschuldigt Jesum, daß er Alles, was man an seinen Thaten bewundert, durch Zauberkünste ausgeführt habe. Da er aber vorhergesehen, daß nach ihm andere in diesen Künsten Erfahrene solche Wunder gleichfalls thun oder vorgeben würden oder daß die Kraft Gottes sie dazu tüchtig machen werde, so habe er verboten, Zauberer in der Gemeinde zu dulden (lib. I)." — „Alle Wunderwerke Jesu, sagt Celsus, seien nicht besser, als die Thaten der Zauberer, die stets prahlen, daß sie noch größere Dinge thun wollten, oder als die Taschenspielerstücke der Leute, die der ägyptischen Künste kundig sind und um wenige Heller auf den Märkten ihre ganze Wissenschaft feil bieten, böse Geister aus den Leibern der Menschen treiben, die Krankheiten wegblasen, die Seelen verstorbener Menschen erscheinen lassen, Tafeln hervorzaubern, die mit den schönsten und angenehmsten Speisen besetzt scheinen, obgleich in Wirklichkeit nichts darauf vorhanden ist, Bilder der Thiere in Bewegung setzen, wie wenn sie lebendig wären: müssen

wir solcher Werke wegen glauben, ruft Celsus aus, daß diese Leute Söhne Gottes seien, oder müssen wir nicht vielmehr sagen, daß solche Werke Betrügereien gottloser und böser Menschen sind (lib. I)?"
— „Der Jude, den Celsus auftreten läßt, spricht wie ein griechischer Gelehrter. Die alten Fabeln, sagt er, die uns erzählen, daß Perseus, Amphion, Aeakus, Minos von Göttern erzeugt worden seien, verdienen gar nicht, daß wir ihnen Glauben schenken; allein sie entbehren doch nicht aller Wahrscheinlichkeit, weil sie von diesen Männern lauter große, wunderbare, übermenschliche Thaten erzählen. Was hast denn aber du Großes, Merkwürdiges und Außerordentliches ausgeführt? Bisher Nichts! wenn schon die Juden im Tempel sehr darauf drangen, daß du durch ein klares und deutliches Zeichen deine göttliche Abkunft beweisen möchtest (lib. I)." — Origenes behauptet, daß die Wunder unter den Christen noch zu seiner Zeit fortdauerten und daß unter den Juden zur Strafe für ihren Unglauben keine Propheten und Männer mit Wundergaben mehr aufträten, wie sie denn überhaupt für die Verwerfung und Mißhandlung Jesu durch die Zerstörung ihrer Stadt und ihre Zerstreuung in alle Welt gestraft worden seien. „Daher sehen wir," sagt er, „daß die Juden nach der Zeit, wo Jesus unter ihnen gelebt hat, ganz verlassen sind und ferner nichts von Dem, was sie vordem für groß und ehrwürdig hielten, kein einziges Zeichen, daß Gott gegenwärtig unter ihnen weile, behalten haben. Kein Prophet läßt sich mehr unter ihnen sehen, sie wissen von keinen Wundern mehr. Dagegen haben unter den Christen die Wunder noch nicht aufgehört; ja es geschehen jetzt zuweilen noch größere Wunder unter ihnen, als sie ehemals geschehen sind; bin ich würdig, daß man mir Glauben schenke, so kann ich versichern, daß ich solche Wunder selbst gesehen habe (lib. II)."

Teufelaustreiben. Origenes erkennt die Magie an. Er sagt im ersten Buche contra Celsum: „Können wir beweisen, daß gewisse Namen, die bei den Weisen der Aegypter, bei den klügsten der Magier unter den Persern, bei den indischen Weisen, die man Braminen oder Sammaneer nennt, ja fast bei allen übrigen Völkern üblich sind, eine gewisse Kraft von Natur haben; können wir beweisen, daß die Wissenschaft, welche man

Magie nennt, keine eitle und falsche Kunst sei, wie Aristoteles und Epicur behaupten, sondern auf sicheren Gründen und Wahrheiten beruhe, wie diejenigen beweisen, die sie verstehen, obgleich die innerliche und echte Beschaffenheit derselben nur Wenigen bekannt ist; können wir, sage ich, dieses darthun: Dann werden wir auch behaupten können, daß die Namen Adonai, Sabaoth und andere mehr, die bei den Hebräern für heilig und ehrwürdig gehalten werden, keine gemeinen und erschaffenen Dinge anzeigen, sondern zu einer heiligen und geheimen Wissenschaft gehören, die uns zu dem Schöpfer der Welt zieht und erhebt. Daher kommt es, daß diese Namen, wenn sie in ihrer natürlichen Weise ausgesprochen werden, von einer so großen Kraft und Wirkung sind. Daher geschieht es, daß einige Namen, wenn sie ägyptisch ausgesprochen werden, über gewisse Dämonen, deren Gewalt über diese oder jene Dinge sich erstreckt, und andere, wenn man sie persisch ausspricht, über andere Dämonen etwas vermögen. Bei den übrigen Völkern verhält es sich in gleicher Weise; sie haben andere Namen, die zu anderen Absichten dienen. Ueberall wird man finden, daß die Namen der Geister, welche sich auf unserer Erde aufhalten, mit der Sprache der Völker, deren Länder ihnen zum Wohnort angewiesen sind, eine Verwandtschaft haben." — Origenes glaubt, wie die übrigen Kirchenväter, daß in den Götterstatuen der Heiden böse Geister ihre Wohnung genommen hätten, um sich hier göttlich verehren zu lassen, und daß daher mit Hülfe dieser Dämonen auch heidnische Priester Wunder wirken könnten. Er spricht sich hierüber im siebenten Buche contra Celsum aus wie folgt: „Celsus kennt weder die Natur der bösen Geister noch die Werke, die sie verrichten, sie mögen dazu von den Beschwörern gezwungen werden oder Das, was sie wollen und können, freiwillig thun. Verstände er die Lehre von den Dämonen, deren Erklärung weitläufig und deren Verständniß schwer ist; so würde es ihm nicht so fremd vorkommen, wenn wir sagen, daß Keiner, welcher den wahren Gott fürchtet und ehrt, den Dämonen dienen dürfe. Wir können uns so wenig entschließen, diesen bösen Geistern in irgend einer Weise zu dienen, daß wir sie vielmehr durch unser Gebet und durch andere Mittel, welche uns die heilige Schrift angibt, aus den Seelen der

Menschen, aus den Orten, wo sie sich niedergelassen haben, ja zuweilen sogar aus Thieren vertreiben. Denn auch die Thiere müssen es zuweilen empfinden, wie viel Kraft die bösen Geister haben, Schaden zu thun." „Fast Alle, welche an D ä m o n e n glauben, theilen dieselben in böse und gute. Bei uns C h r i s t e n bezeichnet das Wort D ä m o n aber stets eine Art von Geistern, die von Gott a b g e f a l l e n sind. Daher ist es auch Denen, welche den höchsten Gott verehren und anbeten, verboten, den Dämonen zu dienen. Wer wissen will, wie diese Dämonen geartet sind, der darf sich nur daran erinnern, daß sie von gewissen Leuten durch Beschwörungen genöthigt werden, den Menschen bald Haß, bald Liebe einzugeben, gewisse Dinge zu verhindern und tausend andere Thaten zu verrichten, die von Leuten pflegen vermittelt zu werden, welche durch Zaubergesänge und Beschwörungen die Dämonen, so oft sie wollen, herbeizufordern und nach ihrem Wunsche zu lenken wissen. Daher hüten wir, die wir den allerhöchsten Gott anbeten, uns sehr, daß wir diesen Dämonen irgend eine Ehre erweisen. A l l e G ö t t e r d e r H e i d e n s i n d D ä m o n e n (Ps. 96, 5). Dieses läßt sich auch sogar d a r a u s abnehmen, daß bei der Einweihung der Bilder und Tempel geheimnißvolle Beschwörungen gebraucht werden, welche Leute aussprechen, die den bösen Geistern nach Anweisung der Magie dienen. Daher sind wir fest entschlossen, lieber zu sterben, als den Dämonen zu opfern und zu dienen. Wir sind überzeugt, daß alle Ehren, die man bei den Griechen den Göttern in den Tempeln, an den Altären und vor den Bildern erzeigt, in der That solchen bösen Geistern erwiesen werden." — „Unter den B a r b a r e n," sagt O r i g e n e s i m e r s t e n B u c h e, „haben sich einige durch die bewundernswürdige Kraft ihrer Beschwörungen einen großen Ruf erworben." „Viele," bemerkt er an einer andern Stelle des e r s t e n Buches, „bedienen sich bei ihren Beschwörungen der Worte: d e r G o t t A b r a h a m' s, und legen dadurch ein Zeugniß ab, daß dieser gerechte Mann in einer nahen Gemeinschaft mit Gott gestanden sei. Denn deßhalb gebieten sie den Geistern im Namen des Gottes Abraham's, ob sie gleich sonst nicht wissen, wer dieser Abraham gewesen sei. Man kann dies von den Namen Isaak, Jakob und Israel gleichfalls sagen. Diese Namen sind, wie bekannt,

hebräisch, und gleichwohl bedienen sich die Aegypter derselben bei ihren geheimen Gebräuchen, weil sie dadurch, wie sie sagen, wunderbare und übernatürliche Dinge bewirken." — Ueber die **Beschwörungen**, welche die **Christen** ausführen, läßt sich **Origenes** im ersten Buche folgendermaßen vernehmen. „Ich weiß nicht, was unseren Gegner **Celsus** zu der Behauptung veranlaßt, daß alle Kraft, welche den Christen inwohne, den Namen und Beschwörungen gewisser Dämonen allein zugeschrieben werden müsse. Er zielt hiemit, wenn ich nicht irre, auf Diejenigen unter uns, welche die bösen Geister beschwören und austreiben; allein er verleumdet und lästert uns offenbar. Die Gewalt der Christen über die bösen Geister ist keine Frucht der Beschwörungen. Wir nennen nur den **Namen Jesu** und lesen ein Stück aus seiner Lebensgeschichte. Durch diese Mittel sind die Teufel öfters gezwungen worden, die Leiber der Menschen zu räumen, besonders wenn Leute von reinem Herzen und ungefälschtem Glauben sich derselben bedient haben."
„Man sieht noch unter den heutigen Christen die Spuren des Geistes, der einst in Gestalt einer Taube herabgekommen ist. Sie treiben Teufel aus, heilen allerlei Krankheiten, sehen künftige Dinge vorher, wenn es dem Worte gefällt, ihren Geist zu erleuchten." „Der **Name Jesu** hilft bis auf diese Stunde Denen, die in Irrsinn und Verstandeszerrüttung gerathen sind, er treibt Teufel aus und heilt Kranke."

Leiden Jesu. „Da **Celsus**, der sich rühmt, unsere Lehre genau zu kennen, unseren Heiland besonders wegen seines **Leidens** verspottet, indem er sagt, daß der **Vater** ihm nicht habe helfen **wollen**, er **selbst** aber sich nicht habe helfen **können**; so muß ich ihn belehren, daß nicht nur das Leiden Jesu selbst vorher verkündigt worden ist, sondern auch die Ursache dieses Leidens, daß es nämlich zur Seligkeit der Menschen nothwendig sei, daß Jesus sterbe und wie ein verurtheilter Missethäter gemartert werde" (lib. I; **Origenes** beruft sich jetzt auf das 52. und 53. Kap. des Propheten Jesaias). — „Ein guter Feldherr, sagt **Celsus**, der ein Heer von vielen tausend Mann unter sich hat, wird nie von einem seiner Soldaten verrathen. Ja der Hauptmann einer Räuberbande, so ruchlos er auch selbst ist und so schlecht auch Diejenigen sind, die unter ihm stehen, hat Nichts von seinen Leuten zu fürchten, so lange sie nur sehen, daß seine Anführerschaft ihnen Nutzen bringt. Allein Jesus ist von seinen eigenen Jüngern verrathen worden. Er hat sich daher weder wie ein guter Feldherr verhalten, noch sich bei seinen Jüngern, die er mit List an sich gezogen, so beliebt und angenehm zu machen gewußt, wie sich das Haupt einer Räuberschaar, wenn ich so sprechen darf, bei den Seinen zu machen pflegt (lib. II)." — „Hat es Jesus vorausgesagt, daß einer von seinen Jüngern ihn verrathen, ein anderer ihn verleugnen werde: warum haben sich denn diese beiden nicht vor ihm, wie vor einem Gotte, gefürchtet? warum hat sodann nicht der eine seine Verrätherei, der andere seine Verläugnung unterlassen (lib. II)?" „Wenn ein Mensch die Fallstricke entdeckt, die man ihm gelegt hat, und dieses seinen heimlichen Feinden in's Gesicht sagt; so werden diese von ihrem Vorhaben abgeschreckt und nehmen sich in Acht." „War derjenige, welcher diese Dinge vorhersah, Gott, so hat Das, was er vorhergesagt hat, nothwendig geschehen müssen. Und so hat denn ein Gott aus seinen Jüngern und Propheten, die so lange seine Tischgenossen gewesen sind, treulose Bösewichter und gottvergessene Menschen gemacht, während er doch allen Menschen, vornehmlich aber seinen Tischgenossen, nichts als Liebe und Güte hätte erzeigen sollen. Es ist unerhört, daß ein Mensch einen anderen, mit dem er an einem Tische gegessen hat, in's Unglück zu stürzen sucht. Und hier sieht man, daß ein Mensch, welcher der Tischgenosse eines Gottes war, diesem Gott seinen Fall zubereitet. Ja, was noch auffallender ist, der Gott selbst trachtet nach dem Verderben seiner Tischfreunde und verwandelt sie in Verräther und Abtrünnige (lib. II)." — „Gott, sagt Celsus, der doch Alles weiß, hat es also nicht gewußt, als er seinen Sohn in diese Welt sandte, daß er ihn an böse und ruchlose Leute schicke, die ihn zum Tode verurtheilen werden (lib. VI)?" — „Da die Jünger einsahen, bemerkt Celsus, daß sie eine Sache, die vor der ganzen Welt geschehen war (die Kreuzigung), nicht würden verheimlichen können; so haben sie das Auskunftsmittel ergriffen, vorzugeben, ihr Meister habe das Alles vorhergewußt (lib. II)." — „Unser Gegner wirft Jesu vor, daß er, als er von heftigem Durst geplagt worden sei, begierig Essig und Galle verschluckt habe, also den Durst nicht länger habe ertragen können, obgleich jeder geringe Mensch im Stande sei, Durst auszuhalten (lib. II)." — „Hat, sagt er, Jesus gelitten, weil er es selbst wollte, und hat er sich seinem Leiden unterzogen, um dem Vater gehorsam zu sein; so ist es gewiß, daß die Strafen und Leiden, die er als ein Gott nach seinem eigenen Willen übernommen hat, ihm weder Unlust noch Schmerz verursachen konnten (lib. II)." — „Celsus bemüht sich hierauf zu beweisen, daß Jesus von den Leiden, die er ausgestanden hat, den Schmerz wirklich empfunden habe, daß er die Schmerzempfindung, auch wenn er gewollt hätte, doch nicht hätte verhüten können. Warum, sagt er, heult und winselt er denn so? Warum bittet er Gott so kläglich, daß doch die Furcht des Todes vorübergehen möge? warum ruft er: O mein Vater, ist's möglich, so entferne sich doch dieser Kelch von mir (lib. II)?" — „Im weiteren legt uns Celsus die Frage vor: Wodurch seid ihr denn bewogen worden, ihn für den Sohn Gottes zu halten? Diese Frage beantwortet er an unserer Statt wie folgt: Wir haben darum an ihn geglaubt, weil wir wissen, daß er in der Absicht gelitten hat, daß der Vater aller Sünde und Bosheit vertilgt werde. Aber, fährt Celsus fort, haben denn nicht viele Andere ebenso, wie er, und noch dazu mit weniger Schmach und Unehre gelitten? Hier tritt Celsus in die Fußtapfen der Unverständigsten und Einfältigsten unter unseren Gegnern, welche sich einbilden, daß wir, weil unser Jesus gekreuzigt worden ist, Alle anbeteten, die am Kreuze gestorben sind (lib. II)."

Auferstehung Jesu. „Der Jude des Celsus legt uns die Frage vor: Was hat euch denn bewegen können, an Jesum zu glauben? etwa der Umstand, daß er vorhergesagt habe, er werde von den Todten wieder auferstehen? Zugegeben, daß er dies vorhergesagt habe, haben denn nicht auch viele Andere dergleichen listige Streiche gespielt, um ihre Zuhörer zu bethören und sich durch die Leichtgläubigkeit anderer Menschen zu bereichern? Hat es nicht Zamolxis, ein Schüler des Pythagoras, bei den Scythen, hat es nicht Pythagoras in Italien selbst so gemacht? Erzählt man nicht bei den Aegyptern von Rhampsinit, daß er mit der Göttin Ceres in der Unterwelt gewürfelt und ein goldgewirktes Schnupftuch, welches sie ihm schenken mußte, mit zurückgebracht habe? Bei den Odrysiern hat Orpheus, in Thessalien Protesilaus, zu Tenarus Herkules und Theseus dergleichen Dinge von sich ausgesprengt. Allein es ist eine große Frage, ob denn jemals ein Mensch, der wirklich gestorben war, mit seinem eigenen Leibe von den Todten wieder auferstanden sei. Bildet ihr euch denn ein, ihr, die ihr Alles, was andere Leute von solchen Dingen erzählen, für Erdichtungen und Märchen ausgebt, die Niemand glauben könne, bildet ihr euch denn ein, daß ihr eure Komödie glücklich und wahrscheinlich genug gespielt und zu Ende geführt habt, wenn ihr uns Vieles von dem Geschrei, womit euer Gekreuzigter verschieden, von dem Erdbeben und der Finsterniß, die plötzlich bei seinem Tode entstanden seien, vorsagt? Meint ihr, daß ihr eure Sache gut gemacht habt, wenn ihr uns erzählt, daß er, der sich doch in seinem Leben nicht hat helfen können, von den Todten wieder erstanden sei und die Merkmale der Strafe, die er erlitten, an seinem Leibe, die Nägelmale in seinen Händen vorgezeigt habe? Und wer hat denn dieses Alles gesehen? Ein schwachsinniges Weib, wie ihr sagt, und noch ein Anderer, ich weiß nicht wer, von dieser Zauberer- und Gauklergesellschaft, der sich entweder Das hat träumen lassen, was er gewünscht hat, oder wie unzählige Andere, vermöge der Schwäche seiner Einbildung sich eine Erscheinung erdichtete, wie sie seine Erwartung erheischte, oder der, was mir am glaublichsten erscheint, andere Menschen durch dieses angebliche Wunder in Erstaunen setzen und anderen dergleichen Betrügern Gelegenheit geben wollte, die Welt gleichfalls zu täuschen (lib. II)." — „Hätte Jesus," spricht unser Gegner, „seine göttliche Kraft der Welt recht offenbaren wollen, so hätte er sich seinen Feinden, dem Richter, der ihn zum Tode verurtheilt hatte, und allen Menschen ohne Unterschied zeigen müssen." „Denn von den Menschen hatte er nichts mehr zu befürchten, da er den Tod schon erduldet hatte; er war ja auch nicht in die Welt gesandt worden, um sich zu verstecken." „Wann ist jemals ein Abgesandter in einen Winkel gekrochen, anstatt die Befehle, die ihm aufgetragen waren, auszurichten?" „Weil Jesus durch die Leiden, welche er erduldete, die Verachtung des Todes hat lehren wollen; so ist er verbunden gewesen, nachdem er von den

Todten auferstanden war, allen Menschen öffentlich die Ursachen zu verkündigen, weshalb er in die Welt gekommen sei (lib. II)." — „Jesus hätte viel besser gethan und seine Gottheit viel klarer und fester bewiesen, wenn er plötzlich vom Kreuze v e r s ch w u n d e n wäre (lib. II)." — „Ist der Sohn Gottes, den Gott in diese Welt herabgesendet hat, in einem menschlichen Leibe geboren worden, so kann dieser Sohn Gottes nicht unsterblich sein." „Als J e s u s starb, hätte er nothwendig den Geist der Gottheit wieder von sich geben müssen, und daraus folgt, daß dieser Geist mit dem Leibe nicht hätte wieder auferstehen können; denn Gott würde den Geist, den er ihm gegeben hatte, nicht wieder angenommen haben, wenn derselbe durch die Natur des Leibes verunreinigt worden wäre (lib. VI)." —„Die Christen erzählen, daß bei dem G r a b e J e s u ein Engel, oder wie Einige sagen, zwei Engel erschienen seien, welche die Frauen benachrichtigt hätten, daß er auferstanden sei. Allem Anschein nach hat also der Sohn Gottes das Grab nicht s e l b st öffnen können, sondern auf einen Anderen warten müssen, der den Stein wegwälzte (lib. V)." —„Warum", fährt unser Gegner fort, „läßt J e s u s nicht wenigstens j e tz t seine Gottheit sehen, wenn er es auch früher nicht hätte thun wollen? warum wälzt er die ihm zugefügte Schmach nicht ab, warum rächt er sich nicht an Denen, die ihn und den Vater beleidigen (lib. II)?" — „Es ist also klar, daß J e s u s ein gewöhnlicher M e n s ch gewesen ist (lib. II)." — „Man kann den Christen vollständig und ohne Mühe beweisen, daß sie weder einen Gott noch einen Dämon, sondern einen T o d t e n anbeten (lib. VII)." —„Und ihr, ihr Starkgläubigen, spricht der Jude zu den C h r i st e n, ihr wollt es uns übel nehmen, daß wir diesen J e s u s nicht als Gott anerkennen, daß wir uns nicht bereden lassen, er habe der Menschen wegen gelitten, und uns gleichfalls bereit zeigen, seinetwillen Leiden und Uebel geduldig zu ertragen?" „Wenn ihr euch einbildet, ihr hättet eure Sache durch eure elenden Scheingründe, womit ihr euch zu eurem eigenen Spott habt bethören lassen, hinreichend gerechtfertigt: was hindert euch denn, daß ihr nicht A l l e, die zum Tode verurtheilt worden und erbärmlich umgekommen sind, ebenfalls für große Männer und auserwählte Gottgesandte erkläret (lib. II)?"

Die Jünger Jesu. „Celsus beweist uns, daß er nicht

einmal gewußt habe, wieviele Apostel Jesus gehabt hat. Nachdem Jesus, sagt er, zehn oder elf böse Buben, theils Zöllner, theils Schiffer, die lüderlichsten Leute, an sich gezogen hatte, lief er mit denselben von einem Ort zum andern und suchte sein Brod kümmerlich und schimpflich." „Da Celsus die Apostel böse Buben schilt und sie lüderliche Zöllner und Schiffer nennt, so muß ich hierauf antworten. Es scheint, daß er aus den Schriften der Evangelisten für wahr annimmt, was ihm beliebt, damit er unsere Lehre desto bequemer herabwürdigen könne, die Geschichte der Evangelien im Ganzen aber für falsch halte, damit er sich nicht gezwungen sieht, die darin verkündigte Lehre als göttlich anzuerkennen." „Es ist wahr, daß in dem Briefe, den Barnabas an die ganze Kirche geschrieben hat, gesagt wird, daß Jesus Leute zu seinen Aposteln erwählt habe, die an Ungerechtigkeit und Sünde nicht ihres Gleichen hatten, und vielleicht hat diese Stelle den Celsus veranlaßt, die Apostel böse Buben und lüderliche Leute zu nennen (lib. I)." — „Der Jude des Celsus beschuldigt die Jünger Jesu, daß sie die Welt betrogen hätten, indem sie vorgaben, daß ihr Meister Alles, was ihm begegnen sollte, vorher gesehen und verkündigt habe (lib. II)." „Er erklärt die Jünger Jesu für Betrüger und redet sie mit den Worten an: Ihr erzählt uns nichts, als Fabeln und Märchen und wißt ihnen nicht einmal einen Anstrich von Wahrscheinlichkeit zu geben (lib. II)."

Erste Christen. „Celsus erklärt die christliche Religion, die sich allen Menschen so liebreich mittheilt, diese Sonne, die über allen Seelen aufgegangen ist, für einen dummen und bäurischen Glauben und sagt, daß sie nur ungebildete und beschränkte Leute an sich ziehe, weil sie selbst grob und einfältig sei und nicht die Kraft habe, mit Vernunftgründen zu überzeugen (lib. I)." — „Er bürdet uns Das auf, was einige wenige von Denen, die sich Christen nennen, und zwar nicht die Klügsten, sondern die Einfältigsten sagen: Kein Gelehrter, kein Kluger, kein Weiser unterstehe sich, zu uns zu kommen; Klugheit, Wissenschaft, Gelehrsamkeit heißen bei uns Uebel. Aber wer einfältig, wer unwissend, wer ein Kind, wer ein Narr ist, der komme getrost zu uns! Die Christen, sagt er, gestehen hiermit, daß dergleichen Leute ihrem

Gott gefallen; zugleich geben sie aber auch zu erkennen, daß sie keine
Anderen, als Unwissende, Unverständige, Weiber, Kinder, Knechte
überzeugen können und gewinnen wollen (lib. III)." „Man wird
nie sehen, sagt Celsus, daß die Landstreicher, die das Volk auf
öffentlichen Plätzen mit Possen und Taschenspielerstücken bethören,
sich in eine Versammlung kluger und verständiger Leute wagen, um
ihre Künste zu produciren; aber wenn sie einen Haufen Kinder,
Knechte und Narren antreffen, so stellen sie sich sogleich an und wissen diese blinde Menge in Verwunderung zu setzen (lib. III)."
„Man findet, sagt er, in verschiedenen Häusern (christliche) Wollen-
kämmer, Schuster, Walker, die gröbsten und dummsten Leute,
die, wenn ihre Vorsteher und verständigen Hausherren zugegen sind,
kaum wagen, ein Wort zu reden, aber sogleich beredt werden und
Wunderdinge schwätzen, wenn sie entweder mit den Kindern des
Hauses allein sind, oder nur Weiber um sich sehen, die nicht ge-
scheiter sind, als sie selbst. Dann heißt es: Ihr müßt uns mehr
glauben, als euren Aeltern und Lehrmeistern; das sind blinde und
thörichte Leute, die etwas Kluges und Tugendhaftes weder denken
noch thun können, weil sie sich den Verstand mit falschen Meinungen
und Vorstellungen verdorben haben. Wir allein wissen, wie man
leben und handeln muß; wenn ihr uns folgen wollt, so werdet ihr
mit eurem ganzen Geschlecht glücklich sein. Läßt sich nun, wenn sie
so reden, etwa ein verständiger Mann, der Lehrmeister oder der
Vater selbst sehen, so erschrecken die Zaghaften unter ihnen und
schweigen still; die Muthigeren aber hetzen die Kinder auf, daß sie
das Joch abwerfen sollten, sie blasen ihnen in die Ohren, daß sie
ihnen nichts Gutes und Nützliches sagen könnten oder wollten, so
lange der Meister oder der Vater gegenwärtig sei; denn sie müßten
besorgen, daß diese ganz verdorbenen und in Sünden versunkenen
Menschen ihrer Thorheit und Gefühllosigkeit freien Lauf ließen und
sie straften. Wenn sie etwas Vortreffliches vernehmen wollten, so
müßten sie den Aeltern und Lehrmeistern aus dem Wege gehen und
mit den übrigen Kindern, ihren Spielgenossen und den Weibern sich
in das Frauengemach oder in die Schuster- und Walker-Werkstatt
begeben, dort sollten sie dann wahre Weisheit vernehmen. Durch
solche Vorstellungen verführen sie die jungen Leute (lib. III)." —

„Wenn die Mysterien anderer Religionen gefeiert werden sollen, sagt Celsus, so pflegen die Priester mit lauter Stimme zu rufen: Wer reine Hände und eine verständige Zunge hat, der komme herzu! oder: Kommt her, ihr, die ihr euch keines groben Verbrechens bewußt seid, ihr, die das Gewissen nicht quält und ängstigt, ihr, die ihr euch stets eines reinen und tugendhaften Wandels befleißigt habt! So ruft man laut, wenn der Gottesdienst gehalten werden soll, der den Menschen eine Reinigung von den Sünden verspricht. Allein was für Leute laden die Christen zu ihren Geheimnissen ein? Wer ein Sünder ist, sagen sie, wer ein Narr, wer ein Kind, mit einem Worte, wer elend und unglücklich ist, der komme herbei, das Reich Gottes steht ihm offen! Und was sind es denn für Leute, die ihr Sünder nennt? Sind es nicht Diebe, Mörder, Giftmischer, Kirchenräuber, Leute, die sich an den Gräbern und an den Todten vergreifen? Würde Jemand, der eine Mörder- und Räuberbande sammeln wollte, andere Leute, als solche zu sich rufen? — Wir antworten hierauf, entgegnet Origenes, daß es zwei ganz unterschiedene Dinge sind, kranken Seelen die Mittel zur Genesung anbieten, und gesunde Gemüther zur Betrachtung und zur Erkenntniß göttlicher Dinge erwecken. Wir sehen diesen Unterschied wohl ein. Daher bitten wir zuvörderst alle Menschen, daß sie sich von ihren Krankheiten heilen lassen. Wir ermahnen die Sünder, daß sie die Lehrer hören mögen, die sie von Sünden und Lastern abschrecken, die Unverständigen und Thoren, daß sie denen die Ohren öffnen, welche ihnen den Weg zur Weisheit zeigen wollen u. s. w. (lib. III. Die Beschuldigung, daß die Christen ihre Proselyten aus den untersten Volksklassen holten, widerlegen die Kirchenväter nicht; nur behaupten sie, und auch mit Recht, daß auch Leute aus den gebildeten Ständen unter ihnen wären. Je weiter sich das Christenthum ausbreitete, desto häufiger traten auch Gebildete hinzu; Origenes schrieb seine Entgegnung im Jahr 249, Celsus verfaßte seine Schrift um 176 n. Chr.; zwischen beiden Schriften liegt ein Zeitraum von circa 70 Jahren; zu Celsus Zeiten hatten sich noch wenige Gebildete für das Christenthum gewinnen lassen; in der Zeit des Origenes, fast ein Jahrhundert später, werden deren schon mehr übergetreten gewesen sein.) — „Celsus nennt uns

Marktschreier, die so eilig als sie können davonlaufen, wenn sie kluge und verständige Leute antreffen, weil diese nicht so leicht zu fangen sind, dagegen die **Einfältigen** und **Albernen** in ihr Netz zu ziehen suchen. Er weiß also nicht, daß es unter uns seit den ältesten Zeiten Weise gegeben hat, die der menschlichen Wissenschaften vollkommen kundig gewesen sind. **Moses** war in aller Weisheit der Aegypter bewandert. **Daniel, Ananias, Azarias** und **Misael** sind der Gelehrsamkeit der Assyrer so mächtig gewesen, daß sie für unterrichteter und verständiger gehalten wurden, als alle Weisen im Reiche. Auch noch jetzt sind unter den Mitgliedern unserer Gemeinde Leute, die früher die Weisheit, welche wir **die Weiheit nach dem Fleische** nennen, gründlich studirt hatten, wiewohl deren so gar viele nicht sind, wenn man auf die übrige Menge sieht. Es mangelt auch unter uns nicht an Solchen, die sich von der **menschlichen** Weisheit zur **göttlichen** emporgeschwungen haben (lib. VI)." — **Origenes** sagt im ersten Buche: „Müssen Diejenigen, die mit Vernunft und Billigkeit urtheilen, gestehen, daß uns nichts Gutes ohne Gott gegeben werde: um wie viel mehr wird man dies von Jesu Christo sagen können, wenn man das Leben so Vieler, die an ihn glauben, mit ihrem vorigen Wandel vergleicht, wenn man beachtet, daß Keiner unter diesen sei, der nicht vorher in Unreinigkeit, Ungerechtigkeit und anderen unordentlichen Lüsten gesteckt ist, ehe er sich, wie Celsus und seine Genossen reden, zu unserem Glauben hat verführen lassen, den sie eine Pest der menschlichen Gesellschaft nennen." „Wie es allenthalben mehr unwissende und einfältige, als scharfsinnige und gelehrte Leute gibt so haben sich auch nothwendig unter der großen Menge Derer, welche an Jesum geglaubt haben, mehr geringe und ungelehrte, als große und erleuchtete Menschen finden müssen." — „Celsus hält uns vor, daß wir allerlei **Märchen** zusammensuchten und selbst erdichteten, um den Einfältigen bange zu machen (lib. III)." — „Sie haben sich, sagt er, einen gewissen Widersacher Gottes erdichtet, den sie **Teufel** oder mit einem hebräischen Worte **Satan** nennen. Diese Vorstellung ist eine Entwürdigung Gottes, der in dieser Weise wie ein sterblicher Mensch dargestellt wird, den ein Widersacher oder Feind verhindert, Anderen so viel Gutes zu erzeigen, als er gern wollte. Der Sohn Gottes soll von diesem Satan überwunden worden sein; er belehrt uns durch die Leiden und Uebel, welche ihm derselbe verursacht hat, daß wir die Plagen und Beschwerden, die er uns gleichfalls schicken wird, verachten sollen. Auch kündet uns der Sohn Gottes an, daß der Satan zu einer gewissen Zeit auf der Welt erscheinen, sich göttliche Ehre anmaßen und große und erstaunliche Wunder verrichten werde, die Bekenner Christi aber, die den Satan von sich abhalten wollen, dürften auf diese Wunderwerke gar nicht achten, sondern müssen Christo allein glauben. Muß man hieran nicht einen Betrüger erkennen, der zum voraus zu verhüten sucht, daß Jemand nach ihm eine andere Lehre vortrage und sich Anhänger verschaffe (lib. VI)?" — „Celsus meint, daß wir mit unserer Lehre von den Sündenstrafen den Einfältigen nur bange machen wollten; er vergleicht uns mit Denen, die in den Mysterien des Bacchus die Augen mit allerlei schrecklichen Vorstellungen und Gestalten blendeten (lib. IV)." — „Unser Gegner," sagt Origenes, „will zeigen, daß Alles, was wir von der Sündfluth und dem künftigen Weltbrande lehren, nichts Neues und Unbekanntes sei, daß wir die Meinungen der Griechen und Barbaren von diesen Dingen unrecht verstanden hätten und uns allein an Das hielten, was die Schrift hierüber meldet. Ob sie gleich, sagt er, Das, was die Völker von solchen Dingen lehren, übel verstanden haben, so haben sie doch sagen hören, daß die Welt nach dem Ablauf eines gewissen sehr langen Zeitraums, wenn die Sterne wieder in eben die Stellung und Ordnung gerückt sind, worin sie sich beim Anfang befanden, entweder in Feuer aufzugehen oder mit Wasser überschwemmt zu werden pflege; daß die Welt die jüngste Wasserfluth zu den Zeiten Deukalion's erlitten habe und daß daher die gewöhnliche Abwechslung der Natur es erfordere, daß auf diese Fluth ein allgemeiner Brand folge. Diese Lehre ist die Quelle ihres Irrthums; sie hat bei ihnen den Glauben veranlaßt, daß Gott einmal wie ein Peiniger mit Feuer auf die Erde herabfahren werde (lib. IV)." — „Wir kommen, fährt Celsus fort, zu einer anderen albernen Einbildung der Christen. Sie glauben, daß, wenn Gott einmal das Feuer, wie ein Koch, wird angelegt haben, so werde Alles gebraten werden, nur sie allein würden unverletzt bleiben, und nicht blos Diejenigen, welche zu jener Zeit noch am Leben sein werden, sondern auch die schon vor langer Zeit Verstorbenen. Letztere werden, wie sie meinen, **mit ihrem vorigen Fleische angethan**, wieder aus der Erde hervorkommen. Eine solche Hoffnung schickt sich, die reine Wahrheit zu sagen, nur für **Würmer**. Denn welche menschliche Seele wird Lust haben, in einen verfaulten Leib zurückzukehren? Daher gibt es selbst unter den Christen einige, die so wenig geneigt sind, dieses zu glauben, daß sie es vielmehr für schändlich, abscheulich und für unmöglich halten. Wie wäre es auch möglich, daß ein ganz verwester Leib seine vorige Natur, seine ursprüngliche Form und Einrichtung, die ganz vernichtet ist, wieder erhalte? Sie wissen hierauf nichts zu antworten und behelfen sich mit der Ausflucht, die nicht unvernünftiger sein könnte: bei Gott sei kein Ding unmöglich (lib. V)." — „Wie ungereimt ist doch Das, fährt Celsus fort, auf der einen Seite Lust an seinem Leibe haben und sogar hoffen, daß eben dieser Leib wieder auferstehen werde, wie wenn wir nichts Köstlicheres und Edleres hätten: auf der anderen Seite aber eben diesen Leib als etwas Nichtswürdiges und Verächtliches allen Arten der Pein und Strafe aussetzen! Menschen, die mit solchen Meinungen behaftet und ihrem Leibe so zugethan sind, verdienen es nicht einmal, daß man mit ihnen von solchen Dingen rede; es sind ungebildete und unsaubere Menschen, die sich ohne Grund zum Aufruhr haben verleiten lassen (lib. VIII)." — „Diejenigen, sagt Celsus, welche beständig um Jesum während seiner Lebenszeit waren, die seiner Stimme gehorchten, die ihn als ihren Lehrer und Meister anerkannten, wollten weder mit ihm noch für ihn sterben, als sie sahen, daß er gestraft wurde und das Leben einbüßen mußte. Sie vergaßen die Lehre, daß man alle Pein und Martern des Leibes nicht achten müsse; ja sie leugneten sogar, daß sie seine Jünger seien: ihr dagegen habt Lust, mit ihm zu sterben (lib. II)!" — „Ist es nicht die wunderlichste Sache von der Welt, daß **Jesus selbst** bei seinen Lebzeiten fast Niemanden recht hat überzeugen können, und daß nach seinem Tode dennoch so Viele geneigt sind, seine Jünger zu werden (lib. II)?" — „Celsus wirft uns vor, daß wir einen Menschen, der einen sterblichen Leib gehabt, für einen Gott hielten und uns einbildeten, daß wir Gott dadurch einen besonderen Dienst erwiesen. Dieses haben wir, ich weiß nicht wie oft schon, von ihm hören müssen (lib. III)." — "Ihr spottet Derer, sagt er, die den Jupiter anbeten, weil sein Grab in Creta gezeigt wird: und dennoch betet ihr selber einen Menschen an, der begraben worden ist (lib. III)!" — "Belehrt man sie gleich, sagt Celsus, daß derjenige der Sohn Gottes nicht sei, den sie so nennen, daß aber Gott unser Aller Vater sei und daß er eigentlich nur allein angebetet werden müsse; so richtet man doch Nichts bei ihnen aus, wenn man ihnen nicht die Freiheit läßt, zugleich den Stifter ihres Aufruhrs zu verehren; sie nennen diesen nicht deßhalb den Sohn Gottes, weil sie Gott über Alles ehren, sondern um ihn über Alles zu erhöhen (lib. VIII)." — "Celsus berichtet, daß es unter den Christen Leute gebe, die es nicht viel anders machten, als gewisse Trunkene, die selbst Hand an sich legen, indem sie die erste beste Stelle der evangelischen Geschichte, die ihnen in die Augen fiele, drei-, vier-, ja mehrmal verfälschten und veränderten, damit sie die Vorwürfe desto besser von sich abwenden möchten, womit sie angegriffen würden. Ich meinerseits, entgegnet Origenes, kenne unter uns keine Leute, welche die evangelische Geschichte verfälscht haben, als die Schüler des Marcion, des Valentinus und, wenn ich nicht irre, des Lucianus (lib. II)." (Diese kann aber Celsus nicht gemeint haben; sie hatten zwar Evangelien, die von den kirchlichen abwichen, veränderten sie aber nicht wiederholt, sondern blieben dabei.) — "Ich habe, sagt Celsus, bei einigen Aeltesten der christlichen Religion barbarische Bücher angetroffen, worin Namen der Dämonen und Beschwörungsformeln aufgezeichnet waren. Diese Aeltesten der Christengemeinde rühmten sich nicht, daß sie den Menschen Gutes thäten, sondern nur, daß sie ihnen Schaden zufügen könnten (lib. VI)." — "Ob sich die Christen gleich auf das Heftigste untereinander herumbeißen, sagt Celsus, und sich mit häßlichen und schändlichen Namen und Schmähworten heruntermachen; so hört man sie doch alle sagen: die Welt ist mir gekreuzigt und ich der Welt (lib. V)." — "Obgleich der eine Christ diesen, der andere jenen Sectenstifter anpreist und (dem Convertiten) in Vorschlag bringt, so sagen sie doch wieder Alle einmüthig: Glaube, wenn du selig werden willst, im anderen Falle entferne dich von uns! Was sollen nun Diejenigen thun, welche ernstlich wünschen, selig zu werden? Sollen sie etwa durch Würfel entscheiden, wohin sie sich wenden und welche Partei sie wählen sollen (lib. V)?" — „Damit man glauben möge, sagt Origenes, daß er noch weit mehr Parteien unter den Christen kenne, als er bereits erwähnt hat, fügt Celsus noch hinzu: Andere unter den Christen wählen sich noch einen anderen bösen Geist zum Lehrer und stürzen sich in die schwärzeste Finsterniß, worin sie gräulichere und schändlichere Dinge ausführen, als die Zunftgenossen des Antinous in Aegypten." (Dieser Antinous war ein schöner Jüngling, den der Kaiser Hadrian nach Art der Griechen liebte; er ertrank im Nil, und Hadrian war darüber so bekümmert, daß er in Aegypten eine Stadt und einen Tempel zu seinem Andenken bauen ließ und dort Priester anstellte, die in Antinous Namen die Zukunft vorhersagten und Wunder thaten. Dieser Gott Antinous wurde in Aegypten sehr berühmt und galt zur Zeit des Origenes für einen der ersten ägyptischen Götter. Origenes sagt hierüber im dritten Buch: Wer die Dinge, die mit Antinous vorgegangen sind, unparteiisch erwägen will, der wird bald finden, daß die geheimen Künste und Zauberstücke der Aegypter allein Schuld sind, daß er in der Stadt, die nach seinem Namen genannt wird (Antinopolis), Wunder nach seinem Ableben zu thun scheint. Man sagt, daß die Aegypter und Andere, die sich auf solche verborgene Wissenschaften gelegt haben, auch in anderen Tempeln dergleichen Dinge verrichten. Sie wissen gewisse Dämonen bald an diesen, bald an jenen Ort zu ziehen, welche die Zukunft vorhersagen oder den Kranken helfen können, ja die, um dem unwissenden und einfältigen Volk bange zu machen, Diejenigen quälen und züchtigen, welche die Speiseverbote der Priester übertreten oder einen Leichnam anrühren. (Ein solcher Dämon ist derjenige, den die Aegypter zu Antinopolis als Gott anbeten. Einige, die ihren Vortheil dabei finden, dichten ihm allerlei Wunder an; Andere werden von dem Dämon, der daselbst seine Wohnung genommen hat, betrogen, noch Andere, die ihr schwaches und ängstliches Gewissen plagt, bilden sich ein, daß sie der Gott Antinous züchtige und plage.) Origenes fährt an obiger Stelle des fünften Buches fort: „Ich gestehe, daß Celsus die Wahrheit sagt, wenn er klagt, daß sich einige von den Christen zu ihrem Unglück einen anderen bösen Geist zum Herrn und Lehrer nehmen und sich dadurch in die schwärzeste Finsterniß der Unwissenheit stürzen. Was er von dem Antinous sagt, den er mit unserem Jesu vergleicht, will ich nicht berühren; ich will nicht wiederholen, was ich über diesen Punkt bereits oben bemerkt habe. Wenn Celsus weiter sagt: Die Christen greifen einander mit den heftigsten und garstigsten Schimpf= und Lästerworten an und sind so ergrimmt auf einander, daß sie auch nicht im Geringsten aus Liebe zum Frieden etwas nachgeben wollen; so ist auch diesem Vorwurf schon oben von mir begegnet worden, wo ich ihm geantwortet habe, daß ja die Philosophen und Aerzte auch in verschiedene Secten gespalten seien, die einander heftig bekämpfen." — „Im Anfang, sagt Celsus, als die Zahl der Christen noch klein gewesen ist, waren sie alle eines Sinnes. Seitdem sie sich aber überall stark vermehrt haben, sind sie unter einander zerfallen und haben sich in verschiedene Parteien gespalten. Ein Jeder sucht sich einen besonderen Anhang zu sammeln, was wohl von Anfang an ihre Absicht gewesen ist; dieser Anhang will nicht bei dem übrigen Haufen bleiben. Eine Partei schilt und verdammt die andere. Daher haben sie fast nichts mehr miteinander gemein, als den Namen. Zum wenigsten ist es nur der Name, den völlig abzulegen sie sich bis jetzt geschämt haben; im Uebrigen hat jede Partei ihre besonderen Sitten und Meinungen. Wir antworten hierauf, entgegnet Origenes, daß nur dann verschiedene Parteiungen und Secten zu entstehen pflegen, wenn es sich um Gegenstände und Anstalten handelt, die in sich vortrefflich und der Welt von Nutzen sind (lib. III)." — „Die Lehrer des christlichen Glaubens, sagt Celsus weiter, machen es nicht anders, wie ein Mensch, der einem Kranken fest verspricht, daß er ihm zur Gesundheit verhelfen wolle, dabei aber auf alle Weise verhindert, daß tüchtige und erfahrene Aerzte gerufen würden, die seine Unwissenheit aufdecken könnten (lib. III)." „Leute von blödem Gesichte, sagt er, suchen Diejenigen, die nicht besser sehen, als sie, zu bereden, daß die Scharfsichtigen blind seien (lib. III)." „Es wäre mir leicht, noch mehr an den Christen auszusetzen, allein damit ich nicht gar zu

ausführlich werde, will ich nur noch das Eine erinnern, daß sie sehr
übel handeln und Gott selbst beschimpfen, wenn sie den Gottlosen,
um sie desto leichter an sich zu locken, mit einer vergeblichen Hoffnung schmeicheln und sie bereden, ihre Güter hinzugeben, unter der
Verheißung, daß ihnen weit größere Schätze zufallen würden, als
diejenigen, welche sie weggeworfen haben. Man kann dem Celsus
hierauf antworten, sagt Origenes, daß die Kraft zu bekehren,
welche der christlichen Predigt innewohnt, sich nicht sowohl an den
Gottlosen, als an den Einfältigen, an denen, welche man in
der Welt Unweise nennt, äußere. Diese werden durch die Furcht
vor den Strafen, welche unsere Lehre droht, so erweckt, daß sie
sich aller strafbaren Dinge enthalten und den Dienst Gottes, den
das Christenthum vorschreibt, gern und freudig annehmen. Ja die
Furcht vor den Strafen, denen unsere Lehre eine ewige
Dauer zuschreibt, wirkt so mächtig auf ihre Seele, daß sie sich
allen Qualen und Martern, welche die Menschen über sie verhängen,
den verschiedensten Leiden und Trübsalen, ja dem Tode selbst willig
unterziehen (lib. III)."

Porphyrius.

Porphyrius war um das Jahr 233 n. Chr. in dem Dorfe
Batanea bei Tyrus in Phönizien geboren. Sein eigentlicher Name
war Melek oder Malchus, ein phönizisches oder hebräisches Wort,
welches König bedeutet. Anfangs war der christliche Kirchenvater
Origenes sein Lehrer; derselbe konnte ihn jedoch nicht für das
Christenthum gewinnen. Hierauf ging Porphyrius nach Athen, um
den Philosophen Longinus zu hören; dort gräcisirte er seinen
Namen Melek in Porphyrius, der Purpurtragende. Von Athen
wandte er sich in seinem dreißigsten Lebensjahre zu dem Philosophen
Plotinus nach Rom; von Rom ging er nach Sicilien, von Sicilien nach Afrika, dann nach Rom zurück, wo er fortan mit großem
Ruhme Philosophie lehrte und auch um das Jahr 304 n. Chr. sein
Leben beschloß. Porphyrius hat viele Werke verfaßt; das be-
kannteste ist περὶ ἀποχῆς ἐμψύχων, de abstinentia, über die Ent-

haltung von Fleischspeisen (4 Bücher, eine interessante Compilation); auch schrieb er ein Leben des Pythagoras, gleichfalls Compilation, und „homerische Untersuchungen." Was ihn aber in der heidnischen Welt berühmt, in der christlichen berüchtigt machte, das waren seine „Abhandlungen gegen die Christen" (κατὰ Χριστιανῶν λόγοι), fünf Bücher, die er nach einer Nachricht bei *Euseb.* hist. eccl. VI, 19 während seines Aufenthaltes in Sicilien verfaßte; er mag damals ungefähr 40 Jahre alt gewesen sein. Diese Schrift ist nicht auf uns gekommen. Wiewohl Porphyrius sonst vielen abergläubischen Vorstellungen seiner Zeit unterlag, an eine Seelenwanderung, an Entzückungen, an Dämonen und Geistererscheinungen glaubte; so muß dieses Buch doch sehr scharfsinnig abgefaßt gewesen sein; denn Porphyrius gilt bei seinen Zeitgenossen für den bedeutendsten und furchtbarsten Gegner des Christenthums. Der Kirchenvater Eusebius nennt ihn in seiner praeparat. evang. X den feindseligsten und heftigsten aller Gegner der Juden und Christen (τὸν πάντων δυσμενέστατον καὶ πολεμιώτατον Ἑβραίων τε καὶ ἡμῶν). In seiner Einleitung zum zweiten Buch seines Chronikon beruft sich Eusebius für das Alter des Moses auf den „gottlosen" Porphyrius (*impius* ille Porphyrius, in quarto operis sui libro, quod adversum nos *casso* labore contexuit). Rufinus († 410 n. Chr.) nennt in seinen Invectivis adversus Hieronymum den Porphyrius den erklärtesten Feind Christi, der sein Aeußerstes gethan habe, die christliche Religion umzustoßen (Porphyrius, qui specialis hostis Christi est, qui religionem christianam, quantum in se fuit, subvertere conatus est scriptis suis). Der Bischof Severian von Galata in Syrien (am Anfang des fünften Jahrhunderts) sagt in seiner sechsten Homilie über die Schöpfung (apud Chrysost. tom. VI. p. 498): „Viele wenden ein, und besonders die Anhänger jenes von Gott gehaßten Porphyrius (οἱ τῷ θεοστυγεῖ Πορφυρίῳ ἀκολουθήσαντες), der gegen die Christen geschrieben und Viele von dem christlichen Glauben abgewandt hat: Warum hat denn Gott die Erkenntniß zwischen bös und gut verboten?" — Man erkennt aus diesen Aeußerungen, daß Porphyrius ein schärferer und viel gefährlicherer Gegner des Christenthums gewesen sein muß, als Celsus. Es mag ihm dabei der Umstand, daß er in

Phönizien geboren war, daß er den Aberglauben der jüdischen und heidnischen Bevölkerung jener Länder an der Ostküste des Mittelmeeres, von welchen das Christenthum ausging, nach eigener Anschauung kannte, daß er die Geschichtswerke der Phönizier studirt hatte und im Stande war, einen Zusammenhang der alttestamentlichen Urgeschichte mit den phönizischen Göttermythen nachzuweisen, ganz besonders zu Statten gekommen sein. Eusebius citirt praepar. evang. I, 9 eine Stelle aus dem vierten Buch des Porphyrius, wo dieser sagt: „Sanchuniathon von Berytus schreibt die Geschichte der Juden sehr genau und nennt Zeit und Orte; er nimmt seine Nachrichten von Jerombal, einem Priester des Gottes Jevo" (Ιευω, und dieser Jevo ist eben bei den Juden Jehova). Die Schrift des Porphyrius wurde, wie andere Schriften gegen die Christen, auf Befehl der ersten christlichen Kaiser überall verbrannt. Der Kirchengeschichtsschreiber Sokrates erwähnt hist. eccl. I, 9 folgender Verordnung des Kaisers Konstantin d. Gr., die derselbe bald nach dem Schluß des Concils zu Nicäa (325 n. Chr.) erlassen hat: „Da Arius den Gottlosen und Unheiligen nachgeahmt hat, so ist es billig, daß er auch dieselbe Beschimpfung wie sie ertrage. Wie also Porphyrius, dieser Feind wahrer Frömmigkeit, den gerechten Lohn für seine gottlosen Schriften gegen die Religion empfangen hat, so daß er auf alle Zeiten infam gemacht und mit Schande beladen ist und seine gottlosen Schriften vernichtet sind: so ist nun beschlossen, daß Arius und seine Nachfolger Porphyrianer genannt werden, daß sie den Namen Desjenigen tragen sollen, dem sie nachgeahmt haben. Wo man Schriften des Arius findet, da sollen sie verbrannt werden." Der Kaiser Theodosius II. erließ im Jahr 449 ein Edict folgenden Inhalts: „Wir verordnen, daß Alles, was Porphyrius, von seinem Wahnsinn getrieben, oder was irgend ein Anderer gegen die christliche Religion geschrieben hat, wo man dergleichen auch findet, dem Feuer übergeben werde" (Cod. Theodos. lib. I, tit. I, lex 3). — Weitläufige Widerlegungen des Porphyrius schrieben Methodius, Eusebius von Cäsarea und Apollinarius von Laodicea. Hieronymus († 420) berichtet epist. 83 ad Magn.: „Es haben Celsus und Porphyrius gegen uns geschrieben. Dem Ersteren hat

Origenes, dem Anderen haben Methodius, Eusebius und Apollinarius sehr kräftig (fortissime) geantwortet. Von diesen Männern schrieb Origenes acht Bücher, Methodius ließ sich bis auf zehntausend Zeilen ein, Eusebius verfaßte 25, Apollinarius 30 Bücher," gleichwohl fügt Hieronymus (tom. I. p. 990) bei: Ich weiß nicht, ob sie dem wißbegierigen Leser genügt haben (nescio, an curioso lectori satisfecerint). Es ist nun merkwürdig, daß zwar die von Origenes gegen Celsus gerichtete Schrift vollständig auf uns gekommen ist, daß aber von den drei Entgegnungen, welche Methodius, Eusebius und Apollinarius gegen Porphyrius verfaßt haben, sich auch nicht eine auf spätere Zeiten erhalten hat. Dies ist kein Zufall. Daß die Christen die Schriften eines Celsus und Porphyrius, ihrer Gegner, nicht durch Abschriften vervielfältigten, daß diese untergegangen sind, muß man natürlich finden: warum mochten sie aber auch die Vertheidigungen ihrer Religion gegen Porphyrius, die von angesehenen Kirchenvätern verfaßt waren, nicht durch Abschriften auf die Nachkommen bringen? Augenscheinlich aus keiner anderen Absicht, als weil man die Einwendungen, welche Porphyrius gegen das Christenthum erhob, nicht auf die Nachwelt kommen lassen wollte, weil man es für bedenklich hielt, daß die Nachkommen auch nur aus den Widerlegungen die Einwürfe kennen lernen sollten, welche Porphyrius machte, weil man das Gefühl hatte, daß Porphyrius durch keine der drei Gegenschriften vollständig oder genügend widerlegt sei. — Wir können uns also von der Schrift des Porphyrius leider nur eine höchst dürftige Kenntniß aus ein paar Notizen erholen, welche Eusebius und Hieronymus an einigen Stellen ihrer Werke im Vorbeigehen geben.

Porphyrius schrieb, wie die Heiden seiner Zeit überhaupt, alles öffentliche Unglück dem Abkommen der alten Religion und der Verbreitung des Christenthums zu. Eusebius citirt praepar. evang. V folgenden Ausspruch von ihm: „Seitdem Jesus verehrt wird, hat sich Niemand mehr einer öffentlichen Wohlthat der Götter zu erfreuen." — Bei Hieronymus ad Ctesiph. advers. Pelag. äußert er: „Warum hat es denn euer gnädiger und barmherziger Gott zugelassen, daß von Adam bis auf Moses und von Moses bis auf die Ankunft Christi alle Völker aus Unkenntniß des Gesetzes und der göttlichen Vorschriften zu Grunde gingen?" — Eusebius bringt im sechsten Buch seiner Kirchengeschichte eine Stelle aus dem dritten Buch des Porphyrius, worin dieser die allegorische Auslegung des Origenes und anderer Christen als eine erzwungene tadelt, erfunden, um die Ungereimtheiten des alten Testaments zu vertheidigen und dem Text die eigene Meinung unterzuschieben. "Nachdem sie vorgegeben," sagt Porphyrius, "daß die Geschichten, welche von Moses deutlich erzählt werden, nur Bilder und Allegorieen seien, daß der biblische Text inspirirt sei und für ein Orakel voll von verborgenen Geheimnissen betrachtet werden müsse, gehen sie mit Einbildung und kritischem Stolze an die Auslegung." Ein Beispiel von dieser abgeschmackten Methode, fährt er fort, gebe Origenes, den er als junger Mensch gekannt habe. Ammonius, der Lehrer des Origenes, ein Christ von Geburt und von christlichen Aeltern erzogen, sei zum Heidenthum zurückgetreten, als er herangewachsen war und Geschmack an der Philosophie gefunden hatte; Origenes dagegen, ein Grieche von Geburt (dies ist jedoch nicht richtig, Origenes Vater Leonidas war Christ und wurde Märtyrer), der griechische Philosophie studirt habe, sei zu dem barbarischen Wagestück abgeirrt ($\pi\varrho\grave{o}\varsigma$ $\tau\grave{o}$ $\beta\acute{\alpha}\varrho\beta\alpha\varrho\text{o}\nu$ $\dot{\varepsilon}\xi\acute{\omega}\varkappa\varepsilon\iota\lambda\varepsilon$ $\tau\acute{o}\lambda\mu\eta\mu\alpha$) und habe den ausländischen Fabeln griechische Ansichten untergeschoben. — Mit dem alten Testament hatte sich Porphyrius gründlich beschäftigt; das zwölfte Buch seiner Schrift war speciell gegen den Propheten Daniel gerichtet. Aus der Vorrede, die Hieronymus seinem Commentar dieses Propheten vorausschickt, erfährt man, daß Porphyrius ganz richtig behauptet hatte, dieses Buch sei von keinem Propheten Daniel geschrieben, sondern von einem Juden, der zur Zeit des Königs Antiochus Epiphanes lebte. Was er über die Zeit des Antiochus Epiphanes prophezeihe, sei reine Geschichte, die er bereits erlebt hatte, seine Andeutungen über eine spätere Zeit erwiesen sich als falsche Vermuthungen. — Aus dem Commentar des Hieronymus zu Matthäus 9, 9 erfährt man, Porphyrius habe gesagt, die Geschichte der Berufung des Matthäus müsse entweder unwahr, oder Matthäus müsse ein ganz dummer Mensch gewesen sein, da er nur so geradezu seinen Lebenserwerb verlassen und einem Manne nachlaufen konnte, der damals noch nicht einmal eines seiner sogenannten Wunder gethan hatte. Porphyrius hatte die Evangelien genau gelesen, auch die darin aus dem alten Testament citirten Weissagungen mit den alttestamentlichen Stellen verglichen; man erkennt dies aus den Commentaren des Hieronymus, der sich ein paar Mal auf seine Einwendungen bezieht. — Ueber die Person Jesu finden sich keine Aeußerungen des Porphyrius vor. Nur über die Stelle Joh. 7, 8, wo Jesus seinen Brüdern zuerst sagt, er gehe nicht zum Feste nach Jerusalem, dann aber doch hingeht, hat Hieronymus (advers. Pelag. lib. II) die Bemerkung: „Hier bellt Porphyrius und beschuldigt Jesum der Unbeständigkeit und Veränderlichkeit." Von den Aposteln behauptete er, wie man aus Hieronymus in Joel cap. 2 erfährt, sie hätten die Einfalt und Unerfahrenheit ihrer Zuhörer gemißbraucht. Sie seien ungebildete und arme Leute gewesen (homines rusticani et pauperes, *Hieronym.* breviarum in Psalt.), welche, weil sie nichts besaßen, in der Welt herumgezogen wären, um mit einigen magischen Wunderkünsten Geld zu verdienen; denn Wunder zu thun, dazu gehöre nicht Viel. Auch die Magier in Aegypten hätten dem Moses gegenüber Wunder gethan, ebenso Apollonius, Apulejus und unzählige Andere. Bei der Stelle Gal. 2, 12—14, wo der Apostel Paulus dem Petrus seine Veränderlichkeit vorwirft, bemerkt Hieronymus in seinem Commentar zum Galaterbrief: „Der schändliche Porphyrius rückt uns in seinem ersten Buche vor, Petrus sei von Paulus getadelt worden, daß er bei der Verkündigung des Evangeliums nicht aufrichtig zu Werke gehe, und will dem einen den Vorwurf des Irrthums, dem andern den der Anmaßung machen. Er folgert hieraus, daß die ganze Lehre falsch und erdichtet sei, da die beiden Häupter der Kirche mit sich im Widerspruch seien." Bei der Stelle Matth. 21, 21, wo Jesus den Jüngern sagt, wenn sie Glauben hätten, so würden sie Berge versetzen, bemerkt Hieronymus in seinem Commentar: „Hier bellen die Hunde der Heiden in den Büchern gegen uns, welche sie als Denkmale ihrer Gottlosigkeit hinterlassen haben, indem sie sagen, die Apostel könnten keinen Glauben gehabt haben, da sie keine Berge versetzen konnten." — Im Commentar zu Jesaias Kap. III bemerkt Hieronymus: „Hüten wir uns also, damit es nicht das Aussehen bekomme, als sei es bei uns auf Geldschneiderei abgesehen, als bildeten, wie der gottlose Porphyrius sagt, Damen und Weiber (matronae et mulieres) unseren Senat und regierten die Kirchen, als entscheide über die Anstellung im priesterlichen Amt die Gunst der Frauen." — Bei Augustin epist. 102 bittet ein Heide diesen Kirchenvater um die Beantwortung folgender Fragen des Porphyrius: „Wenn Christus der einzige Weg zur Wahrheit und Glückseligkeit ist, wenn nur Die selig werden können, welche an ihn glauben: was ist aus den unzähligen Menschen geworden, die vor Christus gelebt haben? Wenn der Tempelcultus mit Opfern und Räucherungen, wie die Christen sagen, Gott nicht angenehm ist: warum hat er ihn im alten Testament vorgeschrieben? Verurtheilt sich Jesus nicht selbst, wenn er Denen mit ewigen Höllenstrafen droht, die nicht an ihn glauben, und doch wieder lehrt: Mit dem Maße, mit welchem ihr messet, wird euch wieder gemessen werden?" — Dies ist das Wesentlichste, was sich noch bei den Kirchenvätern über Porphyrius vorfindet. Es ist sehr Wenig, und man kann nur bedauern, daß sein Werk verloren gegangen ist; dasselbe hat wahrscheinlich, da Porphyrius aus Phönizien zu Hause war, manche interessante geschichtliche Aufschlüsse gegeben. Celsus kannte das alte und neue Testament nur oberflächlich; Porphyrius aber hatte die jüdischen und christlichen Urkunden, da er allein dem Propheten Daniel ein ganzes Buch gewidmet hatte, wie es scheint, genau studirt und wahrscheinlich auf sehr viele empfindliche Punkte beider Urkunden der Reihe nach seine Angriffe gerichtet.

Hierokles.

Hierokles war kaiserlicher Präfect in Alexandrien während der Christenverfolgung unter Diocletian (303 n. Chr.) und also verpflichtet, die Christen vor seinen Richterstuhl zu ziehen und ihre heiligen Schriften zu verbrennen. Er hatte die neutestamentlichen Bücher gelesen und verfaßte eine Schrift gegen die Christen, welche aus zwei Abtheilungen bestand. In der ersten Abtheilung stellte er den Apollonius von Tyana in Parallele mit Jesus; in der zweiten, die er Philalethes, Freund der Wahrheit, betitelte, kritisirte er das Christenthum überhaupt. Keine dieser Schriften ist auf uns gekommen; es existirt aber noch eine Widerlegung derselben durch den Kirchenvater Eusebius von Cäsarea (*Eusebius contra Hieroclem*), die sich jedoch nur mit der Parallele zwischen Apollonius und Jesus beschäftigt; den zweiten Theil zu widerlegen, sagt Eusebius, halte er für unnöthig; denn derselbe enthalte keine eigenen Gedanken des Hierokles, sondern sei schmählich von Anderen entlehnt und bereits durch Origenes in seiner Schrift gegen Celsus vollständig widerlegt. Ueber den ersten Theil bemerkt Eusebius, Hierokles bewundere und erhebe den Apollonius von Tyana, wie wenn er seine Wunder nicht durch magische Künste, sondern vermöge einer geheimen göttlichen Weisheit ausgeführt hätte; er weise sodann auf ältere Wunderthäter, auf den Aristeas von Proconnesus, auf den Pythagoras und Andere hin und zähle hierauf die Wunderwerke des Apollonius auf. Nun wäre es uns erwünscht, zu erfahren, welche Wunder des Apollonius Hierokles namhaft gemacht habe; aber dies übergeht Eusebius in seiner Widerlegung; er mochte es für rathsam halten, daß das christliche Volk, welches von diesen Wundern des Apollonius noch Nichts wußte, auch durch seine Widerlegung keine Kenntniß davon bekomme. Zuletzt äußert Hierokles: „Warum habe ich nun diese Dinge aufgezählt? Damit Jedermann unsere gerechte und gesunde Beurtheilung der Sache und die Leichtgläubigkeit der Christen erkennen möge; denn wir verehren den Apollonius, der alle diese Dinge vollbracht hat, nicht als einen Gott, sondern nur als einen Menschen, der von den Göttern begünstigt war, während die Christen Jesum wegen einiger weniger Gaukelstücke (*δι' ὀλίγας τερατείας τινάς*) für einen Gott ausschreien. Man muß vernünftiger Weise auch annehmen, daß die Thaten Jesu durch Petrus und Paulus und ähnliche andere unwissende, lügenhafte und betrügerische Menschen vergrößert worden seien; die Thaten des Apollonius dagegen sind durch Maximus von Aegis, durch Damis, einen Philosophen, der mit ihm umging, durch den Athener **Philostratus** beschrieben worden, lauter Männer von großer Gelehrsamkeit, Freunde der Wahrheit und der Menschen, welche nicht wollten, daß die Thaten eines so großen Mannes, eines solchen Lieblings der Götter, in der Verborgenheit liegen sollten." Eusebius hält sich in seiner Entgegnung nur an die von **Philostratus** verfaßte Lebensbeschreibung des Apollonius, deren acht Bücher er einer kurzen Kritik unterwirft. Hierokles war so wenig ein scharfer Kopf, als der Kirchenvater Eusebius; Angriff und Entgegnung sind unbedeutend, und es ist nichts daraus zu gewinnen. Aus *Lactantius* de mort. persecutor. erfahren wir, daß **Hierokles** in seinem zweiten Theil behauptet habe, Jesus sei als Aufrührer aus Judäa vertrieben worden, sodann als Räuber aufgetreten und habe eine Bande von 900 Mann um sich gesammelt. Dies ist augenscheinlich eine Verwechslung mit einem der politischen Messiase im Zeitalter Jesu, mit dem **Judas von Gamala** oder **Theudas** oder einem anderen der jüdischen Bandenführer, die damals mit messianischen Ansprüchen auftraten. Man kann hieraus abnehmen, daß **Hierokles** sehr oberflächlich gearbeitet hat, und daß aus seinem Werke, auch wenn es auf uns gekommen wäre, für die weitere Aufklärung der christlichen Urgeschichte Wenig oder Nichts erholt werden könnte.

Julianus.

Der Kaiser Julian, dem die Christen wegen seines Abfalls vom Christenthum den Beinamen Apostata gegeben haben, war zu Constantinopel im Jahr 331 n. Chr. geboren. Sein Vater war Julius Constantius, ein Bruder des Kaisers Konstantin des Großen. Als Kaiser Konstantin der Große im Jahr 337 gestorben war, ließ dessen Sohn und Nachfolger Constantius, um der Alleinherrschaft über das römische Reich desto sicherer zu sein, den Vater Julian's, dessen ältesten Bruder und noch andere Glieder der Familie Konstantin's (339 n. Chr.) hinrichten. Julian selbst, der damals acht Jahre alt war, wurde verschont, da von seinem zarten Alter vorderhand keine Ansprüche auf Theilnahme an der Regierung zu fürchten waren, eben so für jetzt noch sein älterer Bruder Gallus, dessen schwächliche Gesundheit einen baldigen natürlichen Tod in Aussicht stellte. — So handelte Constantius, anscheinend ein eifriger Christ, der die Opfer bei Todesstrafe verbot, gegen die Mitglieder seiner eigenen Familie! Sein grausames Verfahren erfüllte den jungen Julian, dem er christliche Lehrer gegeben hatte, mit Abscheu gegen ihn und seine christliche Umgebung. Julian wurde mit seinem Bruder Gallus, als er fünfzehn Jahr alt war, auf ein Schloß in Kappadocien geschickt und daselbst wie ein Gefangener bewacht. Hier blieben beide Brüder sechs Jahre; im Jahre 351 machte Constantius den Gallus zum Cäsar; Julian durfte jetzt nach Constantinopel zurückkehren; da er aber hier als zwanzigjähriger Jüngling wegen seiner vorzüglichen Eigenschaften beim Volke große Zuneigung fand, so verwies ihn der Kaiser wieder in die Stadt Nicomedien in Bithynien. Hier hatte Julian Umgang mit griechischen Philosophen, vornehmlich mit Libanius, und trat wahrscheinlich jetzt schon im Geheimen zum griechischen Cultus über. Um sich vor dem Kaiser den Schein zu geben, daß er ein eifriger Christ sei und an kein weltliches Regiment denke, ließ er sich den Kopf rasiren und wurde Mönch (Socrat. hist. eccl. III, 1). Drei Jahre später ließ der argwöhnische Constantius auch den noch lebenden Bruder Julian's, Gallus, in Antiochien plötzlich verhaften, nach Pola bringen und dort hinrichten (354 n. Chr.). Julian selbst wurde nach Mailand gerufen, wo damals Constantius residirte, und war auch schon zum Tode bestimmt; auf Bitten der Kaiserin Eusebia ließ ihn jedoch der Kaiser am Leben und wies ihm Athen zum Aufenthalt an (355 n. Chr.), in der Hoffnung, bei seiner Vorliebe für die Gelehrsamkeit werde er durch die dortigen Philosophen von allen Regierungsgedanken abgezogen werden. Die Einfälle der Allemannen und Franken in Gallien zwangen den Kaiser in demselben Jahre 355, für den dortigen Krieg einen Cäsar oder Oberfeldherrn zu ernennen; um keinem Fremden diese für den kaiserlichen Thron gefährliche Würde anzuvertrauen, überließ er dieselbe auf Zureden seiner Gemahlin Eusebia dem Julian und gab ihm seine Schwester Helena zur Frau, die jedoch schon im Jahr 360 starb. Julian lieferte den Deutschen verschiedene Treffen und eine Hauptschlacht bei Straßburg, trieb sie über den Rhein, setzte nach Deutschland über, bekriegte sie eine Zeit lang auf eigenem Boden und kehrte sodann nach Gallien zurück, wo er sich jetzt auf das Eifrigste und Wohlthätigste mit den inneren Angelegenheiten des Landes beschäftigte. Die Popularität, welche er sich verschaffte, machte den Kaiser bedenklich; unter dem Vorwand, daß er Truppen für den persischen Krieg nöthig habe, suchte er einen Theil der Armee dem Oberbefehl Julian's zu entziehen; die Truppen gehorchten aber nicht, sondern riefen den Julian 360 n. Chr. in Paris zum Augustus oder Kaiser aus. Julian berichtete die Vorgänge an Constantius und bat ihn, als Kaiser und Mitregenten anzuerkennen. Als Constantius dies verweigerte und ein Heer gegen ihn sandte, die Legionen des Julian aber auf ihrer Ernennung beharrten, verließ er (nach fünfjährigem Aufenthalt) Gallien, eroberte Sirmien, Illyrien und belagerte Aquileja, wo ihm die Nachricht zukam, daß Constantius am 3. Nov. 361 in Cilicien gestorben sei. Jetzt war er Alleinherrscher. Er ging nach Constantinopel (December 361) und traf sofort verschiedene nützliche Einrichtungen, führte auch Ersparungen in den Ausgaben ein, so daß er die Steuern um ein Fünftheil verringern konnte. Nach einem Aufenthalt von 8 Monaten verließ er die Hauptstadt und verfügte sich (Juli 362) nach Antiochien in Syrien, um dort Vorbereitungen für den persischen Krieg zu treffen. Im März des Jahres 363 brach er von Antiochien zu diesem Kriege auf, wurde aber schon am 26. Juni desselben Jahres 363 in einem Gefecht mit den Persern durch einen Wurfspieß in den Hals verwundet und starb noch in der Nacht desselben Tages in seinem Zelte, erst 32 Jahre alt, ruhig und gefaßt. Julian hatte also im Ganzen nur $1^1/_2$ Jahre regiert. Ob er die tödtliche Wunde von einem feindlichen Perser oder von einem Christen seines eigenen Heeres erhalten habe, ist nicht entschieden (vergl. *Socrat.* hist. eccles. III, 21; *Sozom.* hist. eccl. VI, 2). Der berühmte Redner Libanius, Zeitgenosse und Lehrer Julian's, ein Heide, beschuldigt sowohl in der Trauerrede, die er auf den Kaiser hielt, als in seiner Rede für die Erhaltung der heidnischen Tempel, die er später an den Kaiser Theodosius den Großen richtete, die Christen der Ermordung des

Kaisers. Er sagt, wenn der Wurf von einem persischen Soldaten gekommen wäre, so hätte sich dieser gewiß der That gerühmt und bei seinen Vorgesetzten auf eine Belohnung Anspruch gemacht. Man habe aber gar Nichts dergleichen vernommen. Niemand habe ein Interesse an dem Tode des Kaisers haben können, als die Christen. Dagegen sprechen heidnische Schriftsteller, wie Eutropius, (X, 16) und Ammianus Marcellinus (XXV, 3), der jenen persischen Feldzug mitgemacht, keinen Verdacht gegen die Christen aus. Theodoret erzählt in seiner Kirchengeschichte III, 25, der Redner Libanius habe kurz vor dem Eintreffen der Todesnachricht in Antiochien einen angesehenen christlichen Lehrer gefragt: Was macht der Zimmermannssohn? Der Lehrer habe geantwortet: Er macht einen Sarg! und einige Tage darauf habe man die Nachricht erhalten, daß der Kaiser umgekommen sei. Hieronymus erzählt in seinem Commentar zu Habakuk Kap. 3: „Als ich noch ein Knabe war und eine Schule der Grammatik besuchte, als wieder alle Städte mit dem Blute von Opferthieren besudelt wurden und plötzlich, mitten in der Verfolgung, die Nachricht von dem Untergang Julian's eintraf, fragte ein Heide: Wie können die Christen ihren Gott geduldig und langmüthig nennen? Es gibt ja nichts Rachsüchtigeres, nichts, was schneller in Wuth zu setzen wäre; nicht die kürzeste Zeit hat er seinen Unwillen verhalten können. Dies sagte jener scherzend. Die christliche Kirche aber jauchzte hoch auf und sang (cum exultatione cantavit): Du schlugst durch die Häupter der Mächtigen mit Erstaunen (Habak. 3, 14)." — Der Charakter Julian's wird von allen gleichzeitigen heidnischen Schriftstellern sehr gepriesen; die Christen freilich waren dem Kaiser ungünstig. Ammianus Marcellinus, ein Heide, Offizier in der kaiserlichen Garde, der den Feldzug gegen die Perser unter Julian mitmachte und mit dem Kaiser näher bekannt war, sagt im 25. Buche Kap. 4 seiner res gestae von ihm, er habe die vier Haupttugenden, Mäßigkeit, Klugheit, Gerechtigkeit und Tapferkeit in hohem Grade besessen; ganz besonders habe er sich durch unverletzte Keuschheit ausgezeichnet; und im 1. Kapitel des 16. Buches: er sei an Klugheit dem Titus, Sohn Vespasian's, an Tapferkeit

dem Trajan, an Wohlwollen dem Titus Antoninus, an Verstandes=
schärfe dem Marcus Antoninus zu vergleichen gewesen.

Julian trat, wie bemerkt, wahrscheinlich schon in seinem
zwanzigsten Jahre zu Nicomedien im Geheimen zum Heidenthum
über. Als er Kaiser geworden war, bekannte er sich öffentlich zur
alten Religion, gab aber allen Culten volle Freiheit (monebat, ut
civilibus discordiis compositis, quisque nullo vetante religioni suae
serviret intrepidus, *Ammian. Marcell.* XXII, 5). Er war sehr
bemüht, die griechische Religion zu veredeln. In einem Briefe an
den Oberpriester Arsacius in Galatien (Julian ep. 49), welchen
auch Sozomenus hist. eccl. V, 16 mittheilt, sagt er: „Warum
sehen wir nicht auf Das, was die Hauptursache ist, daß der Un=
glaube (das Christenthum) so zahlreiche Anhänger findet, nämlich
Wohlwollen gegen Fremde, Sorgfalt bei der Todtenbestattung und
Unbescholtenheit des Lebens, womit jene ein solches Gepränge trei=
ben? Ich will, daß alles Dieses auch bei unserem Volke in Aus=
übung komme. Es ist nicht genug, daß du selbst einen unbeschol=
tenen Wandel führst: alle Priester in Galatien müssen ebenso leben.
Ich trage dir auf, die Priester in Galatien zu ermahnen, ja sie zu
zwingen, nüchtern zu leben; wollen sie sich Dem mit ihren Weibern,
Kindern und Dienstboten nicht fügen, so entferne sie vom Amte.
Verbiete ihnen auch, Theater und Schenken zu besuchen und niedrige
und schmutzige Geschäfte zu treiben. Ferner sollst du in allen
Städten Spitäler errichten und darin Leute jedes Glaubens auf=
nehmen; denn es ist eine Schande, daß, während Juden und Chri=
sten ihre Armen versorgen, wir die unsrigen hülflos lassen." Im
ersten Bande von Julian's Werken findet sich ein Fragment,
worin der Kaiser sagt, man solle der Armenpflege die größeste Auf=
merksamkeit zuwenden; es sei dies ein sehr gutes Gegenmittel gegen
die Unordnung, in welche das Staatswesen durch die Ausbreitung
des Christenthums gebracht werde. Die gottlosen Galiläer (d. i.
Christen) hätten bemerkt, daß von den griechischen Priestern die
Armen vernachlässigt würden, sich sodann der Pflege derselben an=
genommen und durch das Zurschautragen ihrer Wohlthätigkeit ihre
schlechte Sache empfohlen. Sie hätten immer mit ihren Liebes=
mahlen und ihren Mysterien des Tisches, wie sie es nennen (Apo=

ſtelgeſch. 6, 2) begonnen und auf dieſe Weiſe die Gläubigen zum Unglauben hinübergezogen.

Am Anfang ſeiner Regierung war Julian auch Willens, den Tempel in Jeruſalem wieder zu erbauen. Sokrates hist. eccl. III, 20, Sozomenus hist. eccl. V, 22. Theodoret hist. eccl. III, 20 erzählen, er habe eine Anzahl angeſehener Juden vor ſich kommen laſſen und ſie gefragt, warum ſie nicht mehr opferten? Als ſie antworteten, ihr Geſetz erlaube ihnen nur im Tempel zu Jeruſalem zu opfern, dieſer aber ſei zerſtört, habe er ihnen verſprochen, denſelben wieder aufzubauen. Es findet ſich noch ein Brief des Kaiſers „An die Gemeinden der Juden" (Jul. epist. 25) aus dem Jahr 362 vor, worin er die Juden ermahnt, für ihn zu beten; wenn er ſiegreich aus dem perſiſchen Krieg zurückkomme, wolle er die heilige Stadt Jeruſalem wieder aufbauen, ſelbſt dort ſeinen Aufenthalt nehmen und mit ihnen das höchſte Weſen anbeten. Unter den Chriſten entſtand nun das Märchen, die Juden hätten ſich ſofort an den Tempelbau gemacht, aber es ſei Feuer aus der Erde hervorgebrochen und habe Viele getödtet, auch ſeien glänzende Kreuze in der Luft erſchienen und hätten ſich auf die Kleider und die Haut der am Baue Beſchäftigten abgedrückt. (Dies erzählen auch gleichzeitige chriſtliche Schriftſteller, wie Gregorius von Nazianz orat. IV, Chryſoſtomus contr. Jud. et gentes I, Ambroſius epist. 40, auch auf den Heiden Ammianus Marcellinus XXIII, 1 iſt dieſe Sage übergegangen; dagegen wiſſen Hieronymus, Prudentius und Oroſius, gleichfalls chriſtliche Zeitgenoſſen, von dieſen Wundern nichts; Erſterer war lange in Paläſtina gereiſt.) Allein den Bau eines großartigen Tempels kann man nicht nach erhaltener Erlaubniß ohne weitere Vorbereitungen ſofort beginnen, dazu braucht man zuvörderſt einen wohlgeprüften und gutbefundenen Bauplan, ſodann Geld, das der Kaiſer jetzt zunächſt für den perſiſchen Krieg nöthig hatte und die Juden ſelbſt auch nicht ſo ſchnell zuſammenbringen konnten. Man beſchränkt zwar, in Berückſichtigung dieſer Einwürfe, die Bauthätigkeit der Juden nur auf das vorläufige Graben des Grundes; allein der Grund muß ſich auch ſchon nach einem Bauplan richten, ebenſo nach dem zu verwendenden Materiale; Beides konnte noch

nicht vorhanden sein. Der Kaiser selbst versprach den Bau erst
nach Beendigung des Feldzuges; aus diesem Feldzuge kehrte er
aber nicht mehr zurück. Er gab das Versprechen am Anfang des
Jahres 362; als er aber im Winter 362 auf 363 sein Buch gegen
die Christen schrieb und sich mit dem alten Testament und dem jüdi=
schen Wesen bekannt machte, wurde er gegen das Judenthum un=
günstig gestimmt und hätte wohl schwerlich den Tempel in Jerusa=
lem mehr gebaut, auch wenn er siegreich aus Persien zurückgekehrt
wäre. Ein guter Theil seiner Schrift war speciell gegen das alte
Testament gerichtet; er macht darin den Juden ihr abschließendes
Wesen von anderen Völkern zum Vorwurf und äußert namentlich,
es sei sonderbar, daß die Juden nur im Tempel zu Jerusalem
opfern wollten, da doch auch Elias auf dem Berge Carmel ge=
opfert habe (*Cyrill.* contr. Julian. lib. IX).

So aufgeklärt Julian dachte, so war er doch auch ein auf=
richtiger Verehrer der griechischen Religion. Man könnte
glauben, die eifrige Theilnahme, die er an dem griechischen Cultus
kund gibt, sei nicht wirklich in seiner Gesinnung gelegen, sondern
von ihm nur zur Schau getragen worden, um bei dem Volke die
griechische Religion wieder in Ansehn und Aufnahme zu bringen;
allein da er, wie heidnische und christliche Schriftsteller einstimmig
aussagen, auch für sich im Geheimen dem Opferdienst leiden=
schaftlich ergeben war, theils um sich die Götter gnädig zu stimmen,
theils um die Zukunft zu erforschen, so muß er es mit seiner Ver=
ehrung der griechischen Götter wohl auch aufrichtig gemeint haben.
Er theilte in dieser Beziehung die Ansicht der platonischen Philoso=
phen seiner Zeit, nach welcher allerdings nur eine Gottheit existirte,
die griechischen Götter aber untergeordnete Geister waren, denen
Gott die Leitung der Welt und der menschlichen Angelegenheiten
übertragen hatte. Libanius sagt in seiner Trauerrede: „Wo nur
ein Tempel war, sei es in einer Stadt oder auf einem Hügel oder
auf der Spitze eines Berges, da ging er hin, der Weg mochte noch
so anstrengend sein." „Durch fleißige Verehrung verpflichtete er
die Götter, ihm im Kriege beizustehen, indem er dem Mercur, der
Ceres, dem Mars, der Calliope, dem Apollo, dem Jupiter in den
Tempeln auf Hügeln und in der Stadt (Antiochien) seinen Dienst

darbrachte." „Welchen von den Göttern," fährt Libanius in seiner Trauerrede fort, „sollen wir wegen seines betrübenden Todes tadeln? Nicht einen, sondern alle; denn er hat weder einen Gott noch eine Göttin vernachlässigt. Dies ist nun der Dank für alle seine Opfer, für alle seine Gelübde, für den Weihrauch und für all das Blut, das er bei Tag und bei Nacht darbrachte." — Julian war, wie es scheint, ein eifriger Theilnehmer an den Mithramysterien. Libanius sagt (orat. 8): „Mit Blut empfing er den aufgehenden Gott (die Sonne), mit Blut ließ er ihn untergehen." Ammianus Marcellinus bemerkt XXI, 2, daß er schon sogleich nach seinem geheimen Uebertritt zur griechischen Religion mit seinen intimen Freunden sich eifrig auf die Untersuchung der Eingeweide der Opferthiere und die Beachtung des Vogelflugs verlegt habe (haruspicinae auguriisque intentus). Es ist deßhalb sehr wohl glaublich, daß er, wie christliche Zeitgenossen ihn beschuldigen, auch Menschenopfer, jedoch wohl nur in seltenen und wichtigen Fällen, gebracht habe. Chrysostomus sagt adversus gentes: „Was soll man über sein Befragen der Todten, über sein Abschlachten von Knaben sagen?" (τί ἄν τις λέγοι τὰς νεκυομαντείας, τὰς τῶν παιδῶν σφαγάς;) Theodoret berichtet hist. eccl. III, 26, als Julian auf seinem Marsch nach Persien in den Ort Carrha gekommen sei, wo ein berühmter Tempel der Mondgöttin gewesen, habe er im Stillen ein Opfer gebracht, sodann den Tempel verschlossen und versiegelt, eine Wache davor gestellt und verboten, denselben vor seiner Rückkehr zu öffnen. Auf die Nachricht von seinem Tode habe man den Tempel aufgeschlossen und darin eine Frauensperson an ihrem Haare aufgehängt gefunden, welcher der Leib aufgeschlitzt und die Arme ausgestreckt waren. Gregorius von Nazianz (geb. 300, gest. 391) sagt orat. 3, Julian habe in Antiochien, wo er seine Zurüstungen zu dem persischen Feldzug machte, im Geheimen so viele Menschen geopfert, daß sich von den Leichnamen, die Nachts in den Fluß Orontes geworfen wurden, das Wasser gestaut habe; unter den Leichen seien auch solche von Jungfrauen und Kindern gewesen; außerdem seien noch viele Leichname Geopferter in Gruben und Kellern in und um den kaiserlichen Palast verborgen worden. Dies ist nun zwar augenscheinlich eine Uebertreibung des christlichen Kirchenvaters; aber völlig ist der Kaiser von dem Vorwurf, daß er nach dem Gebrauch in den Mysterien auch Menschen geopfert hat, wohl nicht frei zu sprechen.

Julian verfaßte mehrere Schriften. Es sind davon noch zehn Reden, 63 Briefe und einige Satyren auf uns gekommen. Auf seinem Zuge gegen die Perser, während er sich im Winter von 362 und 363 zu Antiochien zum Abmarsch rüstete, nahm er sich gleichwohl Zeit, ein Werk gegen die Christen zu schreiben. Dasselbe ist, wie andere Schriften gegen das Christenthum, untergegangen; wir kennen es nur noch bruchstückweise aus der Widerlegung, die Cyrillus, Bischof von Alexandrien († 444), dagegen ausgehen ließ. Der Kaiser, sagt Libanius (vergl. Socrat. hist. eccl. III, 23) benützte die langen Winternächte, um jene Bücher zu widerlegen, welche den Mann von Palästina zu einem Gott und zum Sohne Gottes machen; er bewies in einer langen und unwiderleglichen Abhandlung, wie geringfügig und abgeschmackt die Dinge seien, welche die Christen anstaunen. Hieronymus sagt (epist. 83), das Werk des Julian habe aus sieben Büchern bestanden, Cyrill zählt blos drei Bücher, welche der Kaiser „gegen die heiligen Evangelien und gegen den heiligen Gottesdienst der Christen" gerichtet habe; das Werk sei ausführlich, enthalte aber viele Wiederholungen (Cyrill. contr. Jul. lib. I). Er, Cyrillus, wolle den Julian mit seinen eigenen Worten citiren, aber einige schimpfliche Urtheile über Jesum mit Stillschweigen übergehen. Cyrill schrieb seine Entgegnung, die noch vorhanden ist, im Jahr 432; sie besteht aus zehn Büchern und ist dem Kaiser Theodosius II. gewidmet. — Julian nennt in seinen Schriften die Christen nie bei diesem Namen, sondern immer Galiläer; eine Bezeichnung, welche die Juden für die neue Secte gebrauchten; die heidnischen Philosophen ahmten den Juden hierin nach, um Jesu die Eigenschaft des Sohnes Gottes, die ihm in der Benennung Christus zugetheilt wird, auch nicht in dem Gebrauch des Namens Christen zuzugestehen. Als der alte blinde Bischof von Chalcedon, Maris, den Kaiser einen Apostaten schimpfte, antwortete Julian: „Kann dich denn dein galiläischer Gott von deiner Blindheit heilen? worauf Maris erwiederte: Ich danke es ihm, daß ich das Gesicht eines

Menschen nicht sehen kann, der in die Gottlosigkeit zurückgefallen ist." In seinem 43. Briefe sagt Julian, er habe sich entschlossen, mit so viel Gnade und Mäßigung gegen alle Galiläer zu verfahren, daß keiner von ihnen irgend eine Gewaltthätigkeit erleiden oder zu den Tempeln genöthigt oder überhaupt gegen seine Neigung zu irgend Etwas gezwungen werden solle. Da aber die reiche und mächtige christliche Secte der Arianer in Edessa die ärmeren (gleichfalls christlichen) Valentinianer insultirt und sich Dinge erlaubt habe, die in einem wohlgeordneten Staate nicht geduldet werden könnten; so habe er, zumal da ja den Christen ihr Gesetz Dürftigkeit vorschreibe, verordnet, daß das reiche Kirchenvermögen der Arianer in Edessa weggenommen und unter die Soldaten vertheilt werde. Er hoffe, daß sie, wenn sie arm seien, auch weise würden, und unterstütze auf diese Weise nur ihre Absicht, in das Himmelreich einzugehen, zu welchem ja nur Arme Zutritt erhalten könnten. — Die Schrift Julian's war sowohl gegen das Judenthum, als gegen das Christenthum gerichtet. In der Einleitung sagt der Kaiser: „Ich halte es für meine Pflicht, allen Menschen die Gründe darzulegen, welche mich überzeugt haben, daß die Religion der Galiläer (Julian gebraucht den Ausdruck ἡ σκευωρία τῶν Γαλιλαίων) eine menschliche, betrügerisch angelegte Erfindung sei, welche gar nichts Göttliches in sich hat, vielmehr, indem sie den abergläubischen, kindischen und unverständigen Theil der Seele mißbraucht, dieselbe veranlaßt, Wundermärchen für Wahrheit zu halten" (Cyrill. contr. Julian. lib. II). — „Der Gott Jehova, bemerkt Julian, ist nach der Aussage des Moses nur ein Gott Israel's, der Gott von Judäa; dasselbe behaupten auch die Propheten und Jesus von Nazareth, welcher der größte Gaukler und Betrüger war, der je gelebt hat" (Cyrill. contr. Jul. lib. II). — „Moses schrieb den Juden vor, nur einen Gott zu verehren, andere Götter nennt er Engel; aber nirgends lehrt er einen zweiten Gott (Sohn Gottes), wie ihr (nämlich die Christen) thut" (Cyrill. contr. Jul. lib. VI). — „Die zehn Gebote, welche Moses gegeben hat, haben andere Völker auch, mit Ausnahme des Befehls, nur einen Gott zu verehren; Lykurg und Solon waren weit größere Gesetzgeber, als Moses" (Cyrill. lib. V). — „David ist an Feldherrntalent von vielen Griechen und Römern übertroffen worden; der gefeierte Salomo war in den Händen der Weiber und kann mit griechischen Weisen gar nicht verglichen, überhaupt nicht unter die Weisen gezählt werden" (Cyrill. lib. VII). — „Wenn Moses (5. Mos. 18, 15) weissagt, Gott werde den Juden einen Propheten erwecken, wie er, Moses, gewesen sei, so geht dieses auf eine menschliche Persönlichkeit und nicht auf einen Sohn Gottes; aber auch auf den Sohn der Maria kann die Stelle nicht angewandt werden. Die Weissagung: der Scepter soll nie von Juda gewandt werden (1. Mos. 49, 10), bezieht sich auf die Dynastie David's, die mit Zedekia geendigt hat. Daß solche Aussagen nicht auf Jesus angewendet werden können, ist offenbar; denn Jesus war nicht aus dem Stamme Juda, sondern ein Galiläer, und wäre er auch ein Jude gewesen, so soll er ja nach der Aussage der Christen nicht von einem menschlichen Vater, sondern vom heil. Geist abgestammt haben. Matthäus und Lucas stimmen ja aber auch in ihrem Geschlechtsregister nicht einmal zusammen." „Der Prophet Hoseas sagt (11, 1): Als Israel jung war, liebte ich ihn und rief ihn aus Aegypten. Diese Stelle bezieht sich nicht auf Jesus, sondern auf Israel; die Evangelisten wenden sie fälschlich auf Jesus an, um das unwissende Volk zu betrügen." „Die Galiläer behaupten, sie stimmten mit Jesaias, welcher (Kap. 7, 14) sagte: Siehe, die Jungfrau wird schwanger werden und einen Sohn gebären. Wenn Gott auch dies gesagt hätte, was nicht der Fall ist, so war ja die Maria keine Jungfrau; denn sie war verheirathet und lebte mit ihrem Manne, bevor sie Jesum gebar. Jedoch sei es auch: sagt denn die Stelle, daß Gott von einer Jungfrau geboren werden solle? Ihr aber nennt die Maria beständig Mutter Gottes" (Θεότοκον δὲ ὑμεῖς οὐ παύσεσθε Μαρίαν καλοῦντες) (Cyrill. lib. VIII). — „Moses sagt (5. Mos. 6, 13): Du sollst Gott, deinen Herrn, fürchten und ihm allein dienen: wie kann nun Jesus bei Matthäus (28, 19) den Aposteln gebieten: Gehet hin in alle Welt und lehret alle Völker und taufet sie im Namen des Vaters, des Sohnes und des heiligen Geistes?" (Cyrill. lib. IX.) — „Petrus hat bald wie ein Jude, bald wie ein Heide gelebt, die mosaischen Gebote bald gehalten, bald nicht gehalten, was ihm Paulus vorwirft" (Cyrill. lib. IX). — „Paulus ändert bei jeder Veranlassung seine Vorstellungen von Gott; das eine Mal versichert er, daß nur die Juden Gottes Erbtheil seien, das andere Mal sagt er, um die Griechen zu gewinnen, Jehova sei auch ein Gott der Heiden. Man muß den Paulus fragen: wenn sein Gott auch ein Gott der Heiden ist, warum sandte er den Moses und die Propheten nur zu den Juden, warum gab er nur den Juden sein Gesetz und vollbrachte nur unter ihnen seine fabelhaften Wunder? Zuletzt sandte sein Gott den Jesus auch zu uns, aber Jahrtausende lang hat er uns übersehen, uns in Unwissenheit und Götzendienst gelassen, hat sich seit zweitausend Jahren nur einem kleinen Völklein in einem Theile Palästina's geoffenbart" (Cyrill. lib. II). — „Zeigt mir doch eine alttestamentliche Stelle, wo gesagt ist, Christus sei das Ende des Gesetzes, was Paulus (Röm. 10,4) so zuverlässig versichert" (Cyrill. lib. IX). — „Jesus, der nur einige der armseligsten Juden gewinnen konnte, wird nun seit dreihundert Jahren gefeiert, obgleich er gar nichts Erwähnungswerthes gethan hat, man müßte es denn für etwas Außerordentliches halten, daß er Lahme und Blinde geheilt und in den Dörfern Bethaida und Bethanien Teufel ausgetrieben hat" (Cyrill. lib. VI). „Er, der den Winden befahl, auf dem Wasser wandelte, Teufel austrieb, Himmel und Erde geschaffen hat (wiewohl Letzteres von den Aposteln nur Johannes behauptet), konnte nicht einmal seine eigenen Verwandten vom Verderben retten; denn nach der Aussage des neuen Testaments glaubten nicht einmal diese an ihn" (Cyrill. lib. VI). — „Ihr wollt euch nicht einmal an die Dinge so, wie sie die Apostel überliefert haben, halten, sondern verfälscht ihre Aussagen und macht sie noch gottloser. Weder Paulus, noch Matthäus, noch Lucas, noch Marcus haben gewagt, Jesum Gott zu nennen; aber der gute Johannes (ὁ χρηστὸς Ἰωάννης), welcher wußte, daß in den Städten Griechenlands und Italiens eine große Menge von diesem Wahne gefangen gehalten wird, und wahrscheinlich gehört hatte, daß die Gräber von Petrus und Paulus im Geheimen verehrt würden, glaubte, mit dieser Lehre hervortreten zu können" (Cyrill. lib. X). — „Warum drängt ihr euch zum Unterricht in der griechischen Gelehrsamkeit, wenn ihr doch von dem

Opferfleisch der Griechen nicht essen dürst und eure eigenen Schriften Alles enthalten, was ihr braucht? Menschen von gesunden Sinnen, die nur ein wenig in die griechische Wissenschaft eingeweiht sind, verlassen eure Gottlosigkeit" (Cyrill. lib. VII). — Julian verbot den Christen, griechische Wissenschaften zu lehren. Er sagte, die Christen, welche die griechischen Götter nicht verehrten, sollten auch die Werke der griechischen Philosophen und Dichter nicht erklären; Werke, zu deren Inhalt sie sich nicht bekennten, die sie als gottlos verdammten, könnten sie auch nicht richtig auslegen, sie würden nur falsche Ansichten über die griechische Religion verbreiten. Fänden sie die Weisheit der griechischen Autoren nachahmungswerth, so sollten sie vor Allem ihre Frömmigkeit gegen die Götter nachahmen. Christliche Kinder möchten immerhin an dem Unterricht in der griechischen Wissenschaft Theil nehmen; aber christliche Lehrer sollten sich mit der Auslegung des Matthäus und Lucas in ihrer Kirche beschäftigen, nicht mit den Trägern der von ihnen verachteten griechischen Weisheit (Julian. epist. 42). — „Ihr armseligen Menschen! während ihr euch weigert, den Schild zu verehren, welchen der große Jupiter vom Himmel fallen ließ, oder den Vater Mars: betet ihr ein hölzernes Kreuz an und macht das Zeichen des Kreuzes auf eure Stirne und auf eure Thüren. Sollen wir die Verständigen unter euch mehr hassen, oder die Unverständigen und Unwissenden mehr bedauern, daß ihr die unsterblichen Götter verlassen habt, um zu einem gestorbenen Juden überzugeben (Cyrill. lib. VI)?" — „Ihr habt nicht blos Leute, welche ihrer alten Religion anhänglich blieben (Heiden), getödtet, sondern auch (christliche) Häretiker, die ebenso betrogen waren, wie ihr selbst, aber den todten Mann nicht ganz in derselben Weise betrauern wollten, wie ihr. Das habt ihr jedoch aus eigenem Antriebe gethan, weder Jesus noch Paulus haben euch zu einem solchen Verfahren angewiesen, wohl freilich deshalb nicht, weil sie nicht erwarteten, daß ihr zu solcher Macht gelangen würdet. Sie selbst waren zufrieden, weibliche Dienstboten und Sclavinnen und neben diesen (wie die Apostelgeschichte erzählt) ein paar Männer und Frauen wie den Cornelius und Sergius zu betrügen. Wenn noch andere Leute von Bedeutung in der Zeit des Tiberius und Claudius

(† 54 n. Chr.) zu euch übergetreten sind, so will ich in allen Stücken ein Lügner heißen" (Cyrill. lib. VI). — „Warum haltet ihr die Speiseverbote nicht gleich den Juden? Ihr sprechet: Weil Petrus (Apostelgesch. 10, 15) gesagt hat, was Gott gereinigt hat, sollst du nicht für unrein halten. Was kann dies anders heißen, als daß Gott vormals im alten Testament Dinge als unrein bezeichnet hat, die er im neuen für rein erklärt? Moses sagt (3. Mos. 11, 3): Alles, was unter den Thieren die Klauen spaltet und wiederkäuet, das dürft ihr essen. Das Schwein spaltet wohl die Klauen, aber es wiederkäuet nicht, darum soll es euch unrein sein. Nun, wenn das Schwein seit der Vision des Petrus diese Natur verändert hat, so ist dies sehr wunderbar, wenn aber nicht, warum glaubt ihr ihm?" (Cyrill. lib. IX.) — „Warum laßt ihr euch nicht beschneiden? Ihr entgegnet, Paulus sage, das Herz, nicht das Fleisch müsse beschnitten sein (Röm. 11, 28. 29). Jesus hat aber gesagt: Ich bin nicht gekommen, das Gesetz aufzulösen; wer eines dieser kleinsten Gebote verletzt und die Menschen anders lehrt, der soll der Kleinste heißen im Himmelreich" (Cyrill. lib. IX). — In den Satyren Julian's auf die Cäsaren befindet sich eine Satyre auf Kaiser Konstantin d. Gr.; darin läßt Julian diesen Kaiser über die Taufe folgendermaßen sprechen: „Wer ein Räuber, ein Mörder, ein Meineidiger ist, der mag keck herbeikommen. Denn so wie ich ihn mit diesem Wasser gewaschen habe, wird er von Sünden rein und unschuldig. Und wenn er dieselben Verbrechen abermals begeht, so mache ich ihn, so wie er sich auf die Brust geschlagen hat, wieder so rein wie zuvor." — Ueber das Benehmen der Christen zu seiner Zeit äußert sich Julian in einem Edict an die Einwohner von Bostra (Julian. epist. 52) wie folgt: „Ich sollte meinen, die Vorstände der Galiläer würden anerkennen, daß sie mir mehr verbunden seien, als meinem Vorgänger Constantius, unter dessen Regierung (Constantius hielt sich zu der arianischen Partei) viele (der rechtgläubigen Kirche Zugehörige) verbannt, verfolgt und eingekerkert, viele von denen aber, welche Häretiker genannt werden, hingerichtet wurden, vornehmlich zu Samosata, zu Cyzicum in Paphlagonien, in Bithynien, Galatien und an anderen Orten, wo viele Dörfer ausgeplündert und völlig zerstört worden sind. Unter meiner Regierung ist dies ganz anders; denn die Verbannten erhielten Erlaubniß zur Rückkehr und durch ein Gesetz habe ich ihnen alle confiscirten Güter zurückerstatten lassen. Nichtsdestoweniger, da sie nun nicht länger Macht haben, Andere zu tyrannisiren und die gewöhnlichen Gewaltthätigkeiten unter einander oder gegen uns, die frommen Verehrer der Götter, zu üben, werden sie jetzt wüthend und versuchen alle Mittel, Unruhen und Aufstände unter dem Volk zu erregen. Dadurch zeigen sie, daß es ihnen an Gottesfurcht und an Achtung für unsere Edicte fehlt, obwohl diese von Milde und Humanität durchdrungen sind. Denn wir erlauben nicht, daß sie gegen ihre eigene Wahl zu den Altären gezwungen werden; im Gegentheil erklären wir offen, daß, wenn Einige an unserem Gottesdienst Theil nehmen wollen, diese erst Sühnopfer bringen müßten, um die Götter zu versöhnen. So weit entfernt sind wir von dem Wunsche, daß Leute von den Gottlosen mit uns Gemeinschaft machten, daß wir sie gar nicht zulassen, bis sie ihre Seelen durch Gebete zu den Göttern und ihre Körper durch Sühnopfer gereinigt haben. Es ist daher klar, daß die Clerifer das Volk aus keinem anderen Grunde verleiten, als weil man ihnen nicht mehr erlaubt, über die Anderen zu herrschen. Bisher waren sie gewöhnt, Andere zu tyrannisiren; jetzt sind sie nicht dabei zufrieden, für frühere Vergehungen Vergebung erhalten zu haben; sie wollen vielmehr, wie früher, das Richteramt ausüben, Testamente aufnehmen, sich Güter für ihre Nutznießung aneignen, Alles an sich bringen, und deßhalb blasen sie unter dem Volke das Feuer des Aufruhrs an. Wir warnen daher alle unsere Unterthanen öffentlich durch dieses unser Edict, an den Aufruhrbestrebungen des Clerus theilzunehmen, sich von demselben bereden zu lassen, Steine zu werfen oder den Magistraten ungehorsam zu sein, vielmehr mögen sie sich zufrieden geben, unbehindert in ihren gottesdienstlichen Versammlungen ihre Gebete sprechen zu können."

Juden.

Schriftstellerische Erzeugnisse waren unter den Juden seit dem Abschluß ihres alttestamentlichen Kanons eine seltene Erscheinung. Das jüdische Volk war seitdem gewohnt, den Schatz und die Summe aller menschlichen Erkenntniß in seinen heiligen Schriften zu finden, über deren Auslegung man zwar disputiren, denen aber nichts Neues hinzugefügt werden könne; man hielt es für ein unnützes, ja für ein unheiliges, die Würde des alten Testaments beeinträchtigendes Unternehmen, neben diesen heiligen Urkunden noch Anderes durch schriftliche Aufzeichnung verewigen zu wollen. Daher haben die Rabbinen vor und nach der Zeit Jesu nur selten ihre Lehre schriftlich aufgezeichnet; auch Jesus selbst hat Nichts schriftlich hinterlassen; dagegen haben die Schüler einzelner berühmter Rabbinen die Erklärungen ihrer Lehrer auf das eifrigste mündlich fortgepflanzt oder zum Theil auch zu ihrem Gebrauche aufgeschrieben. Erst als das jüdische Staatsleben völlig untergegangen und die Juden in alle Welt zerstreut waren, am Anfang des dritten christlichen Jahrhunderts, fing man an, um die rabbinische Weisheit vor dem Untergang zu retten, die verschiedenen Lehrmeinungen der Rabbinen in dem Talmud zusammenzufassen. Eine andere Wissenschaft, als theologische Betrachtungen und Untersuchungen über den Inhalt des alten Testaments, kannten die Juden zu Jesu Zeiten nicht; sie nahmen auch kein Interesse an der Geschichte anderer Völker, die Völker waren ihnen unrein. Um so günstiger muß man den Zufall nennen, welcher gerade im Zeitalter Jesu die

zwei bedeutendsten jüdischen Schriftsteller geboren werden ließ, den
Philo und **Josephus**, welche sich an griechischer Wissenschaft
gebildet hatten und in griechischer Sprache Werke verfaßten, die
über das jüdische Wesen ihrer Zeit ausführliche Nachrichten geben.
Allein über die Person Jesu und die ersten Christen erfährt
man aus diesen Schriften nur sehr Wenig und dieses Wenige ist
von den Christen verfälscht. Der Talmud erwähnt Jesu und der
Apostel an mehreren Stellen, aber auch aus dieser Quelle kann man
Nichts entnehmen, als die beharrliche Behauptung, daß Jesus außer
der Ehe erzeugt sei. Das Büchlein Toldoth Jeschu (Geburt
Jeschu) fußt auf diese Aussage des Talmud, es ist zwar erst im
dreizehnten Jahrhundert den Christen bekannt geworden, seine Tra=
dition zieht sich aber bis in die ersten christlichen Jahrhunderte zu=
rück, weshalb wir es hier mit anführen.

Philo.

Philo war um das Jahr 20 vor Christi Geburt zu Alexan=
drien in Aegypten geboren. In Aegypten waren zur Zeit Jesu die
Juden sehr zahlreich, man schätzte ihre Zahl auf eine Million; in
Alexandrien, einer der bedeutendsten Städte der alten Welt,
die zu Jesu Zeiten durch ihren Handel und ihre Pflege der Wissen=
schaft weit und breit berühmt war, machten sie die Hälfte der Ein=
wohner aus. Die ägyptischen Juden gebrauchten weder das alte
Hebräische, noch die neuere jüdische Landessprache, das Syrochal=
däische, bei ihrem Gottesdienst, sondern das Griechische; sie hatten
eine eigene griechische Uebersetzung des alten Testaments, die Sep=
tuaginta, welche sie so heilig hielten, als den hebräischen Grund=
text, auch einen eigenen Tempel in der ägyptischen Stadt Leon=
topolis, welcher nach dem Muster des jerusalemischen gebaut war.
Philo gehörte einer sehr reichen und angesehenen jüdischen Familie
in Alexandrien an. Von seinen Lebensumständen ist außerdem
Wenig bekannt. Er leitete seine Abstammung von der jüdischen
Priesterschaft ab und stand bei seinen Landsleuten in Aegypten
wegen seiner Gelehrsamkeit in großem Ansehen. Philo wurde

sehr alt; sein Todesjahr läßt sich nicht genau angeben; er war noch im Jahr 40 n. Chr. als Abgeordneter der alexandrinischen Juden bei der Gesandtschaft*), welche dieselben an den Kaiser Caligula nach Rom schickten, um die Verleumdungen der heidnischen Bevölkerung Alexandriens gegen die Juden zu widerlegen und den Kaiser zu bestimmen, den Befehl zurückzunehmen, daß seine Bildsäule im Tempel zu Jerusalem und allerwärts in den jüdischen Synagogen aufgestellt werden müsse. Die Gesandtschaft richtete jedoch Nichts aus, sie wurde gar nicht vorgelassen. **Philo** war ein Freund der griechischen Wissenschaft und hatte die griechischen Philosophen, namentlich den **Plato**, mit Vorliebe studirt. Seine literarische Thätigkeit beschränkte sich jedoch fast ausschließlich auf jüdisch-religiöse Gegenstände; er schrieb theils Lebensgeschichten alttestamentlicher Persönlichkeiten, theils Abhandlungen über Themata des jüdischen Glaubens und der jüdischen Moral, theils Auslegungen biblischer Bücher**). Seine sämmtlichen Werke sind in griechischer Sprache geschrieben. In das alte Testament suchte er die platonischen Vorstellungen hinüber zu tragen; er erklärte dasselbe allegorisch, indem er behauptete, biblischen Aussprüchen und Erzählungen, welche zu der Vollkommenheit Gottes nicht stimmten, müsse ein geheimer, höherer Sinn zu Grunde liegen, den der Ausleger zu erforschen habe.

Von Jesu, den Aposteln und ersten Christen erfährt man in den Schriften des Philo Nichts; er erwähnt ihrer nirgends. Wir führen ihn hier auch nur an, um auf das bedeutende Zeugniß aufmerksam zu machen, welches in diesem Stillschweigen liegt. Philo hatte die ganze Lebensperiode Jesu völlig mit durchlebt, er war schon zwanzig Jahre vor

---

*) Dies berichtet Josephus antiqu. XVIII, 8, 1.
**) De mundi opificio. De vita Abrahami. De Josepho. De vita Mosis. De circumcisione. De victimis. De decalogo. De praemiis sacerdotum. De poenitentia. De caritate. De vita contemplativa. De fortitudine. De concupiscentia. De praemiis et poenis. De virtutibus sive de legatione ad Cajum liber. De ebrietate. De somniis. De Cherubim. De sacrificio Caini et Abelis. De posteritate Caini. De confusione linguarum etc.

Jesu geboren, und geht im Jahr 40 nach Christo, sieben Jahre nach dem Tode Jesu, als jüdischer Abgesandter nach Rom; sein Todesjahr ist unbekannt; aber man weiß aus Josephus gewiß, daß er im Jahr 40 noch am Leben und bei Kräften war. Philo beschäftigt sich in seinen Schriften, wie bemerkt, fast ausschließlich mit jüdischreligiösen Gegenständen; er gehörte der pharisäischen Schule an, behandelt aber die Essäer und Therapenten mit besonderer Vorliebe*); die ägyptischen Juden waren mit den angrenzenden Palästinensern in beständiger und lebhafter Verbindung; Philo selbst war in Palästina gereist und spricht von den palästinensischen Essäern: wenn er nun Jesu und der Christen mit keiner Sylbe erwähnt, so ist dies ein Beweis, daß Jesus unter seinen jüdischen Landsleuten nur ein sehr geringes Aufsehen machte, daß seine Persönlichkeit nicht in einer Weise hervortrat, daß sie ein allgemeineres Interesse auf sich gezogen hätte, daß also die großen Wunder, von denen ganz Palästina hätte sprechen und welche auch die Aufmerksamkeit der angrenzenden ägyptischen Juden hätten auf sich ziehen müssen, nicht geschehen sein können. Es ist möglich, daß Philo von der neuen Secte der Christianer Etwas gehört hatte, aber sie war ihm zu unbedeutend und ihre Vergötterung eines galiläischen Rabbi erschien ihm zu thöricht, als daß er ihr in seinen Schriften irgend eine Berücksichtigung hätte zuwenden mögen.

Josephus.

Flavius Josephus war im Jahr 37 nach Chr., also nur vier Jahre nach dem Tode Jesu, in Jerusalem unter der Regierung des Kaisers Cajus Caligula und unter dem jüdischen Landpfleger Marcellus (nachdem Pontius Pilatus eben erst, im Jahr 36, abberufen worden war) geboren. Er war der Sohn eines jüdischen Priesters in Jerusalem, wuchs in dieser Stadt auf, erhielt hier seinen Jugendunterricht und seine jüdische gelehrte Bildung und lebte daselbst als junger, der Pharisäersecte angehöriger Priester

---

*) Hauptsächlich in der Schrift: Quod omnis probus liber.

bis zum Ausbruch des jüdischen Aufstandes gegen die Römer im
Jahr 66 n. Chr. Josephus brachte also seine ersten 29 Lebensjahre in Jerusalem zu und hatte hier Gelegenheit genug, Nachrichten über Jesum zu erhalten und die neue Secte zu beobachten;
wenn er nun Jesu und der Christen nur an zwei Stellen seiner
Werke erwähnt, die aber augenscheinlich von christlichen Abschreibern
in den Text eingeschoben sind, so ist dies wiederum ein Beweis, daß
die Erscheinung Jesu in Palästina kein Aufsehen gemacht hat, daß
also die großen Wunder, welche die christliche Sage mit seinem
Leben verwebt, nicht geschehen sein können. Nachdem der jüdische
Aufstand ausgebrochen war, machte der jüdische Senat den Josephus im Jahr 67 zum Statthalter in Galiläa. Hier kämpfte
er tapfer gegen die Römer, wurde aber nach der Einnahme der
Festung Jotopata, wo er sich in einen Brunnen verborgen hatte,
dem Vespasian verrathen. Dieser ließ ihn in Fesseln legen, schenkte
ihm jedoch das Leben, weil Josephus jetzt als jüdischer Priester,
der die Gabe der Weissagung besitze, die jüdische Messiaserwartung
auf Vespasian deutete und ihm das Kaiserthum prophezeihte.
Als Vespasian zwei Jahre später wirklich Kaiser geworden war,
erklärte er den Josephus für seinen Freigelassenen und beschenkte
ihn; Josephus nahm dem Vespasian zu Ehren den kaiserlichen Fa-
miliennamen Flavius an und begleitete den Kaiser nach Alexandrien. Unter Titus machte er im Jahr 70 die Belagerung Jerusalems mit, forderte seine Landsleute zur Ergebung an die Römer
auf, wurde von ihnen jedoch mit Entrüstung abgewiesen und für
einen Ueberläufer und Verräther erklärt. Nach der Zerstörung
Jerusalems ging er mit Titus nach Rom, erhielt hier das römische
Bürgerrecht und einen kaiserlichen Freitisch und war bei dem Kaiser
Vespasian († 79 n. Chr.) und Titus († 81 n. Chr.) sehr angesehen. Sein Todesjahr ist unbekannt; im Jahr 93 n. Chr. war
er noch am Leben; mit letzterem Jahre endigen die Nachrichten, die
er in seinen Schriften gibt.

Josephus schrieb in Rom eine Geschichte des jüdischen Krieges (Ἰουδαϊκῆς ἱστορίας λόγοι) und der Zerstörung
Jerusalems in sieben Büchern in seiner syrochaldäischen Landessprache. Da er selbst den jüdischen Krieg, anfangs gegen die

Römer, sodann auf Seite derselben, mitgemacht hatte und als Augenzeuge schreibt; so ist dieses Werk sehr wichtig. Er vollendete dasselbe ungefähr im Jahre 75 n. Chr., übersetzte es hierauf in das Griechische und überreichte ein Exemplar davon dem Kaiser Vespasian; Titus unterzeichnete dasselbe mit seiner Namensunterschrift zum Zeichen, daß er die darin enthaltene Schilderung der Vorfälle in Judäa für wahrheitsgetreu erkläre. Nach Vollendung dieses Werkes schrieb er unter dem Titel **jüdische Alterthümer** (Ἰουδαϊκῆς ἀρχαιολογίας λόγοι) eine jüdische Geschichte in zwanzig Büchern vom Anfang der Welt bis zum zwölften Regierungsjahr des Nero (Jahr 66 n. Chr.), bis auf den Ausbruch der jüdischen Empörung gegen die Römer, die er bereits in seinem ersten Werke, der Geschichte des jüdischen Krieges, beschrieben hatte. In dieser Schrift legt er die jüdische Geschichte des alten Testaments zu Grunde, sucht dieselbe aber Römern und Griechen zugänglich zu machen, indem er alles Anstößige wegläßt, um auf diese Weise diese damals herrschenden Nationen für das jüdische Wesen günstiger zu stimmen. Er vollendete dieses zweite Werk im Jahr 93 nach Chr. und gab als einen Anhang seine eigene Biographie (Φλαβίου Ἰωσήφου βίος). Weiter schrieb er ein Buch **gegen den Apion** über das Alter des jüdischen Volkes, und ein Buch zum **Lobe der Makkabäer**, von welchem letzteren jedoch seine Autorschaft nicht erwiesen ist.

In dem älteren Werke des Josephus, der **Geschichte des jüdischen Krieges**, wo er die Geschichte der Juden unter Pontius Pilatus ausführlich beschreibt, wird Jesu und der Christen **mit keiner Sylbe erwähnt**. Dagegen findet sich in dem späteren Werke, den jüdischen Alterthümern, im 18. Buch Kap. 3, 3 folgende Stelle:

„In jener Zeit lebte auch Jesus, ein weiser Mann [wenn man ihn anders einen Mann nennen darf]; denn er vollführte wunderbare Thaten [ein Lehrer der Menschen, welche mit Vergnügen die Wahrheit annehmen]; auch zog er viele Juden und viele aus den Griechen an sich. [Dieser war Christus.] Als ihn Pilatus auf die Anklage unserer Vornehmen mit der Kreuzesstrafe belegt hatte, hörten Diejenigen, welche ihn zuerst geliebt hatten, gleichwohl nicht auf; [denn er erschien ihnen am dritten Tage wieder lebendig, nachdem die göttlichen Propheten sowohl dieses, als unzählige andere wunderbare Dinge von ihm vorherverkündigt hatten], und noch bis jetzt besteht die nach ihm genannte Gesellschaft der Christianer*)."

Zunächst muß es auffallen, daß Josephus in seiner Geschichte des jüdischen Krieges, wo er die Zeitperiode Jesu ausführlicher behandelt, des Stifters der christlichen Religion und der Christen überhaupt nicht erwähnt, während in seinen kürzer gefaßten Antiquitäten, denen er, so wie er bei der Zeitperiode ankommt, die er in seiner jüdischen Geschichte bereits beschrieben, dieses frühere Werk zu Grund legt, sich der eben eingeführte Passus über Jesum findet. Man könnte hiegegen sagen, Josephus habe eben inzwischen bemerkt, daß er ein wichtiges Ereigniß, das Auftreten Jesu, in seiner Geschichte des jüdischen Krieges unerwähnt gelassen, und diese Lücke in seinen späteren Antiquitäten ausfüllen wollen. Allein wenn er diese Absicht gehabt hätte, so würde er die Erwähnung Jesu mit dem übrigen Text in den gehörigen Zusammenhang gebracht haben; dies ist aber nicht der Fall; der Passus über Jesum steht ganz fremd und abgesondert in dem Text und schließt sich weder an das Vorhergehende noch an das Nachfolgende an. Im Vorhergehenden erzählt Josephus, da es in Jerusalem an gutem Trinkwasser gefehlt habe, so habe Pilatus aus einer Entfernung von 200 Stadien eine gute Quelle nach der Stadt leiten lassen und den Befehl gegeben, daß die Kosten der Ausführung dieser Wasserleitung aus der reichen Tempelkasse bestritten würden. Darüber hätten die Juden wiederholt Tumulte erregt. Nun habe Pilatus eine Anzahl römischer Soldaten in jüdische Kleidung

---

*) *Joseph.* antiqu. XVIII, 3, 3: Γίνεται δὲ κατὰ τοῦτον τὸν χρόνον Ἰησοῦς, σοφὸς ἀνήρ, εἴγε ἄνδρα αὐτὸν λέγειν χρή· ἦν γὰρ παραδόξων ἔργων ποιητής, διδάσκαλος ἀνθρώπων τῶν ἡδονῇ τ' ἀληθῆ δεχομένων· καὶ πολλοὺς μὲν Ἰουδαίους, πολλοὺς δὲ καὶ τοῦ Ἑλληνικοῦ ἐπηγάγετο. Ὁ Χριστὸς οὗτος ἦν. Καὶ αὐτὸν ἐνδείξει τῶν πρώτων ἀνδρῶν παρ' ἡμῖν σταυρῷ ἐπιτετιμηκότος Πιλάτου, οὐκ ἐπαύσαντο οἵ γε πρῶτον αὐτὸν ἀγαπήσαντες· ἐφάνη γὰρ αὐτοῖς τρίτην ἔχων ἡμέραν πάλιν ζῶν, τῶν θείων προφητῶν ταῦτά τε καὶ ἄλλα μυρία θαυμάσια περὶ αὐτοῦ εἰρηκότων· εἰς ἔτι νῦν τῶν Χριστιανῶν ἀπὸ τοῦδε ὠνομασμένων οὐκ ἐπέλιπε τὸ φῦλον.

gesteckt, unter welcher sie Knittel und Dolche verborgen hielten, denselben befohlen, sich unter die aufrührerischen Juden zu mischen und über die Schreier plötzlich herzufallen. Dies geschah. Der jüdische Haufe, welcher sich vermeintlich von Juden angegriffen sah, gerieth heftig aneinander, ein Jude fiel über den anderen her, zuletzt entstand ein allgemeines Drängen und Fliehen, so daß noch viel mehr Menschen ertreten wurden, als im Handgemenge fielen. „Auf diese Weise," schließt Josephus seinen Bericht, „wurde dieser Aufstand unterdrückt." Nun folgt der Passus über Jesum mit den Worten: „In jener Zeit lebte auch Jesus, ein weiser Mann, wenn man ihn anders einen Mann nennen darf" u. s. w. Dann fährt Josephus fort: „Um dieselbe Zeit setzte noch ein anderes Unglück die Juden in Unruhe, und zu Rom ereignete sich im Tempel der Isis ein Vorfall, der mit der größten Schande verbunden war." Zunächst erzählt er den Vorfall im Isistempel. Ein reicher Römer Namens Decius Mundus hatte die Priester des Tempels bestochen, einer schönen und vornehmen römischen Frau zu sagen, der Gott Anubis wolle mit ihr Verkehr haben, sie möge sich Nachts im Tempel einfinden. Die Frau kam mit Bewilligung ihres Mannes in den Tempel, um dieser Ehre theilhaftig zu werden. Einige Tage darauf rühmte sich Decius Mundus gegen dieselbe, daß er, dessen Anträge sie bisher abgewiesen, der Gott Anubis gewesen sei. Die Frau erzählte die Sache ihrem Manne, dieser wandte sich an den Kaiser Tiberius, und Letzterer verbannte den Mundus aus Rom, die Priester der Isis aber ließ er kreuzigen. Das Unglück der Juden, welches Josephus erwähnt, bezeichnet er näher als Vertreibung der Juden aus Rom auf Befehl des Kaisers Tiberius. Als Ursache gibt er an, daß eine für das Judenthum bekehrte vornehme Römerin einem Juden, der sich für einen jüdischen Schriftgelehrten ausgab und sie in der jüdischen Religion unterrichtete, Purpur und Gold für den Tempel in Jerusalem gegeben habe, welche Geschenke derselbe unterschlug. Dieser einzige Fall wird aber kaum die alleinige Ursache der Vertreibung aller Juden aus Rom gewesen sein, vielmehr der Umstand, daß sich die Juden im Allgemeinen viele religiöse Betrügereien erlaubten, daß sie aus der Bekehrung von Römern und Griechen ein Gewerbe machten, für Geld angeblich

Wunder wirkende Sprüche und Formeln verkauften, Teufel aus den Kranken austrieben, überhaupt das Volk mit allerlei Aberglauben täuschten, um ihm Geld abzulocken *).

Es ist nun augenscheinlich, daß die Stelle über Jesum in diesen Zusammenhang des Josephus nicht paßt. Er spricht vorher und nachher von Unglücksfällen, welche die Juden betroffen hätten. Der vorherrschende Gedanke in den Erzählungen, die er mit den Worten: „Um dieselbe Zeit setzte noch ein anderes Unglück die Juden in Unruhe" an den Passus über Jesum anschließt, sind Priestertäuschungen, welche Frauen widerfuhren. Hätte er nun hier über Jesum gesprochen, so müßte man nach seinem Gedankengang vermuthen, er habe die Entstehung der Christensecte für ein Unglück erklärt, das die Juden betroffen, und den christlichen Messias in einer Priestertäuschung seinen Ursprung finden lassen, welche der Maria widerfahren sei. Allein es ist gerade nicht nöthig anzunehmen, daß Josephus hier überhaupt einen Passus über Jesum gehabt habe; ein Zusammenhang wäre auch hergestellt, wenn man die Stelle über Jesum völlig ausfallen läßt.

Daß Josephus die Stelle, wie sie hier steht, nicht geschrieben haben kann, ist klar; so, wie Josephus hier von Jesus spricht, kann nur ein Christ reden. Josephus war ein Pharisäer und jüdischer Priester; er zeigt sich überall in seinen Schriften als einen Anhänger des Judenthums. Man hat daher gesagt, die Stelle sei interpolirt; Josephus selbst habe nur von Jesu als von einem frommen Mann gesprochen; was in der Stelle von einer höheren Natur Jesu gesagt werde (dasselbe, was wir in Klammern eingeschlossen haben), sei ein Einschiebsel eines christlichen Abschreibers. Allein, wenn man aus der Stelle Das herausnimmt, was eine höhere messianische Natur Jesu kund geben will, verliert sie für den Leser alles Interesse und wird eine ganz gleichgültige Notiz, zu welcher sich Josephus nicht hätte veranlaßt finden können. Josephus erklärt, es habe zu seiner Zeit vier Secten unter den Juden

---

*) *Juvenal.* Satyr. VI. 546: Aere minuto qualiacunque voles Judaei somnia vendunt. Die Kaiser gaben später förmliche Gesetze gegen die Beschwörer der Krankheiten (Digest. lib. I, tit. 13, l. 1).

gegeben, die der Pharisäer, Sadducäer, Essäer und die Secte des Judas von Gamala; er beschäftigt sich ausführlich mit diesen Secten und gibt Nachricht von ihren verschiedenen Lehrmeinungen. Von einer Secte der Christen spricht er nirgends. Hätte er ihrer Erwähnung thun wollen, und zwar mit Auszeichnung, wie es in der Stelle geschieht, so konnte dies nicht mit ein paar Zeilen geschehen; denn aus diesen konnten sich Römer und Griechen, für welche er vornehmlich schrieb, keine Vorstellung von der Christensecte erholen: er mußte auch an verschiedenen Stellen seines Werkes wiederholt auf Jesum und die Christen zurückkommen, aber es geschieht dies nirgends, als Buch XXII, Kap. 9, wo der Name des Jacobus erwähnt wird, worüber wir sogleich sprechen werden.

Die ältesten Kirchenväter kennen die Stelle über Jesum bei Josephus nicht. In ihren Streitschriften gegen Juden und Heiden hätten sie sich gewiß eifrig auf das Zeugniß eines so angesehenen jüdischen Mannes berufen, wenn dasselbe zu ihrer Zeit schon existirt hätte. Weder Justinus Martyr († 163 n. Chr.), noch Clemens Alexandrinus († um 216), noch Tertullian († 220), noch Origenes († um 255 n. Chr.), denen die Schriften des Josephus sehr wohl bekannt sind, berufen sich auf die Stelle; Origenes erklärt contra Cels. I ausdrücklich, daß Josephus nicht an Christum geglaubt habe. Erst bei dem Kirchenvater Eusebius von Cäsarea († um 340 n. Chr.) kommt die Stelle zum Vorschein. Die Schriften des Josephus, die in griechischer Sprache verfaßt waren, wurden nicht von Juden, die ihn haßten und für einen Verräther erklärten, abgeschrieben und vervielfältigt, sondern von Heiden und Christen. Es war für den Ursprung des Christenthums, welchen die Christen mit so großartigen Wundern ausgeschmückt hatten, kein günstiges Zeugniß, daß ein jüdischer Mann, ein angesehener Schriftsteller, welcher zu jener Zeit in Jerusalem geboren war, von diesen so merkwürdigen und auffallenden Vorgängen gar Nichts erwähnte, während er doch in seinen zwei Hauptwerken die Geschichte seines Volkes in jener Periode und was sich unter Pontius Pilatus in Jerusalem zutrug, ausführlich beschrieb. Er mußte also von diesen Vorgängen und von Jesu überhaupt entweder gar Nichts wissen, was ein gewichtiges Zeugniß gegen die Wunder war, von denen, wenn sie sich zugetragen hätten, alle Zeitgenossen des Josephus hätten sprechen müssen; oder er hatte von Jesu zwar gehört, aber seine Persönlichkeit für zu unbedeutend gehalten, als daß er in seiner Geschichte derselben erwähnen wollte. Diesem den Christen ungünstigen völligen Schweigen über Jesum und seine Secte suchte ein christlicher Abschreiber abzuhelfen, indem er in den Abschnitt der Antiquitäten, wo Josephus die Regierungsperiode des Pilatus behandelt, einen Passus über Jesum einschaltete, worin er sich auf den Standpunkt des jüdischen Pharisäers stellte und den Stifter der christlichen Religion als einen ausgezeichneten Mann einführte. Dieses Einschiebsel genügte jedoch einem späteren christlichen Abschreiber nicht; er versetzte den Josephus auf den Standpunkt eines Christen und veränderte die Stelle dahin, daß der jüdische Geschichtsschreiber Jesum für den Christus erklären und die christlichen Wunder anerkennen mußte. Dies ist der Ursprung dieses anerkennenden Zeugnisses über Jesum. Die ersten Christen, welche ganze Evangelien erdichteten und den Aposteln unterschoben, waren überall zu solchen Fälschungen bereit und es kann dies nach dem Geiste und der Art der ersten christlichen Zeit ganz und gar nicht auffallen. Josephus selbst mußte die Christensecte, die schon unter Kaiser Nero im Jahr 64 in Rom verfolgt worden war, natürlich kennen; aber es scheint, daß er zwischen den Christen in Palästina und den Anhängern des Apostels Paulus außerhalb Palästina's unterschied. Die von Jesus und den Aposteln gestiftete christliche Secte in Jerusalem und Palästina überhaupt war zu seiner Zeit sehr unbedeutend an Zahl und unterschied sich von den Juden wenig, da sie sich allen jüdischen Gebräuchen unterzog und den Tempeldienst mitmachte*). Er fand diese jüdische Abzweigung daher für zu unwichtig, um ihrer zu erwähnen; von christlichen Wundern mußte er natürlich Nichts. Die Christen außerhalb Palästina's und auch in Rom folgten dagegen dem System des Apostels Paulus, welcher die Beschneidung und den ganzen mosaischen Ceremoniendienst verwarf; sie waren allerdings zahlreich und fingen noch zu Lebzeiten des Josephus an, die Aufmerksamkeit der römischen

---

*) Apostelgesch. Kap. 21, 20.

Behörden auf sich zu ziehen. Allein Josephus wird, wie alle Juden, den Paulus für einen Abtrünnigen erklärt haben, der nicht mehr zur Judenschaft gehöre; und er hütete sich, durch Erwähnung der Christen in seinem Werke die verachtete und verfolgte christliche Secte mit seinem jüdischen Volke in Gemeinschaft zu bringen.

Es findet sich, wie bemerkt, in denselben Antiquitäten des Josephus (Buch XX, Kap. 9, 1) noch eine Stelle, wo des Apostels Jacobus erwähnt wird. Dieselbe lautet:

„Ananus, der Jüngere, von dem ich berichtet habe, daß er das hohenpriesterliche Amt erhalten, war von trotzigem und sehr verwegenem Charakter; er gehörte der Secte der Sadducäer an, welche, wie ich schon früher bemerkte, sich im Richteramt vor allen Juden besonders hart erwiesen. Bei solcher Sinnesart hielt Ananus den Zeitpunkt, wo Festus gestorben und (der neue Procurator) Albinus noch nicht eingetroffen war (Jahr 63 nach Chr.), für günstig, um ein Richtercollegium zu berufen und den Bruder des Jesus, welcher Christus genannt wird, Jacobus mit Namen, nebst einigen Anderen vor dasselbe zu stellen, eine Anklage wegen Verletzung des Gesetzes gegen sie zu richten und sie der Steinigung zu überliefern. Alle wohlmeinenden Einwohner der Stadt aber und auch die, welche streng an dem Gesetz hielten, waren hierüber aufgebracht und schickten heimlich Gesandte an den König (Agrippa II.) mit dem Ersuchen, er möge den Ananus schriftlich bedeuten, daß er nichts Aehnliches mehr unternehme; denn er habe schon zu dem bereits Geschehenen kein Recht gehabt. Einige reisten sogar dem Albinus, der von Alexandrien herkam, entgegen und bemerkten ihm, daß Ananus nicht berechtigt gewesen sei, ohne seine Einwilligung den Gerichtshof zu versammeln. Albinus, der dem Bericht Glauben schenkte, erließ erzürnt ein Schreiben an Ananus, worin er ihm Strafe androhte, und der König Agrippa*) nahm ihm das

---

*) Herodes Agrippa II. war ein Nachkomme des jüdischen Königs Herodes, der letzte seines Stammes. Er hatte im Jahr 53 n. Chr. vom Kaiser Claudius die ehemalige Tetrarchie des Philippus, nämlich einen Theil von Galiläa und Trachonitis, mit dem Titel eines Königs erhalten.

hohenpriesterliche Amt, das er drei Monate geführt hatte, und übergab es dem Jesus, dem Sohn des Donnäus."

Die Wichtigkeit, welche in diesem Bericht dem Vorfalle gegeben wird, beweist, daß die Hinrichtung bedeutendere Personen betroffen haben muß, als den Apostel Jacobus. Die Christensecte in Jerusalem bestand aus armen Leuten und war wegen ihres Glaubens, daß in dem galiläischen Rabbi Jesus der Danielische Messias und Gottessohn erschienen sei, verachtet und gehaßt. Wegen der Hinrichtung eines Mitgliedes dieser Secte hätten die vornehmen Juden in Jerusalem kein so großes Aufheben gemacht, wie es hier geschildert wird. Es heißt zwar in dem Text, außer Jacobus seien noch einige Andere hingerichtet worden; allein es wird blos Jacobus genannt und damit die Persönlichkeit desselben von dem Verfasser für die wichtigste erklärt. Man hat hier wieder die Fälschung eines christlichen Abschreibers vor sich*). Er fand in dem Text des Josephus die Namen einiger angesehenen Juden, warf dieselben aus und setzte den Namen Jacobus ein, der um jene Zeit ein gewaltsames Ende fand. Nach Hegesippus, einem Judenchristen, welcher um das Jahr 170 nach Chr. eine Kirchengeschichte**) schrieb, von der sich noch Bruchstücke in den Schriften des Eusebius finden, kam der Apostel Jacobus, Bruder Jesu, nicht durch richterlichen Spruch, sondern in einem Volkstumult um's Leben***). Ist auch dieser Bericht, gleich jenem der Apostelgeschichte, wie es die Wundersucht und Beschränktheit jener ersten Christen mit sich brachte, mit allerlei Wunderbarem ausgeschmückt; so ist doch wohl so Viel geschichtlich, daß Jacobus in einem Tumult gegen die Christensecte von einem jüdischen Handwerker erschlagen wurde. Hegesippus erzählt†), Jacobus, der Bruder Jesu, welcher Vorstand der christlichen Gemeinde in Jerusalem war und für den ersten christlichen Bischof angesehen wird, habe nur Pflanzenkost und Wasser genossen, nie Fleisch gegessen oder ein starkes Getränk getrunken,

---

*) Dies gesteht schon Lardner zu: Jewish and Heathen testimonies, vol. I. cap. IV.
**) Ὑπομνήματα τῶν ἐκκλησιαστικῶν πράξεων.
***) *Euseb.* hist. eccl. II, 1.
†) *Euseb.* hist. eccl. II, 23.

habe sich nie gewaschen, nie mit Oel gesalbt, nie das Haar geschoren, nie ein wollenes, sondern nur ein leinenes Gewand getragen, und sei beständig auf den Knieen gelegen, um zu beten, so daß er an den Knieen Schwielen wie ein Kameel gehabt habe. Bezüglich der Art und Weise, wie Jacobus um's Leben gekommen, erzählt Hegesippus, derselbe habe auf der Zinne des Tempels gepredigt und sei hier vom Volke hinab auf das Pflaster gestoßen worden. Er sei aber unverletzt geblieben und habe sich sogleich hingekniet, um für seine Feinde zu beten. Nun habe ihn das Volk mit Steinen geworfen, und zuletzt sei ein Walker vor ihn hingetreten und habe ihn mit seinem Preßholz erschlagen. Letzteres wird nun auch geschichtlich sein. Die Christen in Jerusalem besuchten den Tempel fort, feierten die jüdischen Feste und machten die jüdischen Gebräuche mit. Bei einem Besuche des Tempels wird gegen ihren zelotischen Vorstand eine Zusammenrottung entstanden sein; man trieb ihn wahrscheinlich aus dem Tempel hinaus, warf auf der Straße mit Steinen nach ihm, und zuletzt erschlug ihn ein roher Mensch mit einem Stück Holz.

Dies ist nun Alles, was in den Schriften des Josephus über Jesum und die ersten Christen vorkommt. Es hat zu Zeiten dieses Josephus noch ein anderer Jude, Justus von Tiberias, eine Geschichte des jüdischen Aufstandes gegen die Römer, als eine Gegenschrift gegen Josephus, also wahrscheinlich weniger in römischem und mehr in jüdischem Interesse, verfaßt. Die Schrift ist verloren gegangen; aber wir wissen aus Photius (biblioth. cod. 33), daß auch in diesem Buche von Jesus Nichts erwähnt wurde. „Dieser jüdische Geschichtsschreiber," sagt Photius, „thut von der Erscheinung Christi nicht die geringste Erwähnung, sagt durchaus Nichts von seinen Thaten und seinen Wundern." Es ist dies ein weiteres Zeugniß, daß die Christen in Palästina ein ganz unbedeutendes Häuflein unangesehener Leute waren, das man nicht beachtete oder wegen seines eitlen Messiastraumes, der in einem elend umgekommenen galiläischen Rabbi den verheißenen jüdischen Retter und Messias, ja eine Verkörperung des obersten Engels und Gottessohnes erkennen wollte, mißachtete und bemitleidete. Von den großen Wundern konnte natürlich Justus von Tiberias so

Wenig sagen, als Josephus oder Philo, weil sie nicht geschehen sind, sondern Dichtungen der ersten Christen waren. Hätten sie wirklich stattgefunden, dann würden auch das jüdische Synedrium, die Einwohner von Jerusalem und von ganz Palästina an Jesum geglaubt haben. Die Hartnäckigkeit, mit welcher das jüdische Volk von dem christlichen Anfang an bis auf den heutigen Tag die Vergötterung dieses galiläischen Landsmannes von sich gewiesen hat, ist ja das schlagendste Zeugniß, daß dergleichen Wunder, die auch den Ungläubigsten hätten bekehren müssen, niemals stattgefunden haben.

Der Talmud.

Das Religionsbuch der heutigen Juden, welches Talmud, d. i. Lehre genannt wird, besteht aus zwei Theilen, der Mischna und der Gemara.

Die Mischna (d. i. Wiederholung) ist eine Sammlung von religiösen Verordnungen, von Auslegungen alttestamentlicher Aussprüche, namentlich mosaischer Gesetzesstellen, welche verschiedene angesehene jüdische Rabbinen gegeben haben, die in der Zeit von der Gründung des zweiten Tempels, also von ungefähr 400 vor Christi Geburt bis zum Jahre 200 nach Christi Geburt lebten. Diese Vorschriften und Auslegungen, die theils einzeln schriftlich aufgezeichnet waren, theils sich von Mund zu Mund fortgeerbt hatten, sammelte um das Jahr 219 nach Christi Geburt der Rabbi Juda der Heilige in Tiberias am galiläischen See in ein Buch zusammen, welches den Namen Mischna (Wiederholung, nämlich des Gesetzes) erhielt. In Tiberias in Galiläa war damals der Sitz des jüdischen Synedriums und des Patriarchen. Nach der Zerstörung Jerusalems im Jahr 70 n. Chr. nämlich hatten die Juden das Synedrium, ihren aus 71 Personen bestehenden geistlichen und weltlichen Gerichtshof, anfangs in Jamnia (der alten Philisterstadt Jabne) aufgeschlagen, seit dem großen jüdischen Aufstand unter dem angeblichen Messias Barochba aber (135 nach Chr.) nach Tiberias an den galiläischen See verlegt. Hier be=

hielt das Synedrium unter einem in der Familie Gamaliel's erblichen Patriarchen, der den Titel Nasi, Fürst, führte, seinen Sitz bis um das Jahr 420 n. Chr., wo das Haus Gamaliel's ausstarb und Patriarchat und Synedrium von Tiberias eingingen. Die Mischna zerfällt in sechs Ordnungen (Sedarim), welche zusammen 63 Tractate enthalten. Die erste Ordnung oder Seder heißt Seraim und handelt von dem Ackerbau und seinen Rechten. Die zweite Ordnung heißt Moed und handelt von den Festen; die dritte, Naschim, handelt von den Rechten der Frauen, die vierte, Nesikim, von den Klagen vor Gericht, die fünfte, Kodaschim, von den Heiligthümern, die sechste, Tohoroth, von der Unreinigkeit und Reinigung.

Nun ist es sehr beachtenswerth, daß, so viele Rabbinen auch aus dem Zeitalter Jesu in der Mischna auftreten, doch Jesus nicht darunter ist; auch bezieht sich keiner der vielen mit ihren Behauptungen eingeführten Rabbinen auf Jesum oder auf irgend einen seiner Aussprüche; kurz, die Mischna erwähnt der christlichen Secte und ihres Stifters nirgends, wiewohl sie am See Genezareth, in der Stadt Tiberias, in der Gegend, wo Jesus gelebt und gewirkt hatte, verfaßt worden ist. Daraus muß man mit Recht schließen, daß Jesus unter seinen Zeitgenossen keine Bedeutung hatte und erst durch seine Secte zu einer wichtigen Person erhoben worden ist. Denn wäre er ein sehr bedeutender Gegner der pharisäischen Schule gewesen, von welcher der Talmud ausgegangen ist; so würden die Sammler des Talmud seiner und der Disputationen, welche die Pharisäer mit ihm führten, gewiß erwähnt haben; gegnerische Ansichten und Aussprüche werden im Talmud keineswegs unterdrückt, vielmehr werden Behauptungen und Einwendungen, Rede und Gegenrede auch von solchen Rabbinen, deren Ansichten für ketzerisch galten, überall sorgfältig nebeneinander gestellt, und es treten die widersprechendsten Meinungen auf.

Die Mischna wurde wiederum ein Gegenstand der Auslegung der Rabbinen. Die Sammlung der Aussprüche angesehener Rabbinen, welche die Mischna erklärten, nannte man Gemara, d. i. Beschluß, weil damit die Sammlung rabbinischer Aussprüche ihren Abschluß erhalten sollte. Diese Sammlung von Auslegungen der Mischna ist eine doppelte, eine **jerusalemische** und eine **babylonische**. Die **jerusalemische Gemara** entstand um 390 n. Chr. unter Aufsicht des Patriarchen von Tiberias und heißt die jerusalemische oder palästinensische, weil sie in Palästina zu Stande kam. Neben dem Patriarchat in Tiberias bestand noch ein zweites jüdisches Patriarchat in **Babylon**, das sich bis zum Jahr 1038 n. Chr. erhielt. Unter den babylonischen Juden und unter Aufsicht des Patriarchen zu Babylon entstand eine eigene Auslegung der Mischna, welche dort um das Jahr 500 n. Chr. gesammelt wurde und mit dem Namen **babylonische Gemara** bezeichnet wird. Die babylonische Gemara steht bei den heutigen Juden in größerem Ansehen, als die jerusalemische.

Sowohl die **jerusalemische** als die **babylonische Gemara** haben bei ihrer Auslegung von einzelnen Stellen der Mischna ein paar Mal Beziehungen auf **Jesum** und die **Apostel**, die wir hier ihrem Inhalte nach einführen*). Das Christenthum war zur Zeit, als die Gemara entstand, bereits herrschende Religion im römischen Reich geworden; und die Rabbinen konnten daher den jüdischen Stifter der neuen Religion nicht wohl mehr völlig ignoriren. Freilich entstand die jerusalemische Gemara erst um 400, die babylonische erst um 500 n. Chr., und es liegen also zwischen Jesus und diesen schriftlichen Notizen ein paar hundert Jahre, ein langer Zeitraum für die Sage, das wirklich Geschichtliche zu verwischen und zu verunstalten. Nachrichten über Jesum in der **Mischna**, die um 200 n. Chr. verfaßt ist und worin Rabbinen aus der Zeit Jesu selbst auftreten, würden von viel größerer Bedeutung sein; allein, wie bemerkt, wird Jesu und seiner Secte in der Mischna nirgends erwähnt. Es sollen nun die Stellen aus der Gemara folgen.

---

*) Die Stellen sind gesammelt in *Scheidii* loca talmudica, in quibus Jesu et discipulorum ejus fit mentio; ferner bei *Lardner*: Collection of the Jewish and Heathen testimonies of the christian religion, London 1764—1767, 4 Bde. 4. **Meelführer**: Jesus in Talmude. Altdorf 1699, 2 Bde. 4.

In der babylonischen Gemara zu den Tractaten Sanhedrin Fol. 107 und Sota Fol. 47 wird erzählt, der Rabbi Josua, Sohn des Parachias, sei, als der König Jannäus die jüdischen Rabbinen verfolgte, mit seinem Schüler Jesus nach Alexandrien in Aegypten geflohen; dort hätten sich Beide in der ägyptischen Magie unterweisen lassen. Auf der Rückreise nach Judäa seien Beide unterwegs von einer Frau sehr freundlich beherbergt worden. Rabbi Josua habe die Gastfreundschaft dieser Frau, als man die Weiterreise angetreten hatte, gelobt, worauf Jesus bemerkte, die Frau habe auch sehr wohlgeformte Augen. Da es nun den Rabbinen untersagt war, der Schönheit einer Frau ein Augenmerk zuzuwenden, so habe sich Rabbi Josua über diese Verletzung der rabbinischen Vorschrift auf Seiten seines Schülers so ereifert, daß er über Jesum den Bann ausgesprochen. Jesum seinerseits habe dieses Verfahren seines Lehrers so sehr beleidigt, daß er sich für immer von ihm getrennt und sich von nun an völlig der ägyptischen Magie ergeben habe. — Der Name Jesus ist das gräcisirte Josua; es wäre immerhin nicht unwahrscheinlich, daß Jesus einen Rabbi Josua oder Jesus zum Lehrer gehabt hätte, dessen Namen er angenommen. Daß Jesus seine Wunderkunst aus Aegypten geholt habe, behauptet auch, wie wir gesehen haben (vergl. Seite 54), der Philosoph Celsus. Derselbe hat diese Notiz jedenfalls von Juden erhalten, und da er sein Buch gegen die Christen um das Jahr 176 n. Chr. schrieb, so beweist dies, daß die Aussage der Gemara, Jesus habe (wie sein samaritanischer Zeitgenosse Simon Magus) in Aegypten Wunderkünste gelernt, sich auf eine Tradition unter den Juden gründet, die im zweiten christlichen Jahrhundert bereits bestand. Die von der Gemara angegebene Veranlassung zur Reise des Rabbi Josua mit seinem Schüler Jesus nach Aegypten ist erwiesenermaßen ungeschichtlich. Der jüdische König Alexander Jannäus hat allerdings die Pharisäer verfolgt; aber dieser König starb schon im Jahr 79 vor Chr. Geburt*). Es bedurfte jedoch für jüdische Rabbinen keiner Ver-

---

*) Die Pharisäer wollten nicht dulden, daß die königliche und hohenpriesterliche Würde in derselben Person vereinigt sei, wie dies bei Alexander Jan-

folgung, um sie zu einer Reise nach Aegypten zu veranlassen; Aegypten war damals die Heimath der Arzneikunde, der Magie und der mannigfaltigsten Wunderkünste, wohin sich viele Juden begaben, um in diesen Dingen unterrichtet zu werden und die erlangten Kenntnisse sodann als Wunderthäter und Heilkünstler zu verwerthen.

In der Mischna des Tractates Sabbath Fol. 104 wird verboten, sich auf seine Haut Zeichen zu ritzen. Die babylonische Gemara macht zu dieser Stelle die Bemerkung: „Hat nicht der Sohn des Stada (d. i. Jesus) die magischen Künste (nämlich wunderwirkende Worte und Sprüche) in seine Haut eingeritzt aus Aegypten mitgebracht?"

In der Mischna des Tractates Sanhedrin Fol. 43 wird gesagt, daß Derjenige, welcher der Steinigung schuldig befunden sei, unter Vortritt eines Herolds zum Richtplatz abgeführt werde; der Herold rufe seinen Namen aus und fordere Diejenigen, welche etwa zu Gunsten des Verurtheilten Zeugniß ablegen könnten, auf, sich zu melden. Hierzu bemerkt die babylonische Gemara: „Es besteht eine Tradition: Am Rüsttag des Sabbaths*) haben sie Jesum gekreuzigt. Vierzig Tage lang ging ein Herold vor ihm her, welcher die Worte ausrief: Er soll gesteinigt werden, weil er magische Künste getrieben, die Israeliten verführt und aufgeregt hat. Wer Etwas für seine Unschuld vorbringen kann, der komme und sage es! Da Nichts aufgefunden werden konnte, was seine Unschuld bewies, so haben sie ihn am Rüsttag des Passah (d. i. am Tage vor dem Passahfest) gekreuzigt."

Die Mischna des Tractates Sanhedrin behandelt Fol. 67 die Stelle 5. Mos. 13, 6, wo vorgeschrieben wird, Denjenigen eigenhändig zu tödten, der Einen zum Götzendienst verführen wolle.

---

näus, welcher der Familie der Makkabäer angehörte, der Fall war. Sie erregten daher unabläßig Aufstände gegen den König, die dieser mit Hülfe fremder Miethstruppen unterdrückte und blutig rächte. Nach dem Bericht des Josephus sollen in sechs Jahren bei diesen Kämpfen über 50,000 Juden ums Leben gekommen sein; in der Festung Bethome ließ er an einem Tage 800 kreuzigen.

*) die parasceues Sabbathi.

Die babylonische Gemara erzählt bei dieser Veranlassung, man habe in der Stadt Lydda in einem Nebenzimmer Jesum belauscht, wie er einen Juden zum Götzendienst überreden wollte; darauf habe man ihn am Vorabend des Passahfestes gekreuzigt. Daran schließt sich folgende unklare Notiz über die Eltern Jesu*): „Sie steinigten den Sohn des Stada in Lydda und kreuzigten ihn am Abend vor dem Passah. Dieser Sohn des Stada war der Sohn des Pandira. Rabbi Chasda sagte, der Mann seiner Mutter war Stada, ihr Mann war Pandira, ihr Mann war Papus, der Sohn Juda's. Aber ich behaupte, seine Mutter war Stada, nämlich Maria, die Haarkräuslerin, wie man in Pompedita sagt. Sie trennte sich von ihrem Manne." — Es zeigt sich hier, daß die Rabbinen über den Namen des Mannes der Maria nicht einig waren; er wird Stada, Pandira und Papus genannt; dagegen wird Stada auch für den Namen seiner Mutter erklärt.

Die jerusalemische Gemara zum Tractat Sabbath erzählt Folgendes: Ein Enkel des Rabbi Jose verschluckte etwas Giftiges. Man holte einen jüdischen Arzt herbei, der die Krankheit im Namen Jesu, des Sohnes des Pandira, beschwor**). Der junge Mensch fühlte sich sogleich besser. Als der Beschwörer aus dem Krankenzimmer kam, fragte ihn Rabbi Jose: Wie hast du ihn geheilt? Jener antwortete: Mit dem Namen Jesu, des Sohnes des Pandira. Darauf entgegnete Rabbi Jose: Es wäre ihm besser gewesen, zu sterben, als daß er diesen Namen vernommen hätte. Und wirklich starb der Knabe sogleich. — Die Erzählung könnte auf einem Factum beruhen. Da die Christen durch das Aussprechen des Namens Jesu Kranke zu heilen glaubten, so mögen wohl auch jüdische Beschwörer diesen Namen unter ihr Ver-

---

*) Sic fecerunt filio *Stadae* in Lud et suspenderunt eum *in vespera Paschatis* seu pridie diei Paschatis. Filius *Stadae* filius *Pandirae* est. Dixit Rabbi Chasda: Maritus seu procus matris ejus fuit Stada, iniens Pandiram ... Maritus Paphus filius Judae ipse est, mater ejus *Stada*, mater ejus *Maria plicatrix capillorum mulierum* erat, sicut dicimus in Pompedita. Declinavit haec a marito suo. Glossa. Ideo, quia scortata haec erat, vocabatur ita.

**) Venit itaque vir quidam et conjuravit ei in nomine *Jesu Panderini*.

zeichniß vermeintlich wunderthuender Worte und Formeln aufgenommen und Heilungen damit versucht haben. Daß der Kranke starb, wäre sehr natürlich, da die Beschwörung gegen das Gift nicht helfen konnte. Allein es scheint, die Erzählung ist eine reine Erfindung eines Rabbinen, um die Juden vor der Beschwörung auf den Namen Jesu zu warnen. Sehr bemerkenswerth ist es, daß Jesus hier Sohn des Pandira ohne allen gehässigen Nebenbegriff genannt wird; denn wenn ein Jude, oder, wenn man will, ein bekehrter Jude, ein Christ, der hier auch als Arzt gerufen worden sein könnte, auf den Namen Jesu, Sohn des Pandira, Teufel austreibt; so kann die Vaterschaft des Pandira für Jesum nichts Beschimpfendes haben sollen.

Auf die Wundercuren der Apostel nimmt die Gemara ein paar Mal Bezug, indem sie davor warnt, da sie den Geheilten der Verdammniß überlieferten. Zum Tractat Avoda Sara Fol. 27 erzählt die babylonische Gemara, der Sohn eines gewissen Dama sei von einer giftigen Schlange gebissen worden; man habe den Jacobus von Schechania (worunter ein Schüler Jesu verstanden wird) gerufen, um ihn zu heilen; der Rabbi Jsmael, Oheim des jungen Menschen, habe jedoch die Heilung durch einen Ketzer nicht zugelassen. Darauf sei der junge Mensch gestorben. Rabbi Jsmael aber habe die Leiche mit den Worten gesegnet: „Selig bist du, Sohn des Dama, weil dein Körper rein geblieben und auch deine Seele rein aus deinem Leibe gegangen ist." — Es scheint diese Erzählung nur eine andere Version der so eben erwähnten Geschichte in der Gemara zum Tractat Sabbath zu sein, wo ein junger Mensch durch die Beschwörung mit dem Namen Jesus, Sohn des Pandira, geheilt wird.

Die Gemara zum Tractat Sanhedrin Fol. 43 erwähnt fünf Schüler Jesu, die sie Matthai, Nakai, Nezer, Boni und Toda nennt. Sie sagt, dieselben seien von den Juden zum Tode geführt worden. Jeder von ihnen beruft sich zu seiner Vertheidigung auf eine alttestamentliche Stelle, wo sein Name genannt werde; die Juden führen dagegen aber eine andere Stelle an, welche verlangt, daß der Träger dieses Namens getödtet werden solle. Nakai z. B. beruft sich auf 2. Mos. 23, 7, wo gesagt wird:

„Einen Unschuldigen (naki) sollst du nicht tödten;" die Juden aber antworteten mit Psalm 10, 8: „Er erwürgt den Unschuldigen heimlich" u. s. f. — Der ganze Bericht ist ohne allen historischen Werth, eine Erfindung, um eine rabbinische Auslegungsspielerei anzubringen. Uebrigens ist es bemerkenswerth, daß der Apostel Jacobus in der Gemara auch ohne Tadel aufgeführt wird. Die babylonische Gemara zum Tractat Aboda Sara Fol. 16 läßt den Rabbi Elieser gegen den Rabbi Akiba bemerken, er sei einst auf einem Spaziergang dem Jacobus von Schechania, einem Schüler des Jesus von Nazareth begegnet, welcher ihm eine Auslegung der Stelle 5. Mos. 23, 18 gegeben, die ihm gefallen habe*).

Fragen wir uns nun, was ist aus diesen talmudischen Stellen für die Geschichte Jesu zu entnehmen, so lautet die Antwort: sehr Wenig! Das Leben Jesu war zur Zeit der Entstehung der Gemara den Juden so unbekannt, als den Heiden; ihre Tradition über die Persönlichkeit Jesu beschränkte sich auf wenige Punkte: 1) daß er außer der Ehe erzeugt gewesen sei, 2) daß sein Lehrer auch Josua oder Jesus geheißen habe, 3) daß er mit demselben in Aegypten gewesen, um sich in den ägyptischen Wunderkünsten unterrichten zu lassen, 4) daß er solche im alten Testament bei Todesstrafe verbotene Zauberkünste in Palästina geübt habe und deshalb am Vorabend des Passahfestes gekreuzigt worden sei. Von seiner Behauptung und der Lehre seiner Schüler, daß er eine Verkörperung des obersten Engels oder Sohnes Gottes gewesen sei, sagt der Talmud Nichts; nach der Aussage des Talmud ist er nicht wegen einer solchen Ueberhebung seiner Person, die, wenn sie sich nicht erwies, für eine todeswürdige Gotteslästerung galt, sondern wegen der Ausübung der Magie, die aus einer Verbindung mit einzelnen bösen Geistern oder mit ihrem Oberhaupt, dem Satan, ihre Kraft ziehen sollte, zum Tode verurtheilt worden. Im

---

*) Tradiderunt Rabbini . . . Tum Rabbi Eleazar ajebat: In memoriam mihi, o Akiba, revocasti, me aliquando spatiatum in foro superiori urbis Zipporis obvium habuisse aliquem ex discipulis *Jesu Nazareni*, cui nomen erat Jacobus, civis Caphar vel viri Saccaniensis, qui dicebat mihi etc.

neuen Testament tritt allerdings die Beschuldigung auch auf, daß
Jesus die Teufel mit Hülfe des obersten der Teufel austreibe;
allein im Verhör wird ihm dies nicht zum Anklagepunkt gemacht,
sondern die Behauptung, daß er der Sohn Gottes sei. Jesus
gesteht diese Behauptung sowohl im Synedrium als vor Pilatus
zu, und man kann nicht zweifeln, daß dieselbe auch die eigentliche
Ursache seiner Verurtheilung geworden sei. Wenn die Gemara
dies nicht sagt, so findet dieses Schweigen wohl in dem Umstand
seine Erklärung, daß Jesus wegen der damit verbundenen Gefahr
sich nur im Kreise seiner nächsten Freunde für den Gottessohn erklärte und von diesen seinen Ansprüchen im jüdischen Volke selbst
keine Sage ging.

Uebereinstimmend mit dem neuen Testament erklärt der Talmud, daß Jesus am Vorabend des Passahfestes gekreuzigt worden
sei. Diese Notiz haben die Verfasser der Gemara augenscheinlich
nicht aus dem neuen Testament geschöpft, mit welchem sie keine Be-
kanntschaft zeigen, sondern durch Tradition unter den Juden her-
aufgeerbt erhalten. Die Nachricht ist geschichtlich begründet, und
dieser Umstand gibt den anderweitigen Nachrichten der Gemara über
den Ursprung, die Eltern, den Lehrer Jesu und seinen
Aufenthalt in Aegypten immerhin einigen Anspruch auf
Beachtung, um so mehr, da das neue Testament selbst erzählt, die
Maria sei kurz vor ihrer Verheirathung mit Joseph schwanger befunden worden und ihr Verlobter Joseph habe sie deßhalb verlassen
wollen. Die apokryphischen Evangelien gehen noch näher auf diesen Gegenstand ein, als das neue Testament. Im Protevangelium
Jacobi, welches die Geschichte der Maria enthält, stickt die
Maria an einem Vorhang für den Tempel und empfängt, als sie
mit einem Becher aus ihrer Wohnung geht, um Wasser zu holen*).

---

*) Das Protevangelium Jacobi, dessen Verfassung man dem Jaco-
bus, Bruder Jesu, zuschrieb (der wahre Verfasser ist unbekannt), wurde von den
christlichen Gemeinden im Orient für das älteste erklärt und beim Gottesdienst wie
die anderen Evangelien gebraucht. Daselbst heißt es Kap. 10: „Die Priester
hielten einen Rath und sprachen: Wir müssen einen Vorhang für den Tempel des
Herrn machen. Und der Hohepriester sagte: Ruft mir hieher sieben unbefleckte

Joseph, ein alter Mann, dem sie zur Aufsicht übergeben ist, will sich, da ihm diese Schande widerfahren, heimlich davon machen, wird aber durch einen Engel belehrt, daß Maria vom heiligen Geist

Jungfrauen aus dem Stamme David's. Und die Diener gingen aus und fanden sechs. Und der Hohepriester erinnerte sich, daß Maria aus dem Stamme David's und unbefleckt sei. Und die Diener gingen und holten sie herbei. Und der Hohepriester führte sie in den Tempel des Herrn und sprach: Looset mir hier, welche die Goldfäden und den Asbest und die Baumwolle und die Seide und den hyacinthfarbenen, scharlachrothen und ächten Purpur spinnen soll. Und Maria erloose den scharlachrothen und ächten Purpur und sie nahm ihn und ging in ihre Wohnung. In jener Zeit verstummte Zacharias; Maria aber spann den Purpur." (Es möchte Beachtung verdienen, daß auch bei Celsus, wie wir oben gesehen, der Jude erklärt, die Mutter Jesu sei eine arme Frauensperson vom Lande gewesen, die sich mit Spinnen und Nähen ernährt habe.) Kap. 11: „Als Maria nun einen Becher nahm, um Wasser zu schöpfen: siehe, da sprach eine Stimme zu ihr: Sei gegrüßt, Begnadigte, der Herr ist mit dir, du bist gesegnet unter den Weibern! Und sie sah zur Rechten und zur Linken, woher diese Stimme käme. Erschrocken ging sie in ihre Wohnung zurück, stellte den Becher nieder, nahm wieder den Purpur, setzte sich auf ihren Stuhl und spann. Und siehe, ein Engel des Herrn trat vor sie und sprach zu ihr: Fürchte dich nicht, Maria; denn du hast Gnade vor Gott gefunden und wirst von seinem Worte schwanger werden. Da Maria dies gehört hatte, überlegte sie es bei sich und sprach: Wenn ich schwanger werde, soll es in der Weise geschehen, wie jede Frau empfängt? Und der Engel des Herrn sprach zu ihr: Nicht also, Maria, sondern die Kraft des Höchsten wird dich überschatten; deshalb wird auch der heilige Sprößling ein Sohn des Höchsten genannt werden und du wirst seinen Namen Jesus (Retter) nennen; denn er wird sein Volk von den Sünden erretten. Und Maria sprach: Siehe, ich bin die Magd des Herrn; es geschehe mir nach deinem Worte." Kap. 12: „Und sie verfertigte den Purpur und den Scharlach und brachte ihn dem Hohenpriester, und dieser segnete sie und sprach: Maria, dein Name wird unter allen Geschlechtern der Erde verherrlicht werden und du wirst gesegnet sein vor dem Herrn. Erfreut ging Maria zu ihrer Freundin Elisabeth und klopfte an die Thüre..... Sie blieb aber drei Monate bei der Elisabeth und kehrte in ihre Wohnung zurück. Von Tag zu Tag aber wuchs ihr Leib und sie verbarg sich vor den Söhnen Israels. Sie war aber fünfzehn Jahr alt, als diese Mysterien geschahen." Kap. 13: „Es war aber der sechste Monat. Und Joseph kam von seinen Bauten und ging in sein Haus und fand die Maria schwanger und zerschlug sich das Angesicht und warf sich auf die Erde und jammerte, indem er sprach: Mit welchem Angesicht soll ich zu dem Herrn, meinem Gott, aufsehen? Was soll ich über dieses Mädchen sagen, daß ich sie als Jungfrau aus dem Tempel des Herrn erhalten und sie nicht bewacht habe? Wer hat mich betrogen? Wer hat diese Uebelthat in meinem Hause begangen?" u. s. w.

empfangen habe. Ein Schreiber der Synagoge bemerkt die
Schwangerschaft der Maria, er klagt den Joseph als Verführer an,
Joseph und Maria betheuern ihre Unschuld. Sie müssen das Rei=
nigungswasser trinken und werden freigesprochen. In dem Evan=
gelium Nicodemi, einer sehr alten christlichen Schrift, die sich
auf die sogenannten Acta Pilati gründet, welche schon dem Kirchen=
vater Justinus Martyr (geb. 89, gestorben 163 n. Chr.) bekannt
waren, wird Jesu von den Juden beständig der Vorwurf gemacht,
daß er außer der Ehe erzeugt sei*).

Ueber den Vater Jesus bringt die Gemara verschiedene Na=
men: Stada, Pandira, Papus. Ein Rabbine behauptet
Stada sei der Name seiner Mutter gewesen, nämlich der Maria,
der Haarkräuslerin; als Haarkräuslerin, als eine Frauens=
person, die sich mit dem Frisiren jüdischer Frauen ernährt habe,
wird die Maria in der Gemara ein paar Mal bezeichnet**); der

---

*) Im Evangelium Nicodemi untersucht Pilatus daraufhin, ob
Jesus außer der Ehe erzeugt sei; dies ist natürlich ungeschichtlich; denn auf einen
solchen Anklagepunkt hätte sich der Landpfleger nicht eingelassen, und die Juden
wären auch nicht so unverständig gewesen, denselben vorzubringen. Aber beach=
tungswerth ist es, daß auch hier diese Beschuldigung der Juden beständig hervor=
tritt. So heißt es z. B. Kap. 2: „Einige der anwesenden Juden sagten freund=
lich: Wir behaupten nicht, daß er außerehelich erzeugt sei; denn wir wissen, daß
Maria mit Joseph verlobt war; er ist nicht außerehelich geboren. Pilatus
spricht hierauf zu den Juden, welche behaupteten, er sei außer der Ehe erzeugt: Eure
Rede ist nicht wahr; es hatte eine Verlobung stattgefunden, wie eure eigenen Lands=
leute aussagen. Darauf entgegnen Annas und Caiphas dem Pilatus: Das ganze
Volk schreit es, daß er außer der Ehe erzeugt sei, und du willst es nicht glauben?
Jene, die es leugnen, sind Proselyten und seine Schüler. ... Und Pilatus wandte
sich an die zwölf Männer, welche behauptet hatten, daß er nicht unehelich erzeugt
sei, und sprach: Ich beschwöre euch bei dem Wohle des Kaisers, ob es Wahrheit ist,
daß er nicht unehelich erzeugt ist? Sie antworteten dem Pilatus: Wir haben ein
Gesetz, nicht zu schwören; denn es ist Sünde. Jene mögen schwören, daß unsere
Aussage falsch sei; dann sind wir des Todes schuldig. Spricht Pilatus zu Annas
und Caiphas: Antwortet ihr Nichts hierauf? Annas und Caiphas erwidern:
diese Zwölfe glauben, er sei nicht unehelich erzeugt; wir, das ganze Volk, sagen,
daß er ein außerehelicher Sohn und ein Zauberer ist, und daß er sich selbst einen
Sohn Gottes und König nennt, was wir nicht glauben" u. s. w.

**) נשיא מגדלא Vgl. *Scheidii* loca talmud. p. 3; *Othon*. lex. rabb
p. 411; *Lightfoot*, hor. hebr. p. 270.

Jude bei Celsus erklärt, sie habe mit Nähen und Spinnen ihren
Unterhalt erworben; beiden Nahrungszweigen könnte sie sich wohl
nebeneinander gewidmet haben. Da in diesen Beschäftigungen
durchaus nichts Entehrendes liegt, auch das neue Testament aner-
kennt, daß die Eltern Jesu unbemittelt gewesen seien; so kann
nicht angenommen werden, daß diese talmudische Angabe des Lebens-
erwerbes der Maria aus der Gehässigkeit der Juden ihren Ursprung
ziehe; sie möchte wohl historisch sein. Was die Namen Pandira
und Papus anlangt, so gibt das Büchlein Toldoth Jeschu die
Erklärung, daß Papus der angetraute Mann, Pandira aber
der Verführer der Maria gewesen sei, mit welchem sie gelebt habe,
nachdem sie auf sein Zureden ihren Mann verlassen hatte. Wie
wir oben gesehen haben, behauptet der Jude bei Celsus, Maria
sei mit einem Zimmermann verlobt gewesen, aber von demselben
verstoßen worden, nachdem er erfahren, daß sie mit einem Soldaten
Panthera Umgang habe und von ihm schwanger sei. Im Büchlein Toldoth Jeschu heißt dieser Panthera Joseph Pandira.
Man hat diesen Namen Pandira, welcher Geißel bedeutet*),
für eine von den Juden aus Haß erfundene Benennung des Vaters
Jesu erklärt; allein er ist allerdings ein jüdischer Name und kommt
schon 2 Targum Esth. 7 als Eigenname vor.

Es wird entgegnet, wäre dieser Vorwurf der Juden, daß Jesus
außer der Ehe erzeugt sei, gegründet, so müsse er Jesu auch schon
im neuen Testament von den Juden gemacht werden. Darauf ist
aber zu bemerken, daß die Juden diesen Umstand wohl erst hervor-
hoben, als die Christen anfingen, aus der Geburt Jesu von einer
Jungfrau eine göttliche Abstammung, eine übermenschliche Natur
Jesu, die Würde eines danielischen Messias, obersten Engels und
Gottessohnes, herzuleiten. Jesus selbst konnte in seinen öffentlichen Vorträgen und vor dem jüdischen Volke seine Persönlichkeit
nicht in solcher Weise erheben; er würde dadurch in jedem Städt-
chen das Synagogengericht gegen sich in Thätigkeit gebracht und
sich der Anklage der Gotteslästerung ausgesetzt haben; nur in dem
nächsten Kreise seiner Anhänger durfte er es wagen, Andeutungen

*) מנדורה.

zu geben, welche dieselben auf eine so hohe Meinung von ihm bringen sollten. Uneheliche Geburten waren unter den Juden so zahlreich, als anderwärts: man konnte zumal in einem Lande, wo die Vielweiberei gestattet war, wo sich Jeder neben seinen eigentlichen Frauen so viele Kebsweiber beilegte, als er wollte, und die heiligen Erzväter, Abraham, Isaak, Jacob u. s. f. selbst mit solchem Beispiel vorangegangen waren, in eine uneheliche Geburt keinen besonderen Makel setzen. Nach den Schilderungen des Josephus war der Sittenzustand unter den Juden zur Zeit Jesu ganz und gar nicht darnach angethan, daß sie aus einer unehelichen Geburt einen besonderen Vorwurf hätten machen können; auch Tacitus*) erklärt die Juden jener Zeit für ein äußerst wollüstiges Volk, das zwar den fleischlichen Verkehr mit Fremden (den Heiden) meide, unter sich selbst aber Nichts für unerlaubt halte.

Nun ist es allerdings an und für sich ganz gleichgültig, ob Jesus in oder außer der Ehe erzeugt sei. Die bürgerliche Gesetzgebung verlangt zwar wegen der Erziehung der Kinder mit Recht die Ehe; aber die Natur kennt diese Vorschrift nicht; sie macht eine außerehelichen Beiwohnung eben sowohl fruchtbar, als eine eheliche, und gibt den unehelichen Kindern dieselben menschlichen Vorzüge an Körper und Geist, wie den ehelichen; ja man will sogar beobachtet haben, daß sie dieselben bevorzuge, was aus natürlichen Ursachen sehr erklärlich wäre. Jesus möchte daher auch außerehelich erzeugt sein, so könnte dies seiner Ehre und Würde vor unbefangen denkenden Menschen nicht den geringsten Eintrag thun. Allein die Frage verlohnt sich insofern einer näheren Untersuchung, weil seine ersten Anhänger behaupteten, er habe gar keinen menschlichen Vater gehabt, sei vielmehr von Gott unmittelbar mit einer jüdischen Frauensperson erzeugt worden, und dieser allem vernünftigen Denken auf das Entschiedenste widerstrebende Glaube selbst noch unserem gebildeten Zeitalter aufgenöthigt werden will. Es wäre nun allerdings möglich, daß die Behauptung der ersten Christen, die Maria sei als Jungfrau von dem heiligen Geist überschattet wor-

---

*) *Tacit.* hist. V, 5: Projectissima ad libidinem gens, alienarum concubitu abstinent, inter se nihil illicitum.

den, unter ihren Gegnern die Sage ohne weiteren historischen Grund hervorgerufen hätte, Maria habe eben vor ihrer Verheirathung mit einem Anderen zu thun gehabt; allein auf der anderen Seite könnte ebensowohl der Umstand, daß Maria mit Jesu bereits vor ihrer Verheirathung schwanger ging, benützt worden sein, um die Behauptung Jesu, daß er der vom Himmel gekommene danielische Messias, der Gottessohn, sei, durch die Versicherung zu stützen, seine Mutter habe ihn schon vor ihrer Verehelichung mit Joseph vom heiligen Geist empfangen. Daß Gott oder der heilige Geist mit einer jüdischen Jungfrau einen Sohn erzeugt habe, werden heut zu Tage nur wenige gebildete Menschen mehr glauben; man wird daher nothwendig nach einem menschlichen Vater suchen müssen. Jesus könnte also entweder in ordentlicher Ehe von Joseph und der Maria erzeugt und seine Empfängniß durch den heiligen Geist nur eine Dichtung der ersten Christen sein, die sodann unter den Juden die Sage von seiner außerehelichen Erzeugung hervorgerufen hätte: oder er müßte aus einem außerehelichen Umgang entsprungen sein, dem sich Maria als Verlobte des Joseph hingegeben hätte. Man kann nicht läugnen, daß die letztere Meinung durch das neue Testament selbst, welches erzählt, daß Joseph die Maria habe verlassen wollen, als sich ihre Schwangerschaft gezeigt habe, eine Stütze erhält. Da im neuen Testament noch Brüder und Schwestern Jesu, als Kinder Joseph's und der Maria, erwähnt werden, so müßte man sich das Verhältniß so vorstellen, daß Joseph, der aber wohl selbst der Vater gewesen sein könnte, die Maria, während sie schwanger war, geheirathet und in der Folge noch weitere Kinder mit ihr erzeugt habe. Die jüdische Sage bei Celsus, daß sie ihren Mann, den Zimmermann, verlassen und mit einem Soldaten Pandira gelebt habe, zeigt sich dadurch als unrichtig, daß die Juden im neuen Testament wiederholt erklären: „Ist dieser nicht der Sohn des Zimmermanns? Heißt nicht seine Mutter Maria und seine Brüder Jacobus und Joses und Simon und Judas? Und sind nicht alle seine Schwestern bei uns? Woher hat er nun dies Alles*)?" Joseph hat vielleicht eigentlich Pan-

---

*) Matth. 13, 55; Marc. 6, 3; Luc. 4, 22.

Dira geheißen; die christliche Sage hat diesen Namen vielleicht in Joseph umgewandelt, weil die Israeliten, nämlich die zehn Stämme, wozu Galiläa gehörte, von dem ägyptischen Joseph her das Haus Joseph's hießen und Galiläa seinen eigenen Messias, Sohn Joseph's genannt, haben sollte, von welchem man glaubte, daß er zur Entsündigung der Juden den Tod erleiden müsse, worauf sodann erst der eigentliche Messias, Sohn David's, aus dem Stamm Juda erscheinen werde. Im Büchlein Toldoth Jeschu heißt der Vater Jesu Joseph Pandira. Dort entführt derselbe die Maria ihrem rechtmäßigen Manne, welcher Papus heißt und in Jerusalem wohnt, und lebt mit der Maria, wie mit einer angetrauten Frau, in seiner Vaterstadt Nazareth. Nach dieser Sage müßte also der im neuen Testamente erwähnte Zimmermann Joseph der Verführer der Maria gewesen sein. Eigenthümlich ist es freilich, daß im neuen Testament immer nur die Mutter und Geschwister Jesu auftreten und Joseph gleich nach der Wanderung mit dem zwölfjährigen Jesus völlig aus der Geschichte verschwindet; aber wenn die Maria mit einem anderen Mann, als dem Joseph gelebt hätte, so könnten die Evangelien doch nicht ihre Söhne und Töchter als Kinder des Zimmermanns bezeichnen. Die Ursache, warum in den Evangelien immer nur die Mutter Jesu mit ihren Kindern auftritt und ihr Mann Joseph von der Geburt Jesu an völlig verschollen ist*), möchte in einem frühzeitigen Tode des Joseph zu suchen sein. Uebrigens darf nicht unbemerkt gelassen werden, daß der jüdische Volksglaube zur Zeit Jesu einer Erzeugung ohne menschlichen Vater, durch den heiligen Geist, nicht bedurft hätte, um es glaubwürdig zu finden, daß in

---

*) Die Reise des zwölfjährigen Jesus mit seinen Eltern nach Jerusalem erwähnt nur ein einziger Evangelist, Lucas, Kap. 2, 41. Die Erzählung ist wahrscheinlich eine Dichtung, um auch Jesus schon im zwölften Jahre Proben eines besonderen Verstandes ablegen zu lassen (wie dies von Moses, Samuel, Salomo gesagt wurde), indem der Verfasser den Knaben mit den jüdischen Schriftgelehrten im Tempel disputiren läßt. Der Name des Vaters Jesu wird bei dieser Gelegenheit nicht genannt. Maria sagt nur: „Ich und dein Vater haben dich mit Bekümmerniß gesucht." Der Name Joseph kommt, außer bei der Geschichte von der Geburt Jesu, im ganzen neuen Testament nirgends mehr vor.

Jesu ein übermenschlicher Geist wohne. Die Juden hatten, wie die übrigen Orientalen, den Glauben, daß die Seelen der Menschen nicht von den Eltern erzeugt würden, sondern von Ewigkeit her bestünden und bei der Begattung oder in der Mitte der Schwangerschaft, wo das Kind anfing, Leben zu zeigen, sich mit dem neuen Körper vereinigten. Ja man glaubte sogar, daß sich mit einem bereits beseelten Menschen eine zweite Seele vereinigen könnte*). Die Seele, welche einen Körper aufsuchte, war nicht immer eine solche, die noch nicht auf Erden gelebt hatte, sondern die Seelen der Abgeschiedenen hatten, nach dem Glauben der Juden, dieselbe Neigung und Fähigkeit, sich mit neuen Körpern zu verbinden; daher war man der Meinung, die Seelen angesehener Rabbinen seien die wiederum in einem Leibe erschienenen Seelen alttestamentlicher Propheten**). Da nun zu Jesu Zeiten unter den Juden auch der aus der persischen Religion stammende Glaube Geltung hatte, daß von Gott eine Reihe von Geistern oder Engeln ausgeströmt sei, die sich in einer Stufenfolge bis auf die Menschenseelen herab erstrecke; so war man auch der Meinung, es könne eine solche höhere Seele, ein **Engel**, in einem menschlichen Körper Wohnung nehmen, und die ersten Christen konnten daher auch behaupten, in Jesu habe der **höchste Engel, der Sohn Gottes**, gewohnt. Demnach hatten also die ersten Anhänger Jesu eigentlich nicht nöthig, ein höheres Wesen Jesu aus einer Entstehung ohne menschlichen Vater durch den heiligen Geist abzuleiten; das Johannesevangelium und die gnostischen Secten unter den ersten Christen kennen auch eine solche Entstehung nicht, sondern lehren, mit dem natürlich erzeugten Menschen Jesus habe sich erst bei der Taufe durch Johannes der höchste Engel, Sohn Gottes oder Christus vereinigt***). Wenn nun in

---

*) Vergl. Alm, theologische Briefe, Band II. Seite 898.
**) Matth. 18, 13: „Als aber Jesus in die Gegend von Cäsarea Philippi gekommen war, fragte er seine Jünger: Wer sagen die Leute, daß ich, der Menschensohn, sei? Sie sprachen: Etliche sagten, du seiest (der wiedergekommene) Johannes der Täufer, Andere Elias, noch Andere Jeremias oder einer der Propheten. Er sagte zu ihnen: Ihr aber, wer sagt ihr, daß ich sei? Da antwortete Simon Petrus und sprach: Du bist der Christus, der Sohn des lebendigen Gottes."
***) Ueberhaupt war dies die Lehre der palästinensischen Judenchristen, welche

den ersten Kapiteln des **Matthäus** und **Lucas** gleichwohl (nach einer besonderen kleinen Schrift über die Geburt Jesu) eine Geschichte erzählt wird, daß Maria kurz vor ihrer Verheirathung mit Joseph schwanger befunden worden sei, daß Joseph sein Verhältniß zu ihr deßhalb habe aufgeben wollen, daß er sich aber zur Ehelichung verstanden habe, weil er erfahren, daß die Empfängniß durch den heiligen Geist geschehen sei: so möchte man nur um so mehr zu dem Glauben veranlaßt werden, daß die jüdische Sage von einem außerehelichen Umgange der Maria auf eine richtige Spur führe.

Die Gemara bezeichnet als den Lehrer Jesu den Rabbi **Josua**, Sohn des **Parachias**. Da jeder jüdische Jüngling, der sich zum Rabbinen bilden wollte, sich einen Rabbinen als Lehrer aussuchte; so kann es keinem Zweifel unterliegen, daß auch **Jesus** einen Rabbi zum Lehrer hatte, dem er sich anschloß. Wenn die Gemara diesen Lehrer **Josua** (gräcisirt Jesus) nennt, so ist diese Nachricht durchaus nicht unglaubwürdig. Der Talmud berichtet weiter, daß Josua mit seinem Schüler Jesus nach **Alexandrien** in **Aegypten** gereist sei, um sich in der ägyptischen Magie unterrichten zu lassen. Aegypten galt für die Heimath der Magie und der Wunderkünste; es lebten sehr viele Juden daselbst; in Alexandrien, der berühmten Hauptstadt des Landes, bestand die Hälfte der Bevölkerung aus Juden. Viele Juden, die damals ebenso, wie die Aegypter selbst, im römischen Reich herumzogen, um sich als Wunderthäter, namentlich durch Wunderkuren und Mittheilung von Beschwörungsformeln (Geld zu verdienen*), reisten des Unterrichts wegen dahin; auch der samaritanische Messias **Simon**, mit dem Beinamen der Magier, ein Zeitgenosse Jesu, dessen Lehrer **Dositheus** der größte (Eiferer für das mosaische Gesetz war**), hatte sich, nachdem er den Unterricht des Dositheus genossen, nach Aegypten begeben, um die Künste der ägyptischen Wunderthäter zu erlernen, und war sodann

---

man nach der Zerstörung von Jerusalem mit dem Sectennamen der Ebioniten (d. i. der Armen) bezeichnete. *Epiphan.* haeres. XVIII.

*) Apostelgesch. 19, 13 f. *Joseph.* antiqu. VIII, 2, 5.

) Schon **Dositheus wollte für den Messias gelten. Orig. contr. Cels. 1: „In den Tagen Jesu wollte der Samaritaner Dositheus die Samaritaner überreden, daß er der von Moses geweissagte Christus sei."

mit den Ansprüchen, der Messias und Gottessohn zu sein, unter den Samaritanern, die ihn auch fast sämmtlich als Sohn Gottes verehrten, aufgetreten *). Nach der Aussage des Juden bei Celsus wäre die Veranlassung, welche Jesum nach Aegypten gebracht hätte, die Hülflosigkeit seiner Mutter gewesen; er hätte sich in Aegypten als Knecht verdingen müssen, bei dieser Gelegenheit einige von den geheimen ägyptischen Künsten gelernt und wäre sodann damit in Galiläa als Wunderthäter und Messias aufgetreten. Diese letztere Nachricht ist jedenfalls eine gehässige Erfindung; dagegen möchte die Notiz der Gemara, daß Jesus mit seinem Lehrer Josua nach Aegypten gereist sei, allerdings geschichtlich sein, da auch die neutestamentliche Erzählung Jesum, freilich als Kind, nach Aegypten bringen und von da nach Nazareth zurückkommen läßt.

Die magischen Künste, welche Aegypter und Juden betrieben, waren von zweierlei Art. Die einen beruhten auf der Meinung, es gebe geheimnißvolle Worte und Formeln, wodurch man eine wunderbare Wirkung auf die Natur äußern, Kranke heilen, böse Geister vertreiben, Unglück abwenden, glückliche Ereignisse herbeiführen könne. Diese Art Magie war auch bei den Pharisäern in Uebung, unter den Juden gesetzlich erlaubt und an der Tagesordnung. Jesus selbst hat sie, wie aus dem neuen Testament hervorgeht, geübt. Der christliche Kirchenvater Justinus Martyr (ein Samaritaner, gestorben 163 n. Chr.) sagt in seinem Gespräch mit dem Juden Tryphon, Kap. 85: „Wenn ihr Juden bei dem Namen irgend eines eurer Könige, Heiligen, Propheten oder Patriarchen böse Geister beschwört, so gehorchen sie euch nicht; wenn ihr es aber bei dem Namen des Gottes Abraham's, Isaak's und

---

*) Die zweite clementinische Predigt sagt von ihm: „Nachdem sich Simon, der Magier, in Alexandrien eingeübt und große Kenntnisse in der Zauberei erlangt hatte, wurde er hochmüthig, wollte für die höchste Kraft Gottes gelten, und nannte sich manchmal den Stehenden (von der Wolkensäule im alten Testament, welche eine Umhüllung des Sohnes Gottes gewesen sein sollte), um anzudeuten, daß er der Christus sei." — *Justin.* Mart. apolog. I: „Fast alle Samaritaner, von den übrigen Völkern aber nur wenige, erklären den Simon für den ersten Gott und fallen vor ihm nieder." — Simon Magus wird auch in der Apostelgeschichte Kap. 8 erwähnt.

Jacob's thut, so gehorchen sie euch vielleicht;" dagegen rühmt Justinus sodann, daß die Christen nur bei dem Namen Jesu die bösen Geister beschwören, worauf dieselben auch sogleich wichen. Jesus selbst sagt zu den Pharisäern Matth. 12, 27: „Wenn ich die Teufel durch Beelzebub (den obersten der Teufel) austreibe: durch Wen treiben denn eure Schüler dieselben aus?" Josephus erzählt *), der König Salomo habe die geheimen Kräfte der Pflanzen, Steine und Thiere, welche auf die Menschen eine Wirkung äußern können, genau gekannt. „Gott verlieh diesem König," sagt er, „auch die Wissenschaft gegen die bösen Geister (Dämonen) zum Nutzen und zur Heilung der Menschen. Er machte Sprüche, durch welche Krankheiten geheilt werden, und hinterließ Beschwörungsformeln, mit denen man die Dämonen fesseln und auf immer austreiben kann. Diese Art zu heilen ist noch bis auf den heutigen Tag in Uebung **)." Wenn Jesus Matth. 17, 21 bezüglich eines bösen Geistes, den die Jünger nicht austreiben konnten, bemerkt: „Diese Art fährt nur durch Gebet und Fasten aus;" so beweist er, daß er die Ansichten der jüdischen Rabbinen, welche verschiedene Klassen der Dämonen annahmen und für jede Art ihre besonderen Beschwörungsformeln hatten, vollkommen theilte. Es wäre daher recht wohl möglich, daß Jesus nach Aegypten gereist wäre, theils um die wunderwirkenden Formeln, welche die ägyptischen Juden gebrauchten, kennen zu lernen und auf diese Weise den Schatz solcher Formeln, den ihm die Gelehrsamkeit seiner paläsinensischen Rabbinen geboten hatte, zu vermehren, theils auch um überhaupt in die Arzneiwissenschaft der Aegypter, bei denen eine besondere Abtheilung der Priester sich seit vielen Jahrhunderten mit diesem Zweige des Wissens speciell zu beschäftigen hatte, eingeweiht zu werden. Das neue Testament, welches von der Lebensgeschichte Jesu bis zum dreißigsten Jahre Nichts erwähnt, stellt dieser

---

*) *Joseph.* antiqu. VIII, 2, 5.

**) Auch von den ersten Christen sagt der heidnische Gegner Celsus (bei Origenes contr. Cels. VI): „Ich habe bei einigen Aeltesten der Christen Bücher angetroffen, worin Namen von Geistern und Beschwörungsformeln eingezeichnet waren."

talmudischen Behauptung eines Aufenthaltes Jesu in Aegypten kein
Hinderniß entgegen. Es wäre auch möglich, daß Jesus daselbst,
um seinen Lebensunterhalt zu verdienen, sein Zimmermannshand-
werk betrieben hätte, und daß die Sage bei Celsus, Jesus habe
in Aegypten als Knecht gedient, von daher ihren Ursprung zöge.
Ein Handwerk betrieben die meisten Rabbinen neben ihrer Beschäf-
tigung mit der jüdischen Theologie, auch die berühmtesten; der gefeierte Rabbi Hillel, aus dessen Schule Jesus hervorging, arbeitete
lange Zeit als Taglöhner; im Talmud werden viele Rabbinen durch
Angabe ihres Handwerkes: „der Gerber," „der Schmied" u. s. w.
näher bezeichnet.

Die zweite Art der Magie bestand in Taschenspielerkünsten,
wobei der Wunderthäter nicht aufrichtig zu Werke ging, wie bei der
Anwendung von Beschwörungsformeln, an deren Kraft er selbst
glaubte, sondern durch verschiedene Mittel und Kunstfertigkeiten
Wirkungen hervorbrachte, die das Volk als Wunder anstaunte, deren
natürliche Ursachen er selbst aber sehr wohl kannte. Celsus spricht
von derartigen Wunderkünsten bei Origenes contr. Cels. im ersten
Buche. „Alle Wunderwerke Jesu," sagt er, „sind nicht besser, als
die Werke der Zauberer, die stets sich rühmen, noch größere Dinge
ausführen zu können, oder als die Taschenspielerstücke der Leute, die
der ägyptischen Künste kundig sind und um wenige Heller auf den
Märkten ihre ganze Wissenschaft feil bieten, böse Geister aus den
Leibern der Menschen treiben, die Krankheiten wegblasen, die Seelen
verstorbener Menschen erscheinen lassen, Tische hervorzaubern, die
mit den schönsten und angenehmsten Speisen besetzt scheinen, obgleich
in Wirklichkeit Nichts darauf vorhanden ist, Bilder der Thiere in
Bewegung setzen, wie wenn sie lebendig wären: müssen wir denn
dieser Werke wegen glauben, daß solche Leute Söhne Gottes seien,
oder müssen wir nicht vielmehr sagen, daß dergleichen Werke Betrügereien gottloser und böser Menschen sind?" — Von Simon
Magus werden in den dem christlichen Kirchenvater Clemens Romanus (gestorben um das Jahr 100 n. Chr.) zugeschriebenen Re-
cognitionen dergleichen Wunder erzählt; er soll durch die Luft ge-
flogen, durch Feuer, Berge und Mauern gegangen sein, sich von
hohen Felsen herabgestürzt haben, ohne Schaden zu nehmen, aus

Steinen Brod gemacht, Bäume und verschiedene andere Dinge hervorgezaubert, Bildsäulen belebt haben u. dgl. Allein auf Jesum findet diese zweite Art der Magie keine Anwendung. Wir finden in den Evangelien nicht, daß er dergleichen Kunststücke geübt habe. Die Wunder, welche an ihm geschehen sein sollen, sind nicht von der Art, daß er sie selbst ausführen konnte; dieselben sind pure Dichtungen der christlichen Sage zu seiner Verherrlichung; es ist Derartiges überhaupt Nichts geschehen; die jüdischen Zeitgenossen, die Tausende von Griechen und Römern, welche zu Jesu Zeiten in Palästina lebten, haben von diesen Erscheinungen, die das ganze Judenland hätten in Aufregung bringen und zu Jesu bekehren müssen, nicht das Geringste wahrgenommen. War also Jesus in Aegypten, so ist er in der redlichen Absicht dahin gegangen, seine Kenntnisse in der Heilkunde zu vermehren, wozu auch geheime Worte und Formeln gehörten, denen man eine Wunderkraft gegen die bösen Geister, welche die Krankheiten verursachen sollten, zutraute. Diesem Irrthum seiner Zeit unterlag auch er; und wenn er noch außerdem in der Selbsttäuschung befangen war, daß die Seele des Gottessohnes in ihm Wohnung genommen, wozu ihn gleichfalls die Zeitvorstellung veranlaßt hatte, daß die Seelen nicht mit dem Körper erzeugt würden, sondern von außen herbei kämen und daß auch höhere Geister, die Seelen der Engel, von menschlichen Körpern Besitz nähmen; so steht doch sein Charakter nach der ganzen evangelischen Geschichte zu hoch, als daß man glauben dürfte, er habe dieser Selbsttäuschung vor dem Volke durch betrügerische Wunder Geltung zu verschaffen gesucht.

Das Buch Toldoth Jeschu.

Im dreizehnten christlichen Jahrhundert ist den Christen eine kleine, auch unter den Juden bisher geheim gehaltene, hebräische Schrift bekannt geworden, welche den Titel Toldoth Jeschu, Geburt oder Geschichte Jeschu, führt. Es existiren von diesem Schriftchen zwei verschiedene Versionen, Bearbeitungen eines älteren Grundtextes, der nicht auf uns gekommen ist. Der Name Jesus,

welcher im Hebräischen Josua oder Jehoschua (d. i. der Herr
wird heilen) oder abgekürzt Jeschua heißen sollte, ist in beiden
Versionen, wie dies bei den Juden gewöhnlich war, um dem Namen
des Stifters der christlichen Religion eine gehässige Deutung zu
geben, mit Wegwerfung des a von dem Worte Jeschua auf Jeschu
verkürzt, was die Anfangsbuchstaben von hebräischen Wörtern sind,
welche bedeuten: Sein Gedächtniß werde ausgelöscht. Wer der
Verfasser dieses Schriftchens und die Bearbeiter der beiden Ver=
sionen seien, ist unbekannt. Wir führen es hier an wegen der Er=
läuterung, welche dasselbe der talmudischen Sage von der Geburt
Jesu gibt. Die Tradition unter den Juden hierüber, welche das
Büchlein, freilich ohne weitere historische Basis, als sie ihm der Tal=
mud gewährt, und nach eigenem Gutdünken der Verfasser, in einer
längeren Erzählung ausgeführt hat, ist sehr alt; sie findet sich, wie
wir gesehen, nicht blos in der Gemara, sondern schon bei Celsus,
und auch schon der Kirchenvater Justin der Märtyrer (gest. 163
n. Chr.) spricht von Schmähschriften der Juden gegen Jesum*).
Im Uebrigen zeigt der Inhalt des Büchleins Toldoth Jeschu, daß
die beiden Versionen, welche davon existiren, wenn auch ihre Tradi=
tion älter ist, doch erst in einer Zeit geschrieben wurden, wo in Rom
bereits das Papstthum blühte. Die Verfasser sind mit der Geschichte
in den Evangelien bekannt. Sie richten sich dieselben, ohne alle
geschichtliche Berechtigung (denn sie wissen von der eigentlichen Ge=
schichte Jesu außer der Tradition über die Geburt gar Nichts) nach
Belieben zu, erzählen pure Fabeln, benützen die Sage von der
außerehelichen Geburt Jesu, um den Stifter der christlichen Religion
herabzuwürdigen, und die zweite Version des Textes will diesen
vermeintlichen Makel auf eine recht gehässig jüdische Weise noch
dadurch vergrößern, daß sie die Maria Jesum „während ihrer Un=
reinigkeit" empfangen läßt. Es verlohnt sich nicht der Mühe, diese,
wenn auch kurzen Schriftchen vollständig hier einzurücken; wir geben
nur einzelne Stellen wörtlich, namentlich die, welche sich auf die
Geburt Jesu beziehen, weil sie die talmudische Tradition weiter aus=
führen und in dieser Beziehung einige Beachtung verdienen, wie=

---

*) *Justin*. M. dialogus cum Tryph. cap. 17 et 108.

wohl sich die beiden Versionen in Bezug auf ihre Angaben nicht
unwesentlich widersprechen; denn in der von uns zuerst angeführten
Version wird die Maria ihrem Manne Papus von Joseph
Pandira entführt und lebt fortan mit letzterem; in der zweiten
Version bleibt sie unverheirathet, nachdem sie ihr Verlobter Jocha=
nan, der erfahren, daß sie mit dem Joseph Pandira Umgang ge=
habt und schwanger sei, verlassen hatte.

Es existiren, wie bemerkt, von dem Büchlein Toldoth Je=
schu zwei verschiedene Versionen. Die eine, deren Angaben sich
näher an den Talmud anschließen und welche wir daher hier vor=
anstellen, machte Huldrich im Jahr 1705 in Leyden bekannt*);
die andere ist bereits im Jahr 1681 von dem Altdorfer Professor
Wagenseil publicirt worden**). Die erste von Huldrich publicirte
Version ist wahrscheinlich die ältere. Beide Versionen gründen sich
auf einen unbekannten älteren Text, den die beiden Verfasser nach
Gutdünken verschieden dargestellt haben.

Toldoth Jeschu.
(Nach der von Huldrich publicirten Version.)

„Unter dem König Herodes, dem Proselyten, lebte ein Mann
Namens Papus, ein Sohn Jehudah's. Derselbe hatte eine Frau
Namens Mirjam (d. i. Maria); sie war eine Tochter des Kalphus,
ihr Bruder war der Rabbi Simeon, ein Sohn des Kalphus.
Vor ihrer Verheirathung war diese Mirjam eine Haarkräuslerin.
Sie war dem Papus nach dem Gesetz Mosis und Israel's ange=
traut und zeichnete sich durch körperliche Schönheit aus. Sie war
aus dem Stamme Benjamin. Ihr Mann Papus ließ sie nicht
öffentlich ausgehen, sondern hielt die Thüren seines Hauses sorg=

---

*) Joh. Jac. Huldricus: Historia Jeschuae Nazareni a Judaeis blas-
pheme corrupta. Lugdun. 1705.

**) Wagenseil: Tela ignea Satanae. Hoc est arcani et horribiles Judae-
orum adversus Christum Deum et christianam religionem libri anecdoti. Altdorf. 1681. Eine vollständige deutsche Uebersetzung beider Versionen findet man
bei Clemens: Die geheim gehaltenen oder sogenannten apokryphischen Evange=
lien, Stuttg. 1830.

fältig verschlossen, weil er fürchtete, leichtfertige Männer möchten durch ihre große Schönheit angezogen werden und sie zu verführen suchen. Eines Tages aber, da das Fasten der Versöhnung gefeiert wurde (d. i. am Versöhnungstag), trug es sich zu, daß jener gottlose Joseph Pandira aus Nazareth, welcher gleichfalls ein sehr schöner Mann war, an ihrem Fenster vorüberging. Als er bemerkte, daß kein Mann im Hause war, rief er der Mirjam und sagte: Mirjam, Mirjam, wie lange willst du noch so abgeschlossen hier sitzen? Darauf sah Mirjam aus dem Fenster und sprach: Joseph, Joseph, befreie mich, wenn du willst! Da ging Joseph hin und holte eine Leiter, Mirjam stieg aus dem Fenster und beide flohen an jenem Tage des Versöhnungsfestes von Jerusalem nach Bethlehem. Daselbst lebten sie ungekannt eine ziemliche Zeit. Joseph schlief aber bei ihr in der Fastenzeit und sie empfing und gebar ihm gegen das Ende des Jahres den Jeschu aus Nazareth, und sie empfing wieder und gebar noch andere Söhne und Töchter."

Im Weiteren wird Folgendes erzählt: Lange Zeit darnach sei ein Mann nach Bethlehem gekommen, der den Joseph und die Mirjam erkannte, dem Papus in Jerusalem meldete, daß seine Frau mit dem Joseph Pandira in Bethlehem lebe, Papus habe sich an den König Herodes gewandt, damit beide bestraft würden, „da nahm Joseph Mirjam mit ihren Söhnen und Töchtern, setzte sie auf ein Kameel und floh von Bethlehem nach Aegypten," worauf sodann Herodes alle kleinen Kinder in Bethlehem habe tödten lassen. Man erkennt aus dieser Erzählung deutlich, daß sie nach dem Bericht im zweiten Kapitel des Matthäus gemacht ist. Wenn die Maria sich aus Jerusalem von Joseph Pandira entführen ließ, so haben sich beide wohl nicht in Bethlehem, einem kleinen Orte, der nur zwei Stunden von Jerusalem entfernt war, niedergelassen, sondern sind sogleich nach Aegypten gegangen oder wenigstens an einen von Jerusalem entfernter liegenden Ort, wohin nicht täglich Einwohner von Jerusalem kamen, die sie erkannt hätten. „Lange Zeit darnach," fährt die Erzählung fort, „brach in Aegypten eine Hungersnoth aus; Joseph ging mit Mirjam und ihren Kindern nach Kanaan und ließ sich in Nazareth nieder, Joseph's Geburtsstadt, wo sie ihren Namen veränderten. Inzwischen wuchs aber jener uneheliche

Jeschu heran und ging nach Jerusalem, um dort zu studiren in der Schule des Rabbi Josua, des Sohnes des Perachia; daselbst machte er so große Fortschritte, daß er selbst das Geheimniß des Wagens und den heiligen Namen lernte."

Da auch das neue Testament eine Flucht des Joseph mit der Maria nach Aegypten und eine spätere Niederlassung in Nazareth erzählt; so möchte man sich veranlaßt finden, etwa so Viel zu glauben, daß Joseph dem Papus in Jerusalem seine Frau entführt habe, mit ihr nach Aegypten gegangen sei und sich mehrere Jahre darauf in seiner Vaterstadt Nazareth in Galiläa niedergelassen habe; allein da schon die andere Version des Buches Toldoth Jeschu die Vorgänge wieder anders darstellt*), nach der Aussage des Juden bei Celsus die von ihrem Mann verstoßene Maria **allein** herumirrt und Jesus in Aegypten sich als Knecht oder Tagelöhner verdingt, um seinen Unterhalt zu verdienen, nach dem Talmud aber Jesus erst mit seinem Lehrer Josua nach Aegypten kommt, um dort die ägyptische Magie zu studiren: so findet eine solche Annahme in den anderweitigen Nachrichten keine Bestätigung. Uebereinstimmend sind die Nachrichten darin, daß Jesus nicht in rechtmäßiger Ehe erzeugt gewesen sei; ob nun aber der **Joseph** des neuen Testaments der **Joseph Pandira** gewesen sei, der die dem Papus in Jerusalem angetraute Maria an sich genommen und sich später mit ihr in seiner Vaterstadt Nazareth niedergelassen habe, oder ob **Joseph** in Nazareth der Verlobte und spätere Gemahl der Maria gewesen sei, die sich während ihres Brautstandes mit einem Pandira eingelassen hätte, nichtsdestoweniger aber von Joseph geheirathet worden wäre, oder endlich ob **Jesus** von Joseph selbst, dem Verlobten der Maria, vor der eigentlichen Verheirathung erzeugt gewesen: darüber läßt sich nicht entscheiden. Glaubwürdig ist es, daß **Jesus** in seiner Jugend in **Aegypten** gewesen sei; in so weit stimmen alle Nachrichten, auch die des neuen Testaments, überein; ungewiß aber bleibt es, ob er als Kind mit seinen Eltern dahin gekommen oder mit seinem Lehrer Josua dahin gegangen sei. Der Talmud läßt ihn die Kunst, Wunder zu thun, in

---

*) Vergleiche weiter unten, wo die Wagenseil'sche Version besprochen wird.

Aegypten lernen; nach dem Büchlein Toldoth Jeschu aber thut er seine Wunder durch das Aussprechen des heiligen Namens Jehova's. Das „Geheimniß des Wagens", welches er in Jerusalem kennen gelernt haben soll, bezieht sich auf den Wagen Gottes mit den heiligen Thieren*), die wahrscheinlich bei den Juden geheimnißvolle Namen hatten, durch deren Aussprechen man vermeintlich Wunder wirken konnte. Die höchste Wunderkraft aber übte nach der Meinung der Juden das Aussprechen des Namens Jehova's selbst. Die Juden schrieben bekanntlich ohne Vocale, der Name Jehova bestand aus den Consonanten Jhvh; die Vocalpunkte, welche man später unter diese Consonanten setzte und woraus sodann das Wort Jehova entstand, waren aus dem Worte Adonai, Herr, hergenommen und gehörten dem eigentlichen Worte nicht an. Wie das Wort eigentlich ausgesprochen werden sollte, war bei den Juden das größte Geheimniß; wer es konnte, der sollte durch das Aussprechen desselben die größten Wunder hervorbringen können, und diese Kenntniß schreibt das Büchlein Toldoth Jeschu dem Stifter der christlichen Religion zu.

Im Folgenden wird erzählt, daß Jesus, nachdem er erfahren, daß er außer der Ehe erzeugt sei, seiner Mutter Maria die Brüste zwischen der Thüre zerquetscht und seinen Vater Joseph getödtet habe. Alberne Märchen! Da er als außerehelicher Sohn von den Israeliten mißachtet worden sei, so habe er das Gesetz nicht nach der Ueberlieferung der Lehrer (d. i. nach den Traditionen der Pharisäer), sondern in sehr anmaßlicher Weise anders ausgelegt. Bezeichnend ist es, was der Verfasser den jungen, in Jerusalem studirenden Jesus gegen seine Mitschüler äußern läßt, als diese ihm bemerken, er möge seinen Hut aufsetzen, da es sich nicht schicke, unbedeckten Hauptes dazustehen. Jesus antwortet: „Wahrlich, Moses hat dies nicht im Gesetz geboten; was aber die Worte der Schriftgelehrten betrifft, durch die jenes Gebot aufgekommen ist, so haben sie keine Geltung." Darauf habe Jesus eine Anzahl unnützer Menschen als Schüler und Anhänger um sich versammelt (der Verfasser bringt hier auch den Paulus und Johannes, den Täufer,

---

*) Ezechiel Kap. 1.

nach seiner oberflächlichen Kenntniß des neuen Testaments unter die Schüler Jesu) und mit Hülfe des göttlichen Namens vor den Juden sehr große Wunder ausgeführt. „Er legte einen Mühlstein auf das Meer und fuhr darauf herum, indem er von sich sagte: Ich bin Gott, nämlich der Sohn Gottes; ich bin in meiner Mutter durch die Kraft des heiligen Geistes erzeugt, und, ohne daß sie schwanger wurde, kam ich aus ihrer S t i r n e heraus*). Meine Mutter war eine Jungfrau, als sie mich auf die Welt brachte. Auch haben alle Propheten von mir geweissagt, daß ich jener wahre Gott (Wunder= thäter) sei, und daß Jeder, der an mich glaubt, in Zukunft der Seligkeit werde theilhaftig werden. Es glaubten auch alle Bewohner von A i**) an ihn; denn er that vor ihnen vermöge des heiligen Namens viele Wunder. Jeschu behauptete aber, das Gesetz müsse abgeschafft werden; denn im Psalm (119, V. 126) heiße es: Es ist Zeit, daß der Herr dazu thue: sie haben dein Gesetz zerrissen! Die rechte Zeit, das Gesetz zu zerreißen, sagte er, sei jetzt gekommen; denn es sei jetzt seit den Tagen David's das tausendste Geschlecht erschienen; David aber habe gesagt (Psalm 105, 8): Er hat sein Wort verheißen auf viele Tausend für und für. Deßhalb erhoben sich alle seine Anhänger und entweihten den Sabbath."

Im Weiteren werden einige gleichgültige Anekdoten von Jesus erzählt. Jesus fragt einen Hirten in der Wüste um den Weg; der Mann ist zu bequem, sich zu erheben, und streckt nur seinen Fuß nach der Richtung, die Jesus mit seinen Jüngern nehmen solle. Darauf begegnen sie einer Hirtin, die eine Strecke Weges mit ihnen bis zu einem Stein geht, der als Wegweiser aufgestellt ist. Jesus segnet dieses Mädchen und wünscht ihr, daß sie die Frau jenes Hir= ten werden möge. Petrus fragt: warum segnest du den Hirten, in=

---

*) Der gewöhnliche Weg der Geburt galt für unrein und eines Gottes un= würdig. Der Religionsstifter der Buddhisten, B u d d h a oder F o, welcher die neunte Verkörperung des indischen Gottes Vischnu sein wollte, sollte durch einen fünffarbigen Lichtstrahl vom Himmel empfangen und von seiner Mutter Maya durch die S e i t e geboren worden sein, sodaß Maya auch nach seiner Geburt noch Jung= frau blieb.

**) Unter diesem Namen A i, der als cananitische Ortschaft im Buch Josua Kap. 7 und 8 vorkommt, ist wahrscheinlich die Stadt K a p e r n a u m zu verstehen.

dem du ihm dieses Mädchen als Frau wünschest? Jesus antwortet: „Da jener faul, diese aber thätig ist, so wird sie ihren Mann erhalten können, dem es sonst bei seiner Trägheit übel ergehen würde; denn ich bin ein barmherziger Gott und stifte die Ehen nach den Werken der Menschen. Von mir hat David geweissagt (Psalm 102, 24): Er demüthigte auf dem Wege meine Kraft." Die neutestamentliche Erzählung Joh. 4, 7 ff., wo Jesus von einer Frau in Samarien Wasser verlangt, wird folgendermaßen dargestellt: „Als sie ihren Weg fortsetzten, begegneten sie einer Frau, die einen Wasserkrug auf der Schulter trug. Jesus redete dieselbe an und sprach: Laß uns trinken, so will ich dich segnen, daß es deinem Lande niemals an Wasser fehlen soll. Die Frau antwortete: Thor, wenn du Wunder thun kannst, warum verrichtest du sie nicht zu deinem eigenen Nutzen und verschaffst dir selbst reichlich Wasser? Jesus antwortet: Von mir stehet geschrieben: Ich mische meinen Trunk mit Thränen (Psalm 102, 10)."

Der Verräther Judas heißt in dem Büchlein Jehuda. Er ist ein Beamter des Königs Herodes und wird nur zum Schein ein Jünger Jesu, um ihn zu beobachten und Beweise zu erhalten, daß Jesus sich für den Sohn Gottes erkläre. Darauf geht er nach Jerusalem und theilt dem König*) seine Beobachtungen mit, darunter auch die, daß sich Jesus mit der Tochter des Karkamus, des Richters von Ai (Kapernaum), verlobt habe. Man beschließt in Jerusalem, Jehuda solle dem Jesus sagen, er könne ohne Gefahr mit seinen Jüngern zum Laubhüttenfest nach der Hauptstadt kommen, der König gewähre ihm Schutz; bei dem Gelage am Laubhüttenfest solle man sodann seinen Wein mit dem Wasser der Vergessenheit mischen, damit er den heiligen Namen vergesse, durch dessen Aussprechen er Wunder wirke und sich aus jeder Gefahr befreie, und ihn gefangen setzen. Jesus geht hierauf mit seinen Jüngern nach Jerusalem

---

*) Der Verfasser ist mit der eigentlichen Geschichte so unbekannt, daß er nicht weiß, daß Herodes damals bereits lange gestorben war und der römische Landpfleger Pilatus in Judäa regierte. In der zweiten Version heißt der Verräther auch Jebura oder Juda, dort gehört er aber zu den gelehrten und vornehmen Pharisäern in Jerusalem, die der Verfasser „die Weisen" nennt. Auch in der zweiten Version ist die Jüngerschaft des Judas nur eine Verstellung.

und wohnt daselbst bei Jager Purah, dem Bruder seines künftigen Schwiegervaters Karkamus. Er sagt: „Ich bin nach Jerusalem gekommen, um die Fest= und Feiertage und die heiligen Zeiten abzuschaffen. Wer an mich glaubt, erhält das ewige Leben. Ich werde in Jerusalem ein neues Gesetz verkündigen; denn von mir stehet geschrieben: Von Zion wird das Gesetz ausgehen und von Jerusalem das Wort des Herrn (Jesaias 2, 3). Ich werde mit meinem Tode ihre Sünden, ihre Ungerechtigkeit und ihren Abfall versöhnen; nach dem Tode aber werde ich wieder zum Leben erwachen; denn von mir stehet geschrieben: Ich tödte und mache wieder lebendig, führe in die Hölle und wieder heraus." Purah ist von Jehuda in das Geheimniß gezogen und zur Verhaftung Jesu behülflich. Er öffnet Nachts den Soldaten die Thüre, die nun Jesum, welcher durch das Trinken des Weines den heiligen Namen vergessen hat, und seine Jünger fesseln und in das Gefängniß abführen. Die Jünger werden am Laubhüttenfest vor die Stadt geführt und von den Juden gesteinigt. Jesus aber wird bis zum nächsten Passahfest gefangen gehalten.

„Da nun das Passahfest herannahte," fährt die Erzählung fort, „wurde durch das ganze jüdische Land bekannt gemacht, es solle Jeder, der Etwas zu Gunsten und für die Freisprechung des Gotteslästerers Jeschu vorbringen könne, vor dem König erscheinen, um Jeschu zu vertheidigen. Aber das ganze Volk erklärte einstimmig, Jeschu müsse getödtet werden. Daher führten sie ihn am Vorabend des Passah aus dem Gefängniß und riefen vor ihm aus: So müssen alle deine Feinde umkommen, o Herr! Und sie hingen ihn außerhalb Jerusalems an einem Holze auf*), wie der König und die Weisen befohlen hatten. Alle Israeliten aber sahen zu und lobten und priesen Gott, daß der Uebermuth Jeschu bestraft worden war. Gegen Abend aber nahm Jehuda den Leichnam Jesu vom Holze und legte ihn in seinem Garten in einen Kanal." Die Leute von Ai (nämlich von Kapernaum, hier wohl so viel als die Gali-

---

*) Nach der zweiten Version wird Jesus, um das mosaische Gebot der Steinigung gegen Verführung zum Götzendienst in Anwendung zu bringen, zuvor gesteinigt.

146 Juden.

(äer) waren über die Hinrichtung Jeschu sehr aufgebracht; der König führt Krieg mit ihnen, kann sie aber nicht bezwingen; denn selbst unter den Augen des Königs wächst die Zahl der Anhänger Jeschu. „Einige derselben aber gingen nach Ai und verkündigten den Leuten die Lüge, daß am dritten Tage, nachdem Jeschu gekreuzigt worden war, Feuer vom Himmel gefallen sei, welches Jeschu umgeben hätte, worauf derselbe zum Leben erwacht und in den Himmel emporgefahren sei. Die Leute von Ai glaubten jenen ruchlosen Menschen und verschworen sich, an den Israeliten das Verbrechen zu rächen, dessen sie sich durch die Kreuzigung Jeschu schuldig gemacht hätten. Als Jehuda die schlimmen Absichten der Leute von Ai erfuhr, schrieb er Folgendes an sie: Die Gottlosen haben keinen Frieden, spricht der Herr; darum verschwören sich die Völker und die Heiden sinnen auf Nichtiges. Kommt doch nach Jerusalem und sehet euren falschen Propheten! denn siehe, er ist ein verwester Leichnam, todtes und stinkendes Fleisch; ich habe ihn in einen Kanal gelegt*). Nachdem jene unnützen Menschen dies vernommen hatten, kamen sie nach Jerusalem und sahen daselbst Jesum an dem unsauberen Ort liegen. Als sie aber nach Ai zurückgekehrt waren, erklärten sie Das, was Jehuda geschrieben hatte, für Lüge. Siehe, sprachen sie, wir haben uns nach Jerusalem begeben, und es sind Mehrere dort, die sich gegen den König erhoben und ihn vertrieben haben, weil er nicht an Jesus glauben wollte, auch viele Weise wurden deßhalb getödtet. Die unwissenden Leute von Ai glaubten diesen Lügen und erklärten Israel den Krieg."

Ein paar Punkte in diesem Bericht möchten immerhin Beachtung verdienen. Zuvörderst dürfte die Notiz zu berücksichtigen sein, daß der Verräther Judas sich nur in der Absicht unter die Schüler Jesu aufnehmen ließ, um ihn zu beobachten, Anklagepunkte gegen ihn auszuspüren und ihn am Passahfest den Juden in Jerusalem

---

*) Unter der Stadt Jerusalem waren viele in den Felsen gehauene oder gemauerte Abzugskanäle, die außerhalb der Stadt mündeten. Während der Belagerung Jerusalems im Jahr 70 nach Chr. durch die Römer warfen, wie Josephus erzählt, die Juden viele Leichname hinein, und nach der Erstürmung dienten sie Vielen als Schlupfwinkel; die römischen Soldaten drangen aber auch in diese unterirdischen Gänge.

zur Kreuzigung zu überliefern. Die Erzählung bringt noch einige
solche verstellte Eintritte in den Schülerkreis Jesu. In der That
würde auch die Handlungsweise des Judas gegen Jesum sich weit
natürlicher erklären, wenn man annehmen dürfte, daß er gleich von
vorne herein auf Veranlassung des Synedriums und der Pharisäer
als verstellter Jünger eingetreten wäre, um den Synedristen in Je=
rusalem über diesen angeblichen Messias in Galiläa und seine nur
unter Vertrauten kundgegebenen Ansprüche, der Sohn Gottes zu
sein, Bericht zu erstatten; denn daß Judas als aufrichtiger Schüler
Jesu um ein paar Silberlinge so plötzlich zum Verräther seines Leh=
rers hätte werden können, ist schwer zu glauben. Judas war auch
sehr wahrscheinlich unter diesem galiläischen Verein der einzige Jude;
Jesus selbst und die übrigen Jünger waren Galiläer, Judas aber
wird Ischarioth im neuen Testament genannt, was wohl so viel
heißen soll als Isch=Karioth, Mann aus Karioth in Judäa. Ein
weiterer beachtenswerther Punkt ist es, daß der Verfasser die Ge=
fangennehmung der Apostel und Jesu am Laubhüttenfest (welches
in den Monat Tisri, d. i. unseren October, fiel) vornehmen läßt,
die Hinrichtung Jesu aber gleichwohl bis an den Vorabend des
Passahfestes im Monat Nisan (April) des nächsten Jahres verschiebt.
Es möchte hierin ein Beweis gefunden werden, daß die jüdische
Tradition über die Zeit der Hinrichtung Jesu, daß dieselbe nämlich
am Vorabend des Passah vorgenommen worden sei, völlig
sicher war und dieser Zeitpunkt kein zufälliger gewesen ist, sondern
gewählt wurde, um Jesum am Vorabend des Passah zu gleicher Zeit
mit den Passahlämmern als Sühnopfer sterben zu lassen*). Daß
die erwähnte Steinigung der Apostel an dem Laubhüttenfest vor
diesem Passah nicht stattgefunden habe, wissen wir aus dem neuen
Testament gewiß; es mag unter den Juden eine Tradition über den
Tumult gegen die ersten Christen in Jerusalem nach dem Tode Jesu,
wobei Stephanus gesteinigt wurde**), bestanden haben, welchen Vor=
fall der Verfasser des Toldoth Jeschu auf die Zeit der Gefangen=

---

*) Es ging unter den Heiden überhaupt die Sage, daß die Juden am Passah
einen Menschen zur Sühne des jüdischen Volkes opfern müßten. Vergl. Alm,
theologische Briefe an die deutsche Nation, Band II. S. 928.

**) Apostelg. Kap. 7.

nehmung Jesu zurück verlegte. Das Dritte, was wir in der Erzählung beachtenswerth finden, ist die Bemerkung, daß der getödtete Jesus durch F e u e r, welches vom H i m m e l g e f a l l e n, wieder lebendig geworden sei. J e s u s ist sehr wahrscheinlich in der Absicht nach Jerusalem gegangen (in der Meinung, das für ihn bestimmte messianische Jahr sei angebrochen), vom Sitze des Tempels aus das messianische Reich aufzurichten. Dieses Ereigniß mußte mit der Vertreibung der Römer und der Heiden überhaupt beginnen. Jesus war kein Mann für körperliche Waffen und hatte, wie die Evangelien zeigen, auch unter seinen Anhängern, die an Zahl zu schwach waren, keine Vorbereitungen zu einem Aufstand getroffen. Dagegen hoffte er sehr wahrscheinlich bei seiner Erscheinung in Jerusalem auf einen h i m m l i s c h e n B e i s t a n d d u r c h W u n d e r. Nach der jüdischen Erwartung*) sollte dem Messias ein Feuerregen zu Hülfe kommen und die Römer und überhaupt Nichtjuden aus Palästina treiben. Dieser Feuerregen kommt auch hier im Buch Toldoth Jeschu zum Vorschein, indem eine Sage der Jünger Jesu angeführt wird, ihr gekreuzigter Lehrer sei durch einen solchen vom Tode erweckt worden.

Der Schluß des Büchleins verarbeitet eine christliche Sage in jüdisch-rabbinischem Interesse zu einer Erzählung über die V e r b r e i t u n g d e s C h r i s t e n t h u m s, welche den eigentlichen geschichtlichen Hergang völlig verunstaltet und gar nicht mehr erkennen läßt. Der am Eingang erwähnte Rabbi S i m e o n, Oheim Jesu, wird von den Juden gewonnen, die Anhänger Jesu, welche gegen die Juden siegreich sind, zu betrügen. Um als Wunderthäter vor ihnen auftreten zu können, wird ihm der heilige Name Jehovah's mitgetheilt. Er fährt auf einer Wolke von Jerusalem nach Ai und läßt sich dort unter Donner und Blitz auf dem Thurme nieder. Darauf erklärt er den Bewohnern, er erscheine im Auftrag Jesu, befiehlt ihnen, die Feindseligkeiten gegen die Juden einzustellen, und gibt ihnen im Namen Jesu, des Sohnes Gottes, ein neues Gesetz, welches er A v o n k e l a j o n nennt, was Vollendung der Ungerechtigkeit

---

*) Vergl. Alm, theologische Briefe an die deutsche Nation, Band II. S. 15.

bedeutet*). Dieses Gesetz schreibt er in einem anderen, nicht jüdischen Alphabet**). Uebertraͤgt man es in das jüdische Alphabet, so findet man, daß er sagen wollte, Alles, was er in dem fremden Alphabet geschrieben, sei Lüge und Jesus gehöre dem Esau an, wer an ihn glaubt, solle ausgerottet werden; Gott habe keine Mutter, Jesus aber habe eine Mutter gehabt; er sei ein Epikuräer, Aufrührer und Betrüger und roth, gleichwie Esau, welcher das Linsengericht aß. Auch das Buch des Johannes (Offenbarung Johannis) habe Simeon geschrieben, von welchem die Christen glaubten, es enthalte Geheimnisse; die Geheimnisse seien aber Eitelkeit und Erdichtung. Am sechsten Tage des dritten Monats***) übergab Simeon die Bücher Avonkelajon den Leuten von Ai und fuhr sodann auf der Wolke nach Jerusalem zurück; die Leute glaubten, er sei gen Himmel gefahren, und machten sich Götzenbilder von Jesu und der Mirjam, die sie aber auf Befehl der Israeliten verbrennen mußten. In dieser Zeit starb die Maria; sie wurde an der Stelle, wo Jesus gekreuzigt worden, begraben, und auch seine Brüder und Schwestern wurden jetzt daselbst gekreuzigt.

Die ersten Christen hatten eine Sage, daß der Apostel Simon oder Petrus den samaritanischen Messias Simon mit dem Beinamen Magus, welcher auch Apostelg. Kap. 8 erwähnt wird, als dieser mit feurigen Rossen in die Lüfte fuhr, dahin verfolgt und ihn durch das Aussprechen des Namens Jesu auf die Erde herabgestürzt habe†). Der Verfasser des Büchleins Toldoth Jeschu hat etwas Unbestimmtes von diesem Fahren durch die Lüfte vernommen. Er macht den Apostel Simon oder Petrus zu dem in seinem Büchlein anfangs erwähnten Bruder der Maria, Simeon, welcher letztere allerdings eine geschichtliche Person sein könnte. Petrus, als Hauptapostel von den Christen häufig genannt, soll, wie der Ver-

---
*) So verunstaltet der Verfasser das griechische Wort Evangelium, welches frohe Botschaft bedeutet.

**) Nämlich griechisch, da die Evangelien griechisch geschrieben sind.

***) Man findet derartige Zeitbestimmungen, die eigentlich in ihrer Allgemeinheit Nichts sagen, aber den Schein geschichtlicher Treue geben sollen, auch gewöhnlich im neuen Testament.

†) *Arnob.* adv. gent. lib. II, 23; *Cyrill.* catech. VI.

faſſer kurzweg behauptet, auch die Evangelien und die Offenbarung
Johannis verfaßt haben. Das Begräbniß der Maria auf der Richt=
ſtätte und die Kreuzigung der Geſchwiſter Jeſu ſind natürlich pure
gehäſſige Erfindungen.

Das Schriftchen ſchließt wie folgt: „Als die Menſchen (näm=
lich die Heiden) erfuhren, welche Vorſchriften S i m e o n den Leuten
von Ai im Namen Jeſu gegeben hatte, befolgten ſie dieſelben gleich=
falls, und die Leute von Ai (die Galiläer und überhaupt Juden=
chriſten) ſchloſſen mit ihnen verwandtſchaftliche Verbindungen. Dieſe
gottloſen Menſchen (die übergetretenen Heiden) traten nun als
Lügenpropheten auf, nahmen ſogar Töchter von Ai zu Weibern,
ſchickten Briefe mit dem Buch Avonkelajon bis auf die fernſten In=
ſeln und gelobten für ſich und ihre Nachkommen, an allen Worten
des Buches Avonkelajon feſtzuhalten. Deßhalb ſchafften ſie das
(moſaiſche) Geſetz ab und beſtimmten den erſten Wochentag (Sonn=
tag) zum Sabbath, weil dies der Geburtstag Jeſu iſt; auch führten
ſie noch andere Gebräuche und ſchlechte Feſte ein. Darum haben
ſie auch keinen Theil und kein Erbe in Israel. Verflucht ſind ſie
in dieſer und verflucht in der künftigen Welt! Der Herr aber ſegne
ſein Volk Israel mit Frieden. Dies ſind die Worte unſeres Rabbi
J u ch a n a n, des Sohnes Saccai, in Jeruſalem."

Toldoth Jeſchu.

(Nach der von W a g e n ſ e i l publicirten Verſion.)

Wir geben auch den Anfang d i e ſ e r Verſion, ſo weit er die
Geburt Jeſu behandelt, wörtlich.

„Im Jahr 4671 nach Erſchaffung der Welt zur Zeit des Kö=
nigs Jannäus kam ein großes Unglück über Iſrael. Es erhob ſich
nämlich damals ein wollüſtiger, nichtswürdiger und unnützer Mann
aus dem abgehauenen Stamm des Geſchlechtes Juda mit Namen
J o ſ e p h P a n d e r a."

Sehr merkwürdig iſt es, daß der Verfaſſer hier ſeine Geſchichte
Jeſu mit derſelben Phraſe einleitet, die ſich auch bei J o ſ e p h u s
findet. Er nennt das Auftreten Jeſu ein „großes Unglück," das

über Israel gekommen sei. Ganz ähnlich fährt Josephus antiqu. XVIII, 3, 4 nach der eingeschalteten Stelle über Jesum fort: „Um dieselbe Zeit setzte noch ein anderes Unglück die Juden in Unruhe;" so daß man voraussetzen möchte, auch er habe im Vorausgehenden das Auftreten Jesu als ein Unglück bezeichnet. Der Verfasser versetzt die Geburt Jesu, indem er einer Angabe des Talmud folgt, unrichtig in die Zeit des jüdischen Königs Alexander Jannäus, welcher von 106 bis 79 vor Christi Geburt regierte. Da er von Erschaffung der Welt an rechnet, diese biblische Zeitrechnung aber erst gegen das Ende des vierten christlichen Jahrhunderts unter den Juden aufkam und erst im 12. christlichen Jahrhundert unter ihnen allgemein wurde; so gibt er zu erkennen, daß seine Schrift nicht vor dem fünften christlichen Jahrhundert verfaßt sein kann; sein angegebenes Geburtsjahr Jesu stimmt aber auch nicht zu der Zeit des Jannäus; denn nach der jüdischen Aera von Erschaffung der Welt fiele die Geburt Jesu in das Jahr 3761, der Regierungsantritt des Jannäus aber 106 Jahre früher.

Der Verfasser fährt fort: „Derselbe (nämlich Joseph Pandera) war von ansehnlicher Größe, tapfer und sehr schön und verwandte die meiste Zeit seines Lebens auf einen wollüstigen Umgang mit Frauen, auf Räubereien und Gewaltthätigkeiten. Sein Wohnort war Bethlehem in Juda. In seiner Nähe wohnte eine Wittwe, welche eine Tochter mit Namen Mirjam hatte; es ist dies dieselbe Mirjam, welche den Frauen die Haare flocht und lockte und die einige Mal im Talmud erwähnt wird. Als dieselbe herangewachsen war, verlobte sie ihre Mutter mit einem Jüngling Namens Jochanan*), einem sanften, bescheidenen und gottesfürchtigen jungen Manne. Es begab sich aber, daß Joseph einmal an der Thüre der Mirjam vorüberging und sie sah. Alsbald entbrannte die böse Lust in ihm, so daß er beständig dort auf- und abging. Darauf sagte seine Mutter zu ihm: Warum magerst du so ab? Er antwortete und sprach zu ihr: Die Liebe zur Verlobten Mirjam verzehrt mich. Da antwortete ihm seine Mutter: Härme dich nicht deßhalb, siehe, daß du sie in deine Gewalt bekommst und thue nach deinem Ge-

---

*) Jochanan ist gräcisirt Johannes.

lüften. Und Joseph Pandera befolgte ihren Rath und ging häufig
an der Thüre des Hauses der Mirjam vorüber. Er fand aber keine
günstige Stunde, bis es sich einmal am Abend eines Sabbaths traf,
daß Mirjam vor der Thüre saß. Da ging er mit ihr in das Haus
und in ein Gemach, das nahe bei der Thüre war, und bestieg das
Lager mit ihr, denn sie glaubte, er sei ihr Verlobter Jochanan. Da
sprach sie zu dem Manne: Berühre mich nicht; denn ich bin unrein;
er aber achtete nicht darauf, und da er seine Lust gebüßt hatte, ging
er wieder nach Haus."

Dieser Bericht weicht von dem der ersten Version sehr wesentlich ab. In der ersten Version, welche dem Talmud folgt, ist Maria mit einem Mann Namens Papus verheirathet, wird als Frau
von Joseph Pandira verführt, entfernt sich mit ihm von ihrem
Manne und lebt ferner mit ihm in einer anderen Stadt. Hier ist
Maria die Verlobte eines Jochanan, dem sie sich aber schon im
Brautstand hingibt (was die Erzählung als etwas Gebräuchliches
annimmt), wird von Joseph Pandera als Braut verführt, aber nicht
entführt und als Frau behalten, sondern bleibt auch nach der Geburt Jesu unverheirathet; Jochanan verläßt sie und geht nach Babylon. Beide Erzählungen machen aus ein paar Notizen des Talmud und der Behauptung der Christen, daß Jesus, nach der Verheißung, in Bethlehem, der Heimath David's, geboren sei, eine
beliebige Geschichte, von welcher, in Verbindung mit den Notizen
des Talmud, des neuen Testaments und der neutestamentlichen
Apokryphen nur so viel auf Beachtung Anspruch machen kann, daß
Jesus vor der wirklichen Verheirathung der Maria, während ihres
Brautstandes, erzeugt sei, ob von ihrem später angetrauten Mann
Joseph oder einem Anderen, bleibt ungewiß.

Der Verfasser läßt nun in derselben Nacht den Joseph Pandera
nochmal zur Maria kommen. Drei Monate später wird ihrem Verlobten gesagt, daß sie schwanger sei, Jochanan verläßt sie und
nimmt seinen Wohnsitz in Babylon. „Darauf gebar Mirjam
einen Sohn und gab ihm, nach dem Namen ihres Oheims, des
Bruders ihrer Mutter, den Namen Josua. Und als der Knabe
heranwuchs, übergab ihn seine Mutter einem Lehrer (in Jerusalem)
Namens Eschanan. Und der Knabe machte gute Fortschritte,

denn er hatte viel Verstand." Als es bekannt wurde, daß er ein
unehelicher Sohn sei, begab er sich von Jerusalem hinweg nach
Obergaliläa, nachdem er sich Kenntniß von dem göttlichen Namen
verschafft hatte, der im Allerheiligsten des Tempels zu Jerusalem
in einen Eckstein eingegraben war. „Er konnte aber nur mit Hülfe
von Zauberkünsten und Beschwörungsformeln in das Allerheiligste
gedrungen sein; denn wenn nicht: wie hätten die heiligen Priester,
die Nachkommen Aaron's, dulden können, daß er hineinging? Offen=
bar muß er dies also durch Zauberkünste und mit Hülfe des unreinen
Namens (des Satans) zu Wege gebracht haben." In Ober=
galiläa lebte Jesus viele Jahre. „Darauf begab er sich nach
Bethlehem in Juda, seinem Geburtsort, und rief mit lauter Stimme:
Wie nichtswürdig sind Die, welche sagen, ich sei ein Vaterloser und
von unreiner Herkunft! Sie selbst sind unehelich erzeugt und un=
rein! Hat mich nicht meine Mutter als Jungfrau geboren? Bin ich
nicht in dem obersten Wirbel ihres Hauptes in sie eingegangen*)?
Ich bin der Sohn Gottes! Von mir hat der Prophet Jesaias (Kap.
7, 14) geweissagt: Siehe, die Jungfrau ist schwanger und wird
einen Sohn gebären! Habe ich mich nicht selbst geschaffen und den
Himmel, die Erde und das Meer und Alles, was darinnen ist?" —
Die Einwohner von Bethlehem verlangen ein Wunder von ihm;
mit Hülfe des heiligen Namens Jehova's erweckt er einen Todten
und heilt einen Aussätzigen. „Als dies die Leute sahen, fielen sie
vor ihm nieder, beteten ihn an und sprachen: Wahrlich du bist der
Sohn Gottes!" Darauf schicken die Synedristen von Jerusalem an
ihn und laden ihn ein, in die Stadt zu kommen. Jesus macht sich
dahin auf den Weg. „Es begab sich aber, da Jeschu in die Nähe
Jerusalems, nach Nob kam, fragte er die Leute: Habt ihr nicht einen
schönen und guten Esel? Und sie antworteten, es steht ein solcher
bereit. Er sagte: Bringet mir ihn! Nachdem ein sehr schöner Esel
gebracht worden war, bestieg er denselben und ritt nach Jerusalem.

---

*) In der ersten Version behauptet Jesus, daß er aus der Stirne der
Maria geboren sei. Es gehörte aber Beides zusammen. Auch die Erzeugung
durfte nicht auf dem gewöhnlichen unreinen Wege stattfinden. So war es der
Glaube der Inder von ihrem vergötterten Religionsstifter Buddah, und auch die
ersten Christen hatten in beiden Beziehungen eine solche Meinung von Jesu.

Als nun Jeschu in die Stadt einzog, kam ihm alles Volk entgegen und er rief mit lauter Stimme: Ich bin es, von dem der Prophet Zacharias (Kap. 9, 9) geweissagt hat: Siehe, dein König kommt zu dir, ein Gerechter und Retter und arm, und reitet auf einem Esel, auf dem Füllen der Eselin." Diese Ueberhebung indignirte nun aber die Einwohner von Jerusalem so sehr, daß sie vor Schmerz und Unwillen ihre Kleider zerrissen. Sie verklagten Jesum bei der Königin Helena, der Gemahlin des Königs Jannäus*). Die Königin hört die jüdischen Weisen (worunter wohl Pharisäer oder Mitglieder des Synedriums zu verstehen sind) an, beschließt aber in ihrem Herzen, Jesum zu befreien, da er mit ihr verwandt ist. Sie läßt Jesum vorführen; er heilt vor ihren Augen einen Aussätzigen und macht einen Leichnam lebendig; die Weisen erklären dies für Zauberei, die Königin befiehlt ihnen aber: Entfernt euch und bringt solche Anklagen nicht mehr vor! Nun machen sie den Plan, daß Einer von ihnen, Juda (Judas Jscharioth), es auf sich nehmen solle, den heiligen Namen im Allerheiligsten zu lesen, um damit ähnliche Wunder auszuführen, wie Jesus. Juda erklärt vor dem Volke und der Königin, Jesus könne durch seine Wunder nicht beweisen, daß er Gottes Sohn sei; denn er, Juda, ein gewöhnlicher Mensch, sei im Stande, die nämlichen Wunder zu thun; Jesu ruft er die Stelle 5. Mos. 13, 6 ff. zu, nach welcher er als ein Verführer zum Götzendienst gesteinigt werden solle. Jesus antwortet: „Hat nicht der Prophet Jesaias von mir geweissagt? Hat nicht mein Vater David (Psalm 2, 7—9) von mir gesagt: der Herr sprach zu mir: du bist mein Sohn, heute habe ich dich gezeugt; verlange von

---

*) Hier macht der Verfasser wieder einen bedeutenden Verstoß. Nach des Königs Alexander Jannäus Tod (79 vor Chr.) regierte allerdings seine Wittwe bis zum Jahr 71 vor Chr., sie hieß aber nicht Helena, sondern Alexandra. Der Verfasser scheint hier die christliche Sage von der Gemahlin des Pilatus im Sinne zu haben, welche Jesu günstig gewesen sein soll. Die christliche Sage nennt diese Frau Procla. Der Verfasser gebraucht wahrscheinlich den Namen Helena, weil er gehört hat, daß sich eine Kaiserin Helena für Jesum interessirte. Dies war die Mutter des ersten christlichen Kaisers, Konstantin d. Gr., auf deren Veranlassung der Kaiser über dem vermeintlichen Grabe Jesu im Jahr 326 nach Chr. die Kirche des heiligen Grabes erbauen ließ, wobei man das Kreuz Christi aufgefunden haben wollte.

mir und ich will dir die Völker zum Erbe geben und die Grenzen der Welt zum Eigenthum. Mit eisernem Scepter sollst du sie zerschlagen, wie Töpfe sollst du sie zerschmeißen! Und ebenso sagt er an einer anderen Stelle (Psalm 110, 1): Der Herr sprach zu meinem Herrn: setze dich zu meiner Rechten, bis ich deine Feinde zum Schemel deiner Füße lege. Nun sollt ihr aber mit Augen sehen, wie ich zu meinem Vater aufsteige und mich zu seiner Rechten setze. Du aber, Juda, wirst mir dahin nicht folgen können."

Jesus spricht nun den unermeßlichen Namen aus und erhebt sich in die Luft; Juda thut das Nämliche und folgt ihm. Beide kämpfen miteinander in der Luft und Einer sucht den Anderen auf die Erde zu stürzen. Endlich verunreinigt Juda Jesum mit seinem Urin; dadurch sind beide verunreinigt, der Name Jehova's verliert seine Wirkung, beide stürzen auf die Erde herab. Es ist dies wieder eine Uebertragung der christlichen Sage von einem Kampf des Apostels Petrus mit dem samaritanischen Messias Simon Magus in der Luft. Jesus wird jetzt in Jerusalem zum Tode verurtheilt, seine Anhänger erregen aber einen Aufstand und geben ihm Gelegenheit zu entfliehen. Er geht an den Jordan, reinigt sich, und jetzt wirkt sein Aussprechen des göttlichen Namens wieder Wunder; er läßt zwei Mühlsteine auf dem Wasser schwimmen, setzt sich auf einen derselben und fängt für die Jünger Fische*). Auf Veranstaltung der Synedristen in Jerusalem macht sich nun Juda (Judas Ischarioth) auf den Weg, um ihnen Jesum zu überliefern. Er beschwört den Engel des Schlafs, daß er Jesum in einen tiefen Schlaf fallen läßt und schneidet ihm jetzt das Stückchen Pergament aus dem Fleische des Armes, worauf der Name Jehova stand und wodurch er Wunder that. Jesus erwacht und wird von einem Geiste sehr geängstigt. Er spricht zu den Jüngern: Ich muß euch zu wissen thun, daß mein himmlischer Vater beschlossen hat, mich zu sich zu nehmen, da er sieht, daß ich bei den Menschen keine Anerkennung finde**). Die Jünger, unter die sich auch Judas gemischt hat, ohne erkannt zu werden, sind darüber sehr betrübt; er ermahnt sie,

---

*) Eine Verunstaltung der neutestamentlichen Erzählung vom Fischzug Petri.
**) Verunstaltung des neutestamentlichen Berichts über den Vorgang in Gethsemane.

seiner Lehre treu zu bleiben, dann würden sie bei seinem himmlischen Vater zu seiner Rechten sitzen. Darauf zieht er mit ihnen zum Passahfest nach Jerusalem, um wieder in das Allerheiligste zu dringen und sich die Kenntniß des göttlichen Namens zu verschaffen. Judas setzt die Synedristen hievon in Kenntniß; dieselben erwarten Jesum, als er in den Tempel kommt, um das Passahlamm zu schlachten, mit Bewaffneten; Judas macht ihnen, indem er sich vor Jesu niederwirft, die Person kenntlich; es kommt zu einem Kampfe mit den Begleitern Jesu, seine Anhänger fliehen in's Gebirg, er selbst wird verhaftet.

„Aber die Aeltesten von Jerusalem führten Jeschu in Fesseln in die Stadt, banden ihn an eine Marmorsäule, geißelten ihn und sprachen: wo sind nun alle Wunder, die du gethan hast? Darauf flochten sie aus Dornen eine Krone und setzten sie ihm auf das Haupt. Jetzt wurde der Vaterlose von Durst gequält und sprach: Gebt mir ein wenig Wasser zu trinken! Sie gaben ihm einen scharfen Essig; nachdem er getrunken hatte, rief er mit lauter Stimme: Von mir hat mein Vater David (Psalm 69, 22) geweissagt: Und sie gaben mir Galle zu essen und Essig zu trinken in meinem großen Durst. Und sie erwiderten ihm: Wenn du Gott bist, warum hast du nicht, bevor du trankest, gesagt, daß es Essig ist, was dir gereicht wird? Du stehst nun an der Pforte des Grabes und kehrst doch nicht um zur Besserung! Aber Jeschu weinte bitterlich und sprach: Mein Gott, mein Gott, warum hast du mich verlassen! Da sprachen die Aeltesten: Wenn du Gott bist, warum befreiest du dich nicht aus unserer Gewalt? Jeschu antwortete: Mein Blut wird die Menschen versöhnen. Denn Jesaias hat (Kap. 53, 5) von mir prophezeiht: Er ist um unserer Missethat willen verwundet und um unserer Sünde willen zerschlagen; die Strafe liegt auf ihm, damit wir Frieden hätten, und durch seine Wunden sind wir geheilt. Hierauf ergriffen sie Jeschu und stellten ihn vor den großen und kleinen Rath, der ihn verurtheilte, daß er gesteinigt und sodann aufgehängt werden solle*). Es war aber gerade der Rüsttag des Passahfestes und zu-

---

*) Das Aufhängen nach der Steinigung war bei den Juden eine Verschärfung der Todesstrafe. 4. Mos. 25, 4; 5. Mos. 21, 22.

gleich der Rüsttag des Sabbaths*). Alsdann führten sie ihn an den Ort, wo die Strafe der Steinigung vorgenommen zu werden pflegte, und steinigten ihn, bis er todt war. Und hernach ließen ihn die Weisen an das Holz hängen. Es wollte ihn aber kein Holz tragen; jedes zerbarst und brach**)."

"Gegen Abend sprachen die Weisen: Wir dürfen wegen dieses Vaterlosen auch nicht einen Buchstaben des Gesetzes verletzen (welches befahl, daß ein Gehängter nicht über Nacht hängen bleiben dürfe). Wenn er auch die Menschen verführt hat, wollen wir doch an ihm befolgen, was das Gesetz vorschreibt. Daher begruben sie den Vaterlosen an dem Orte, wo er gesteinigt worden war. Um Mitternacht aber kamen seine Jünger, setzten sich auf das Grab, weinten sehr und betrauerten ihn. Als Juda dies bemerkte, nahm er den Leichnam weg und vergrub ihn in seinem Garten unter einem Bache. Er hatte das Wasser des Baches für einige Zeit anderswohin geleitet, nachdem er aber den Leichnam begraben, leitete er es wieder in das frühere Bett. Als nun die Jünger am folgenden Tag wiederkamen, sich dort niedersetzten und weinten, fragte er sie: Warum weint ihr? Suchet nach dem begrabenen Mann! Da sie nun nachgegraben, ihn aber nicht gefunden hatten, schrie die nichtswürdige Gesellschaft: Er ist nicht im Grabe, sondern auferstanden und gen Himmel gefahren; denn als er noch lebte, hat er von sich vorhergesagt: Er wird mich aufnehmen, Sela!"

Nun hört die Königin, daß die Weisen Jesum getödtet und begraben hätten und daß er auferstanden sei. Sie befiehlt ihnen, den Leichnam Jesu binnen drei Tagen zur Stelle zu schaffen,

---

*) Das heißt, das Passahfest, welches immer am 15. Tage des Monats Nisan, also am Vollmond (die Juden begannen ihre Monate mit dem Neumond) gefeiert wurde, fiel damals an einem Sabbath oder Samstag. Rüsttag nannte man den Tag vor dem Sabbath oder vor einem Feste, wo man die Zubereitungen für den Feiertag traf. Das Passahfest wurde immer am ersten Vollmond nach der Frühlings-Tag- und Nachtgleiche (die nach unserem Kalender am 21. März eintritt) begangen.

**) Der neutestamentliche Bericht erzählt Apostelg. 1, 18, daß Judas entzweigeborsten sei. Es scheint, der Verfasser des Büchleins Toldoth Jeschu überträgt dieses Zerbersten auf das Kreuz; er läßt im Folgenden den Judas eine Stange bringen, welche nicht mehr bricht.

widrigenfalls sie alle am Leben gestraft würden. Sie suchen nach
dem Leichnam, können ihn aber nicht finden, und gerathen in große
Bestürzung. Zufällig trifft der Rabbi Tanchuma den Juda in
seinem Garten und erzählt ihm, was die Weisen beängstige. Juda
antwortet: „Komme mit mir; ich will dir den Mann zeigen, den
du suchst; denn ich war es, der jenen Vaterlosen aus dem Grabe
wegschaffte, weil ich fürchtete, es möchten ihn seine ruchlosen Anhänger aus dem Grabe stehlen. Deßhalb habe ich ihn in meinem
Garten vergraben und den Bach darüber geleitet." Nun holt Tanchuma die Weisen (Synedristen) zusammen, sie binden den Leichnam
Jesu an ein Pferd, schleppen ihn vor die Königin und sprechen:
„Siehe, da hast du den Menschen, von welchem du behauptet hast,
daß er gen Himmel gefahren sei! Als ihn nun die Königin betrachtet hatte, schämte sie sich und konnte nichts antworten."

Von dieser Zeit an, fährt die Erzählung fort, sei Streit zwischen den Juden und Nazarenern (Christen) entstanden; die
Partei der Nazarener habe sehr zugenommen, da zwölf gottlose Abtrünnige die zwölf Reiche durchwandert und unter den Menschen
falsche Weissagungen verbreitet hätten; die jüdischen Weisen hätten
sich darüber sehr betrübt und in diesen schmählichen Vorgängen eine
Strafe für die Sünden der Israeliten gefunden. Man erkennt aus
dieser Stelle, daß das Christenthum schon lange herrschend war, als
das Büchlein verfaßt wurde. „Wir bitten dich, Herr Gott des
Himmels," sprechen die Weisen, „gib uns einen Rath, was wir thun
sollen; denn wir sind völlig rathlos. Auf dich richten sich unsere
Blicke! Mitten im Volke Israel wird unschuldiges Blut vergossen
wegen jenes Vaterlosen, des Sohnes einer Unreinen! Wie lange
soll uns derselbe noch zum Fallstrick sein, daß die Hand der Nazarener mächtig gegen uns ist und sie unzählige von uns umbringen?
Nur wenige sind unserer noch übrig, um der Sünden willen, mit
denen sich dein Haus Israel befleckt hat, ist dieses Unglück über uns
gekommen." Darauf erhebt sich ein bejahrter Mann unter den Aeltesten Namens Simon Kepha, welcher verspricht, den Juden zu
helfen. Er schreibt sich im Allerheiligsten den Namen Jehova's auf
und geht in die Hauptstadt der Nazarener (nach Rom), wo er sich
durch die Heilung eines Aussätzigen und die Erweckung eines Todten

als Abgesandten Jesu legitimirt. Hier spricht er zu den Christen: „Ihr wißt, daß der Gehängte ein Feind der Israeliten und ihres Gesetzes gewesen ist nach der Weissagung des Jesaias (Kap. 1, 14): eure Neumonde und Jahresfeste hasset meine Seele, daß er keinen Gefallen an den Israeliten hatte nach dem Ausspruche des Hosea: denn ihr seid nicht mein Volk. Wiewohl es nun in seiner Macht stünde, sie in einem Augenblick von der Erde zu vertilgen; so will er sie dennoch nicht ausrotten, sondern will, daß sie zum ewigen Gedächtniß an seine Steinigung und an das Aufhängen seines Leichnams fortbestehen. Er hat diese große Qual und die Strafe des Todes erduldet, um euch aus der Hölle zu erlösen. Jetzt ermahnt er euch und gebietet, daß ihr keinem Juden mehr ein Leid zufüget. Ja sogar wenn ein Jude zu einem Nazarener sagt: gehe mit mir eine Meile, so soll er zwei Meilen mit ihm gehen, und wenn ein Nazarener von einem Juden auf den linken Backen geschlagen wird, so soll er ihm auch den rechten darreichen, damit die Juden in dieser Welt ihren Lohn genießen, im künftigen Leben aber ihre Strafe in der Hölle erleiden. Wenn ihr dies befolget, so werdet ihr mit jenen (den Aposteln) auf ihren Stühlen sitzen*)." Die Christen erklären, sie wollten diesen Befehl befolgen; aber Simon Kepha solle bei ihnen bleiben. Er geht darauf ein. „Ich will bei euch bleiben," spricht er, „wenn ihr mir gestattet, daß ich mich, seinem Gebote gemäß, von jeder Speise enthalte und nur das Brod der Armuth und das Wasser der Noth genieße. Ihr müßt mir aber einen Thurm mitten in der Stadt bauen, darin will ich bis zum Tage meines Todes bleiben." Dies geschieht; der Thurm wird Peter (Petrus, d. i. Fels) genannt, weil Simon Kepha darin auf einem Stein bis zu seinem Tode saß. Nach sechs Jahren starb Simon Kepha und wurde im Thurm begraben. Nach seinem Tode trat ein anderer Mann Namens Elias als Gesandter Jeschu auf, welcher behauptete, Simon Kepha habe die Christen betrogen, er, Elias, vielmehr sei der wahre Abgesandte Jesu, ihm allein solle man glauben. Das Volk verlangte ein Wunder von ihm, indem aber Elias spricht: welches Wunder verlangt ihr? fällt ein großer Stein vom Thurme

---

*) Nach Matth. 19, 28.

Peters und erschlägt ihn. „Also," schließt diese zweite Version des Büchleins Toldoth Jeschu, „mögen alle Deine Feinde umkommen, o Herr; die Dich aber lieben, sollen wie die Sonne sein, wenn sie in ihrem Glanze strahlet!"

Der Verfasser bringt in diesem letzten Abschnitt ein sonderbares Gemisch historischer Notizen zusammen, das aber immerhin interessant ist, weil es zeigt, wie dunkle Erinnerungen über die Vorgänge unter den ersten Christen sich unter den Juden forterbten. Die ersten Christen schieden sich in zwei Parteien. Die Apostel in Jerusalem, an deren Spitze Petrus und Jacobus, der Bruder Jesu, standen, hielten mit den paläftinenfischen Gemeinden streng am Judenthum fest; sie blieben in jeder Beziehung Juden und unterschieden sich von letzteren nur darin, daß sie behaupteten, in Jesu sei der von allen Juden erwartete Danielische Messias oder Gottessohn bereits erschienen*). Es ist nun merkwürdig, daß in beiden Versionen des Büchleins Toldoth Jeschu der Apostel Petrus immer als Freund der Juden auftritt. Der Simon Kepha ist kein anderer, als der Apostel Simon, welchem Jesus den Beinamen Kephas, d. i. Fels, gab, was gräcifirt Petrus heißt. Der Zelotismus, nach welchem Simon blos Brod und Wasser genossen haben soll, scheint sich auf den Apostel Jacobus, Bruder Jesu, Vorstand der ersten Gemeinde in Jerusalem, zu beziehen, von welchem die ältesten Nachrichten eine derartige entsagende Lebensweise berichten**). Die Nachricht von einem anderen Apostel Elias dagegen, welcher den Christen sagte, sie sollten dem Petrus nicht glauben, sein Evangelium vielmehr sei das echte, geht auf den Apostel Paulus, der in seinen außerhalb Palästinas gegründeten Gemeinden das mosaische Ceremonialgesetz nicht einführte, vielmehr dasselbe für aufgehoben erklärte. Der Verfasser läßt ihn von einem großen Steine erschlagen, der vom Thurme des Petrus in Rom herabfällt; Paulus hat auch sehr wahrscheinlich in Rom wirklich den Märtyrertod erlitten. Dagegen ist Petrus gar niemals nach Rom gekommen***), und der Verfasser folgt hier nur dem allgemein bei

---

*) Vergl. Alm, theologische Briefe an die deutsche Nation Band III. S. 462.
**) Alm, theologische Briefe, Band III. S. 344.
***) Vergl. Alm, theol. Briefe Band III. S. 326.

den Christen seiner Zeit geltenden Glauben, daß Petrus die römische Gemeinde gestiftet habe und der erste römische Bischof gewesen sei. Im Uebrigen zeigt dieser Schluß der zweiten Version deutlich, daß dieselbe erst zu einer Zeit geschrieben wurde, wo das Papstthum in Rom bereits in Blüthe stand. Unter dem Thurme Peters in Rom versteht der Verfasser entweder den päpstlichen Palast oder die Hauptkirche der Stadt. Wenn Simon Kepha, d. i. Petrus, den Römern sagt, sie sollten den Juden kein Leid thun, da Jesus verlange, daß sie zur Erinnerung an seine Leiden fortbestünden; so bezieht sich der Verfasser auf die Verordnungen der Nachfolger Petri, d. i. der Päpste, welche gegen ansehnliche Geldsummen die Juden in Rom schützten, unter dem Vorgeben, ihre Gegenwart habe den Gott wohlgefälligen Zweck, unter den Christen die Leiden Jesu in lebhaftem Andenken zu erhalten.

Schlußwort.

Ueberblicken wir nun diese Notizen bei heidnischen und jüdischen Schriftstellern über Jesum und die ersten Christen, so gewinnen wir freilich für die eigentliche Geschichte Jesu äußerst Wenig, aber doch immerhin das sehr bedeutende Resultat, daß Jesus weder auf seine jüdischen, noch auf seine heidnischen Zeitgenossen den Eindruck des Außerordentlichen machte, daß er bei beiden für einen Menschen, wie alle übrigen auch, gegolten hat, und daß daher die außerordentlichen Wunder, mit welchen seine ersten beschränkten, in dem Aberglauben ihrer Zeit befangenen Anhänger seine Geschichte ausgeschmückt haben, Wunder, welche Allen sichtbar sein und den außerordentlichsten Eindruck hätten hervorbringen müssen, nicht stattgefunden haben können. Es wird nicht geholfen, wenn man sagt, die Juden und Heiden seien verstockt gewesen. Warum sollten sie denn verstockt sein? Wenn sie die Wunder gesehen hätten, so würden sie auch geglaubt haben! Einen Mann, den bei seiner Geburt ein Chor der Engel am Himmel als den Messias und Gottessohn angekündigt hätte, würde alle Welt als ein höheres Wesen anerkannt haben. Einen Mann, der einen Todten, den Lazarus, welcher schon vier Tage im Grabe gelegen, erweckt hätte, würde auch Pilatus und das jüdische Synedrium als ein übermenschliches Wesen haben anstaunen und verehren müssen. Die Einwohner von Jerusalem, die doch in Massen nach dem nur eine halbe Stunde entfernten Bethanien hinausgeströmt sein sollen, um den auferweckten Lazarus zu sehen, wissen aber von diesem Wunder so ganz und gar Nichts, daß sie wenige Tage später Jesum ohne die geringste Theilnahme zum Richtplatz führen.

Römern und Griechen galten die Christen anfangs für eine gleichgültige jüdische Secte, welche sich von den Juden im Allgemeinen nur durch die Vergötterung ihres Stifters, eines galiläischen Rabbi, unterschiede. Dem Glauben an einen einigen, geistigen Gott waren die Heiden nicht abgeneigt; aber die Anbetung eines Rabbiners, der, wie viele andere jüdische Sectirer, als ein Aufwiegler hingerichtet worden war, erschien ihnen als verächtlicher Aberglaube, und die so sichere Hoffnung der Christen, daß dieser vergötterte Hebräer demnächst vom Himmel kommen werde, um das römische Reich zu zerstören und für die Christen das sogenannte tausendjährige Reich zu errichten, als alberne Träumerei*). Sie hätten diese sonderbare Secte immerhin gewähren lassen; aber die Lehre, daß jetzt das Zeitalter der Unwissenden, Armen und Bedrängten angebrochen sei, für welche Jesus, der demnächst und noch zu Lebzeiten der Generation vom Himmel kommen sollte, auf den Trümmern des römischen ein herrliches Reich errichten werde, verschaffte ihr einen für das Staatsleben sehr bedenklichen Zulauf der unteren Volksklassen. Alle Tage erwarteten diese Schwärmer die Herniederkunft Jesu und die Gründung dieses Himmelreiches und begrüßten jedes allgemeine Unglück mit Freuden, da es ihnen den Anbruch des Strafgerichtes an den Heiden anzukündigen schien. „Siehe, ich sage euch ein Geheimniß," ruft der Apostel Paulus 1. Cor. 15, 51 seinen Proselyten zu, „wir werden nicht Alle sterben, wohl aber verwandelt werden, und zwar im Nu, im Augenblick, bei der letzten Posaune; denn posaunen wird es, und die Todten werden auferweckt unverweslich und wir werden verwandelt werden. Darum, meine geliebten Brüder, seid fest, unerschütterlich, allezeit fruchtbar im Werke des Herrn; da ihr wißt, daß unsere Arbeit in dem Herrn nicht vergeblich ist." „Selig seid ihr Armen, denn euer ist das Reich Gottes," heißt es Lucas 6, 20. 24; „aber wehe

---

*) Bei dem Kirchenvater Arnobius advers. gentes cap. 36 sagen die Heiden: Non idcirco dii vobis infesti sunt, quod omnipotentem colatis deum, sed quod hominem natum et, quod personis infame est vilibus, crucis supplicio interemptum, et deum fuisse contenditis et superesse adhuc creditis et quotidianis supplicationibus adoratis.

euch Reichen, denn ihr habt euren Trost dahin." „Was hoch ist vor den Menschen, ist ein Gräuel vor Gott*)." „Hat Gott nicht die Armen der Welt auserwählt als reich an Glauben und Erben des Reiches, das er Denen, die ihn lieben, verheißen hat? Wohlan nun, ihr Reichen, weinet und heulet über euer Elend, das über euch kommen wird! Euer Reichthum ist verwest und eure Kleider haben die Motten angefressen! Euer Gold und Silber ist verrostet, und ihr Rost wird ein Zeugniß über euch sein und euer Fleisch fressen wie Feuer! Ihr habt euch Schätze gesammelt in diesen letzten Tagen**)." — Massen aus den niederen und ungebildeten Volksklassen, namentlich Frauen, drängten sich also eifrig herzu, um an den Herrlichkeiten dieses neuen, demnächst eintretenden Reiches, wo die Christen über die übrigen Menschen und selbst über die Engel***) richten und herrschen sollten, Theil zu nehmen. Wollenarbeiter, Schuster, Gerber und ähnliche Leute, sagt Celsus†), sind die eifrigsten Prediger des Christenthums und machen ihre Proselyten vornehmlich unter Weibern und Kindern. Wenn man zu griechischen Mysterien einlade, so fordere man Leute zur Theilnahme auf, die gesunden Verstand haben und rechtschaffen sind; die Christen aber sagten, wer ein Sünder, wer unwissend, wer schwachen Verstandes, überhaupt wer armselig sei, dem sei das Himmelreich bestimmt. Das ist eben der Fehler, ruft der Kaiser Julian in seiner Satyre Misopogon den Bürgern von Antiochien zu, daß ihr euren Weibern erlaubt, was ihr besitzt, den Galiläern (Christen) zuzuschleppen; diese verwenden eure Güter zu Gaben an die Armen und verschaffen sich dadurch Zulauf." „Weiber bilden euren Senat," sagt Porphyrius von den Christen, „Weiber herrschen in euren Kirchen und Weibergunst vergibt die geistlichen Stellen††)." Das bürgerliche Leben, alle Staatseinrichtungen wurden durch diese Fanatiker untergraben. Sie nahmen keine öffentlichen Aemter an, verweigerten den Kriegsdienst, erklärten Rom für das verfluchte Babel,

---

*) Luc. 16, 25.
**) Jacob. Kap. 2, 6; Kap. 5, 1.
***) 1. Cor. 6, 1. Offenb. 5, 9.
†) *Origen.* contr. Cels. lib. III.
††) *Hieronym.* comment. in Jesaiam cap. 3.

den bürgerlichen Staat für eine Einrichtung des Satans, das ganze irdische Leben für eine dem Teufel zugehörige unreine Cloake, aus welcher der Christ, der Auserwählte Gottes, hinausstreben müsse *). Alles öffentliche Unglück, Seuchen, verheerende Naturereignisse, Krieg, war ihnen willkommen; nach ihrer Meinung mußte diese Welt des Satans auf das Aeußerste gepeinigt und verwüstet werden, dann erst konnte ihr Messias zur Gründung des Himmelreichs erscheinen; sie nannten ein solches herbeigesehntes allgemeines Elend die **Wehen des Messias** **). Vergeblich riefen ihnen die Heiden zu, sie möchten doch Kriegsdienste gegen die in das römische Reich einbrechenden Barbaren thun. „Wenn es Alle so machten, wie ihr," sagt Celsus bei Origenes contr. Cels. VIII, „so würde der Kaiser von Allen verlassen werden und allein stehen, und dann würde die Regierung des Reiches wilden und gottlosen Barbaren in die Hände fallen, die aller Wissenschaft und auch eures Gottesdienstes ein Ende machen würden." Origenes antwortet, die Christen seien sämmtlich Priester und könnten also keine Kriegsdienste thun; sie kämpften für das Vaterland durch ihr Gebet. Auf die Ermahnung des Celsus, sie sollten sich doch am Staatsleben betheiligen, antwortet Origenes in demselben Buche, die Christen hätten kein besonderes Vaterland, sie ließen sich durch menschliche Ordnungen und Gesetze nicht verunreinigen; ihr Vaterland sei die Kirche, sie bedürften ihrer Zeit und ihrer Kräfte zu heiligeren Dingen, zum Gottesdienst, wodurch die Seligkeit erworben werde. Auf den Vorwurf des Celsus, daß die Christen das Gesetz überträten, indem sie geheime Versammlungen hielten, antwortet Origenes im ersten Buche: „Diejenigen begehen keine Sünde, die sich im Geheimen verbünden, einen Tyrannen, der ein freies Volk unrechtmäßig unterdrückt hat, aus dem Wege zu räumen. Auch für die Christen kann

---

*) 2. Kor. 6, 14: „Ziehet nicht an einem Joche mit den Ungläubigen, ziehet fort aus ihrer Mitte, scheidet aus, rühret das Unreine nicht an" 2c. Der Heide Octavius sagt bei Minucius Felix zu den Christen: „Euer Haupt bekränzt ihr nicht, euren Körper ehrt ihr nicht durch Wohlgerüche: ihr spart eure Salben nur für die Leichen."

**) Matth. 24, 8; 2. Thess. Kap. 2; Offenb. Joh. Kap. 6. Vrgl. Alm, theologische Briefe an die deutsche Nation Br. III. S. 411.

es keine Sünde sein (da sie sehen, daß in der Welt der Tyrann regiert, den sie Teufel nennen, und mit ihm die Unwahrheit), wenn sie sich gegen die Gesetze des Teufels verbünden, damit sie das Reich des Teufels zerstören und Denjenigen zur Seligkeit verhelfen, die sich für die Losreißung von diesem tyrannischen Gesetz gewinnen lassen."

Was konnten die gebildeten Heiden in dem Wahne dieser Christensecte Anderes finden, als einen groben, für das Staatsleben verderblichen Aberglauben? Denn der Glaube an einen Gott, den sie predigte, war ihr nicht allein eigen, diesen Glauben hatten die gebildeten Heiden auch, und ebensowenig die moralischen Grundsätze, welche die heidnischen Philosophen, insbesondere die Pythagoräer, Platoniker und Stoiker, ebenso lehrten; eigenthümlich war ihr nur die Vergötterung eines galiläischen Rabbiners und die Verachtung aller irdischen Verhältnisse in der durch Nichts begründeten Hoffnung, daß der Stifter ihrer Secte demnächst allen weltlichen Zuständen ein Ende machen werde; eigenthümlich war ihr also eigentlich nur ein thörichter, unerfüllt gebliebener Wahn! Aber die ungebildeten Massen riß dieses leicht errungene Himmelreich mit sich fort; der Glaube an die Göttlichkeit Jesu war ein sehr billiger Preis, von allen Sünden los zu werden und in sein herrliches Reich einzugehen. Die Fanatiker warfen dieses elende Erdenleben verächtlich hin, um sofort der himmlischen Glorie theilhaftig zu werden; auch Lebensstrafen schreckten sie nicht. Da konnte keine Opposition mehr wirken; der Wahn griff um sich; die Partei wurde nach und nach auch politisch mächtig, und als seit dem Anfang des vierten Jahrhunderts*) die römischen Kaiser anfingen, sich ihrer gegen die Gegenkaiser zu bedienen, erlangte sie unter Konstantin, dem sogenannten Großen, 324 n. Chr. den **Sieg** über das Griechenthum. Jetzt wurde der griechische Kultus von den Kaisern nicht mehr geduldet; sie zerstörten die Tempel und verboten die Opfer bei Todesstrafe. **Aber die Erscheinung des Gottessohnes zur Gründung des Himmelreichs blieb aus!** So lange die Christen gedrückt waren, stürzten sie sich in Erwartung dieser

---

*) Seit Diocletian, regierte von 284 bis 305 n. Chr.

Erscheinung in den Tod. Jetzt, nachdem das Christenthum Staatsreligion geworden war, wurde der Clerus reich und mächtig, er hatte jetzt sein Himmelreich auf Erden, er verlangte nach keinem jenseitigen Himmelreich mehr. Und die Armen und Elenden — nun die blieben eben arm und elend wie zuvor. Waren sie früher für die Wiederkunft Jesu in Begeisterung gesetzt worden, jetzt vertröstete man sie auf ein besseres Leben nach dem Tode!

In einem eigenthümlichen Verhältniß standen die Juden zu der neuen Christensecte. Sie war eigentlich ihr Erzeugniß, eine jüdische Geburt; der Sohn gewann aber über den alten Vater die Oberhand und mißhandelte ihn sodann viele Jahrhunderte hindurch auf das Aeußerste. Die Juden hatten das ganze Leben ihres Landsmannes Jesu mit angesehen. Sie fanden in ihm Nichts weiter, als einen jener Vielen, welche ohne alle Berechtigung die Rolle des Messias spielen wollten. Der Umstand, daß er die höchste jüdische Messiasvorstellung, die danielische, für sich in Anspruch nahm, daß er eine Verkörperung des höchsten Engels, des Sohnes Gottes, sein wollte, ohne in Wahrheit nur irgend Etwas für die Herstellung des Messiasreiches zu leisten, setzte sie in große Erbitterung. Wunder, wie er, thaten auch Andere; es war Volksglaube, daß man mit Hülfe guter oder böser Geister oder durch die Anwendung heiliger Namen und Formeln Wunder thun könne; Jesus unterlag demselben Irrthum. Von den großen Wundern, welche die spätere christliche Sage an Jesu geschehen ließ, hatten sie Nichts bemerkt und so wenig Etwas bemerken können, als die vielen Griechen und Römer, welche sich damals in Palästina aufhielten, da solche Wunder nicht vorgefallen waren. Sie thaten ihrer Entrüstung über die unberechtigten Ansprüche dieses Galiläers, der Sohn Gottes zu sein, Genüge. Als er aus Galiläa nach Jerusalem gekommen war, um auch dort sein eingebildetes höheres Wesen zur Geltung zu bringen, klagten sie ihn bei dem Landpfleger als einen Gotteslästerer an, der sich für den Sohn Gottes ausgebe und daher nach jüdischem Gesetz mit dem Tode bestraft werden müsse. Diese Behauptung focht den römischen Landpfleger jedoch wenig an; er dachte, unter den vielen jüdischen Thorheiten ist dies eben eine Thorheit mehr. Aber, fuhren sie fort, diese Sache ist für die Römer nicht so gleichgültig; denn dieser Gottessohn will das römische Reich zerstören. Noch einmal blieb der Landpfleger kalt; denn dieser Jesus sah ihm nicht wie ein Welteroberer aus, und vor den himmlischen Heerschaaren hatte er nicht im geringsten bange. Wenn du einen Menschen nicht hinrichtest, schlossen die Juden endlich, welcher sich zum König der Juden aufwerfen will, so bist du des Kaisers Freund nicht! Das wirkte. Vor dem mißtrauischen Kaiser Tiberius, unter dessen Majestätsgerichten Hunderte verbluteten, konnte eine solche Beschuldigung Amt und Leben kosten. Jesus wurde also zum Richtplatz abgeführt, hülflos, von Allen verlassen, selbst von seinen Jüngern: Beweises genug, daß seine Persönlichkeit nirgends einen besonderen oder gar übermenschlichen Eindruck gemacht hatte. Nicht die Römer, sondern sein eigenes Volk, das doch den Messias so sehnlich erwartete, dasselbe Volk, welches sein Leben und Wirken mit angesehen hatte, führte ihn als einen falschen Messias, als einen Gotteslästerer, der sich vor dem Volke die Würde eines übermenschlichen Wesens, des obersten Engels und Sohnes Gottes anmaße, zum Tode.

Die Juden hielten mit der Hinrichtung Jesu dieses messianische Zwischenspiel, deren es damals fast alljährlich gab, für beendigt. Von dem Häuflein ungebildeter Menschen, die dem Galiläer anhingen und auf seine Wiederkunft vom Himmel hofften, nahmen sie wenig Notiz. Aber es sollte Schlimmeres für sie kommen. Jesus hatte das mosaische Gesetz nicht angetastet, nur gegen die vielen unnützigen rabbinischen Vorschriften hatte er sich im Sinne der Schule des Rabbi Hillel erklärt. Ebenso waren die Apostel und ersten Anhänger Jesu ganz und gar keine Gegner des Judenthums, vielmehr „Eiferer für das mosaische Gesetz*)." Nun aber war ein paar Jahre nach Jesu Tode ein jüdischer Mann, ein Zeltmacher, aus Tarsus in Kleinasien, Namens Paulus, in Jerusalem eingetroffen, um dort jüdische Theologie zu studiren und sich zum Rabbiner zu bilden. Er war gleich anfangs heftig gegen die neue Secte aufgetreten und betheiligte sich bei der Steinigung des Stephanus. Diese Execution ging nachher seinem Gewissen nahe; auf einer Reise nach Damaskus, wo er die abgefallenen Juden vor das dortige Synagogengericht laden wollte, bekehrte er sich zu der

---

*) Apostelgesch. 21, 20.

neuen Secte, ging sofort, ohne mit den Aposteln in Jerusalem auch nur zu verkehren, in alle Welt und predigte sein eigenes christliches Evangelium, das von dem apostolischen sehr wesentlich abwich. Paulus war unter Griechen aufgewachsen und hatte einen viel freieren Gesichtskreis gewonnen, als die palästinensischen Juden. Er legte sich die rabbinische Lehre, daß der Messias das mosaische Gesetz verändern und verbessern werde, dahin aus, daß das ganze mosaische Gesetz durch den Messias Jesus abgeschafft sei. Bei den Aposteln, die nur Beschnittene aufnahmen, erregte diese paulinische Lehre großen Anstoß; die Juden selbst aber setzte dieser neue Apostel, der überall in den Synagogen der heidnischen Länder die Abschaffung des mosaischen Gesetzes predigte, in die größte Wuth; sie bezweckten seine Gefangennehmung bei einem Besuche in Jerusalem und seine Abführung nach Rom, wo er wahrscheinlich hingerichtet worden ist*). Aber eben diese Aufhebung der Beschneidung und der mosaischen Religion überhaupt machte die Heiden der paulinischen Messiaslehre zugänglich; bei dem Festhalten an der Beschneidung und dem Tempeldienst, wie es die Jünger Jesu vorhatten, wären die Christen eine jüdische Secte geblieben und mit der Zerstörung Jerusalems im Jahr 70 nach Chr. sehr wahrscheinlich erloschen. Jetzt aber wandten sich im römischen Reiche, außerhalb Palästinas (in letzterem Lande durfte Paulus nicht wagen aufzutreten), neben wenigen Juden vornehmlich Heiden der neuen Lehre zu, und die christlichen Verheißungen wirkten so anziehend, daß die durch alle Länder verbundenen Christen bald das Uebergewicht über den griechischen Cultus erhielten. Unter diesen neuen Verhältnissen trat aber auch das jüdische Element der Unduldsamkeit, das dem Christenthum von seinem jüdischen Ursprung her anklebte, mit größerer Macht hervor. Der Glaubenshaß und die religiöse Verfolgung wird im alten Testament, das ja auch die Christen anerkannten, in scharfen Zügen vorgeschrieben. „Hinweg, ziehet aus von dannen," heißt es bei Jesaias 52, 11, „rühret keinen Unreinen an, ziehet fort aus ihrer Mitte, reiniget euch, die ihr Jehova's Geräthe traget." Der talmudische Tractat Sanhedrin verbietet, Gemüse aus dem Ausland nach Palästina kommen zu lassen,

---

*) Apostelgesch. Kap. 21 bis Kap. 28.

damit nicht der darauf liegende Staub heidnischer Gegenden das heilige jüdische Land verunreinige. Juvenal sagt*), die Juden hätten einem Unbeschnittenen auf sein Anfragen weder den rechten Weg noch einen Brunnen gezeigt. Die Christen brachten also jetzt die jüdisch-mosaischen Gebote zur Vertilgung der Cananiter und Ungläubigen gegen die Juden selbst in Anwendung. Hunderttausende wurden das ganze Mittelalter hindurch bei verschiedenen Veranlassungen theils von den christlichen Obrigkeiten selbst, insbesondere aber bei Volksaufständen hingeschlachtet. Es sollte Rache an ihnen genommen werden für die Kreuzigung des Weltheilandes. Sie sollten von Gott bestimmt gewesen sein, das Sühnopfer an dem Gottessohne zur Erlösung der Welt zu vollbringen, und dann doch wieder ein entsetzliches Verbrechen begangen haben, indem sie diesen göttlichen Rathschluß ausführten. Das war die christliche Logik! So gebar ein blutiger Fanatismus den anderen. Aber trotz aller Martern ließen sie sich doch nicht zwingen, ihren galiläischen Landsmann als einen Gott anzubeten. Dies ist unter dieser fanatischen christlichen Beschränktheit, die schlechterdings einen gekreuzigten Juden zum Gott haben wollte, ein Ehrenzeugniß für den menschlichen Verstand. Wie die Juden in der vorchristlichen Zeit unter den Heiden allein den Cultus eines einigen geistigen Gottes aufrecht erhielten, so ließen sie sich auch die neue Menschenvergötterung von den Christen nicht aufdringen. So wenig Anziehendes und Erfreuliches ihr sonstiges Wesen darbietet — sie waren schon in der vorchristlichen Zeit die am wenigsten geachtete Nation im Römerreiche**) — diesen Ruhm wird ihnen eine nicht ferne Zukunft zugestehen: sie allein haben im Abendland die Ehre

---

*) *Juven.* Satyr. 14, 103.
**) Deterrima gens, *Tacit.* hist. V, 8. — Foetentes Judaei, *Ammian. Marcell.* XXII, 5. Vespasian und Titus feierten zwar einen Triumph über die Unterwerfung der Juden, aber den Beinamen Judaicus mochten sie nicht annehmen, Dio Cassius lib. LXXVI. Cicero nennt in der Rede für den Flaccus Kap. 28 die Juden maledicta civitas, deren Tempelschatz Pompejus aus Abscheu nicht habe berühren mögen. Schon die späteren jüdischen Propheten klagen über die Verachtung der Juden bei den Nachbarvölkern; Ezechiel 16, 57, Kap. 22, 5; Joel 2, 19 ꝛc.

des menschlichen Verstandes vor dem allgemeinen Versinken in den Fanatismus der Anbetung eines jüdischen Rabbiners gerettet! —

Es sind nun bald zweitausend Jahre, seit die Christen einen jüdischen Mann für ihren Gott erklären und ihm göttliche Verehrung erweisen. Die Zeit möchte endlich gekommen sein, welche dieser beschämenden Menschenvergötterung ein Ende macht. Wenn die Heiden einen Jupiter, einen Apollo anbeteten, so waren dies doch wenigstens Gebilde der Phantasie: die Christen aber vergötterten bisher eine wirkliche menschliche Familie, den Sohn und die Frau eines jüdischen Zimmermanns. Fast in allen christlichen Jahrhunderten haben sich Stimmen gegen diesen Aberglauben erhoben, bald schüchterner, bald kühner; sie mehrten sich von Jahrhundert zu Jahrhundert; so viele man deren auch unterdrückte, es wagten sich immer wieder neue hervor. Nach und nach kamen ihnen die Fortschritte in den Wissenschaften mächtig zu Hülfe; unbefangene Forschungen auf dem Gebiete der Geschichte und Naturkunde ließen die Wunderglorie, mit welcher die beschränkten ersten jüdischen und heidnischen Anhänger Jesum und seine Eltern umgeben hatten, nicht mehr bestehen. Unsere Zeit fängt an, praktisch zu werden; in allen Zweigen zeigt sich ein reger Eifer, die Resultate der wissenschaftlichen Forschungen zum Gemeingut zu machen und ins Leben einzuführen: es war billig, daß auch die bessere Erkenntniß auf religiösem Gebiet kein Vorrecht einer kleinen Zahl von Eingeweihten bleibe; sind es ja doch die heiligsten und wichtigsten Interessen der Menschheit, die diesem Gebiete angehören, und es ist ja auch nicht anders möglich, diese bessere Erkenntniß zur Geltung zu bringen, die öffentliche Religionsübung mit dem Zeitbewußtsein in Uebereinstimmung zu bringen, als durch Herbeiziehung aller Denkenden und Gebildeten!

Man will die religiösen Reformbestrebungen verdächtigen, man schreit über Unglauben, über frivole Neuerungssucht, welche die Grundfesten des Staates untergraben. Allein ein Unglaube an Dogmen, die zu der Bildung der Zeit nicht mehr stimmen, ist ein sehr natürlicher; er wird nicht erst durch reformatorische Bestrebungen hervorgerufen, sondern durch die besseren Kenntnisse überhaupt geweckt und verbreitet sich mit diesen in immer weitere Kreise. Im Grunde sind solche Hülferufe der Altgläubigen nach dem Beistand der Regierungen nur ein Zeugniß für die innere Unhaltbarkeit ihrer Sache. Während sie beständig von der Alles überwältigenden Kraft ihres Evangeliums reden, das die Pforten der Hölle nicht erschüttern werden, und für dessen Vertheidigung sie ohnehin tausende von Pfründen und Kanzeln im Besitz haben, rufen sie doch wieder, freilich im richtigen Gefühle ihrer Hülflosigkeit gegen die gesunde Vernunft und gegen die Aufklärung des Zeitalters, von allen Seiten nach dem Beistand der Staatsgewalt. Dergleichen ist in allen Uebergangsperioden zu einer verbesserten Religion geschehen. Ebenso riefen die heidnischen Priester bei dem Umsichgreifen des Christenthums, ebenso der katholische Clerus bei dem Auftreten der Reformation. Die Sachlage ist einfach: der Bildungsstand unseres Zeitalters erträgt die Vergötterung und Anbetung eines jüdischen Mannes nicht mehr! Nicht den Gottesglauben und die Religion will man aufheben, sondern die Vergötterung und Anbetung eines Menschen, die Gründung des Seelenheiles der Menschheit auf den gewaltsamen Tod eines jüdischen Mannes, welcher, nach dem Wahne seiner jüdischen Volksgenossen, daß statt der menschlichen Seele auch höhere Geister in menschlichen Körpern Wohnung nehmen könnten, an der fixen Idee litt, seine Seele sei die des höchsten Engels, des Gottessohnes, er sei der im Propheten Daniel (Kap. 7, 13) verheißene Menschensohn und Messias.

Bei dem jetzigen Standpunkte der geschichtlichen und naturwissenschaftlichen Forschung, welche diese ursprünglich nur von einigen ungebildeten galiläischen Fischern als Sohn Gottes verehrte Persönlichkeit alles Wunderbaren entkleidet, ist es eine Gewissenssache, die Menschen noch länger in ihren heiligsten und wichtigsten Interessen auf das Blut dieses vermeintlichen Gottes zu verweisen, dessen gewaltsames Ende ein freiwillig übernommener Erlösungstod für die Sünden der Menschheit gewesen wäre. Regenten und Staatsmänner werden wohl den Geist und Bildungsstand unserer Zeit nicht so sehr mißkennen, daß sie den vollberechtigten Bestrebungen, die christliche Religion der besseren heutigen Erkenntniß gemäß zu läutern, das heißt, die Vergötterung des Stifters daraus zu beseitigen, Hindernisse entgegenstellen wollten. Man verlangt von ihnen, dem Alten gegenüber, keine Begünstigung;

aber man darf und muß in ihrem eigenen Interesse erwarten, daß sie der Bildung eines geläuterten Bekenntnisses nicht hemmend entgegenwirken oder Gewalt entgegensetzen. Es handelt sich, wie gesagt, nicht um eine **Aufhebung**, sondern um eine **Läuterung** der Religion. Wenn man eine solche **nicht will**, wenn kein neues Bekenntniß Geltung gewinnen soll, wenn, wie **Luther** sagte, „keine beständige Lehre dazwischen kommt;" so wird es „eine unordentliche, stürmische, gefährliche Aenderung und Mutation werden und wird ohne Zweifel die ganze Religion fallen, und werden aus den Christen lauter Epicureer werden*);" denn das alte System, die Vergötterung Jesu, kann bei dem jetzigen Bildungsstande, so viel man sich auch Mühe gibt, in den Gemüthern keinen Halt mehr gewinnen.

Es scheint uns die Pflicht jedes Menschenfreundes, dessen Verhältnisse es erlauben, mit Entschiedenheit dahin zu wirken, daß unser Zeitalter, nachdem die gründlichsten Forschungen vorhergegangen, sich des beschämenden Vorwurfes, den die Nachwelt diesen civilisirten Europäern machen wird, einen jüdischen Mann als Gott angebetet zu haben, endlich entledige. Es wäre zunächst an den **Geistlichen**, sich dieser Sache anzunehmen; aber so viele derselben auch die bessere Erkenntniß in ihrem Inneren theilen und das Bedürfniß einer Erlösung aus den alten Glaubensbanden empfinden: ein offenes Auftreten dagegen hätte für den Anfang zu große Gefahr für ihr Amt und Brod, für ihre Existenz. Die Umgestaltung, die **neue Reformation muß von dem unabhängigen, gebildeten Bürgerstand ausgehen**; es müssen sich Vereine in den Gemeinden bilden, welche eine zeitgemäße Verbesserung des Bekenntnisses, die Berufung von Synoden zu diesem Zweck verlangen, von Synoden, die wenigstens zu drei Viertheilen aus Nichtgeistlichen bestehen müßten. Verweigerte man solche officielle Versammlungen zur Läuterung des alten Glaubensbekenntnisses, dann wäre ein **Ausscheiden** der Gleichgesinnten aus dem alten Kirchenverband, die Bildung **neuer Gemeinden**, unter Vorbehalt der Ansprüche auf den betreffenden Theil des Kirchenvermögens, gerechtfertigt und geboten.

---

*) **Luther's Briefe**, Ausgabe von de Wette, Band III. S. 439.

Wir wünschen, daß auch vorliegendes Schriftchen, neben unserem größeren Werke, den „**theologischen Briefen an die Gebildeten der deutschen Nation**," dazu beitrage, dem denkenden und gebildeten Bürgerstande die wissenschaftlichen Mittel an die Hand zu geben, um den vernünftigen Standpunkt eines geläuterten Christenthums der alten Rechtgläubigkeit gegenüber zu vertreten und zur endlichen Geltung zu bringen.

Inhalt.

	Seite
Einleitung	1

Römer und Griechen.

Sueton	11
Tacitus	13
Plinius, der Jüngere	15
Epictetus	18
Lucian	19
Aristides	23
Galenus	24
Lampridius	25
Dio Cassius	26
Himerius	28
Libanius	—
Ammianus Marcellinus	33
Celsus	39
Porphyrius	80
Hierokles	86
Julianus	88

Juden.

Philo	104
Josephus	106
Der Talmud	117
Das Büchlein Toldoth Jeschu (Geburt Jeschu)	137
Schlußwort	162

Druck von Otto Wigand in Leipzig

www.ingramcontent.com/pod-product-compliance
Lightning Source LLC
Chambersburg PA
CBHW031442160426
43195CB00010BB/817